中国の「一帯一路」構想の真相

海と陸の新シルクロード経済圏

トム・ミラー　田口未和 訳
Tom Miller　*Miwa Taguchi*

CHINA'S ASIAN DREAM
EMPIRE BUILDING ALONG THE NEW SILK ROAD

原書房

中国の「一帯一路」構想の真相

目次

略語

ADB　アジア開発銀行
ADIZ　防空識別圏
AIIB　アジアインフラ投資銀行
APEC　アジア太平洋経済協力
ASEAN　東南アジア諸国連合
ASEAN Plus One アセアン・プラス・ワン
BCIM　バングラデシュ―中国―インド―ミャンマー経済回廊
〝Belt〟「帯」
BRICS　ブラジル、ロシア、インド、中国、南アフリカ
CAREC　中央アジア地域経済協力
CCP　中国共産党
CDB　国家開発銀行
CNOOC　中国海洋石油総公司
CNPC　中国石油天然気集団
CNRP　カンボジア救国党
CPV　ベトナム共産党
CRG　中国鉄路総公司
CSIS　戦略国際問題研究所
CSTO　集団安全保障条約機構
EEU　ユーラシア経済連合
EEZ　排他的経済水域
EU　欧州連合
ETIM　東トルキスタン・イスラム運動
Exim Bank　中国輸出入銀行
FDI　対外直接投資
GDP　国内総生産
GMS　大メコン圏開発プログラム
Guangxi　広西壮族自治区
IBRD　国際復興開発銀行
IMF　国際通貨基金
IS　イスラム国
KIA　カチン独立軍
LTTE　タミル・イーラム解放のトラ
MDB　国際開発金融機関
NATO　北大西洋条約機構
NDB　新開発銀行
NDRC　国家発展改革委員会
NLD　国民民主連盟
OECD　経済協力開発機構
ONGC　石油・天然ガス公社
PLA　人民解放軍
PRC　中華人民共和国
PSA　シンガポール港湾庁
〝Road〟「路」
SCO　上海協力機構
SARS　重症急性呼吸器症候群
SEZ　経済特別区
TPP　環太平洋パートナーシップ協定
UN　国際連合
UNCLOS　海洋法に関する国際連合条約
US　アメリカ合衆国
Xinjiang　新疆ウイグル自治区
WTO　世界貿易機関

序章

まずは、ちょっとした思考実験から始めることにしよう。[1]

こう想像してみてほしい。今は二〇五〇年。かつて地球上で最も豊かで高度な文明が発達していたヨーロッパは、衰退の兆しを見せている。パリやローマの美術館や博物館には相変わらず大勢の観光客が押し寄せているものの、現代世界はヨーロッパを素通りしていく。技術は時代遅れとなり、中国からの革新的技術に簡単に追い越されている。強大な経済圏を誇ったEUはすっかり勢いを失い、人々はソーシャルメディア中毒に陥り、国の施しに頼っている。イスラム過激派はロンドンに一大拠点を築き、当局はその対応に苦慮している。相次ぐ殺戮行為で二〇〇〇万もの人々の命が奪われた。

時間を早送りしてそれから一〇〇年後の世界へ。ヨーロッパはずたずたに引き裂かれ、かつての同盟国アメリカとの二〇年近くに及ぶ戦争と占領で、焦土と化している。この間にさらに二〇〇〇万のヨーロッパ人が命を落とした。そして、アメリカに核ミサイルを撃ち込んで戦争を

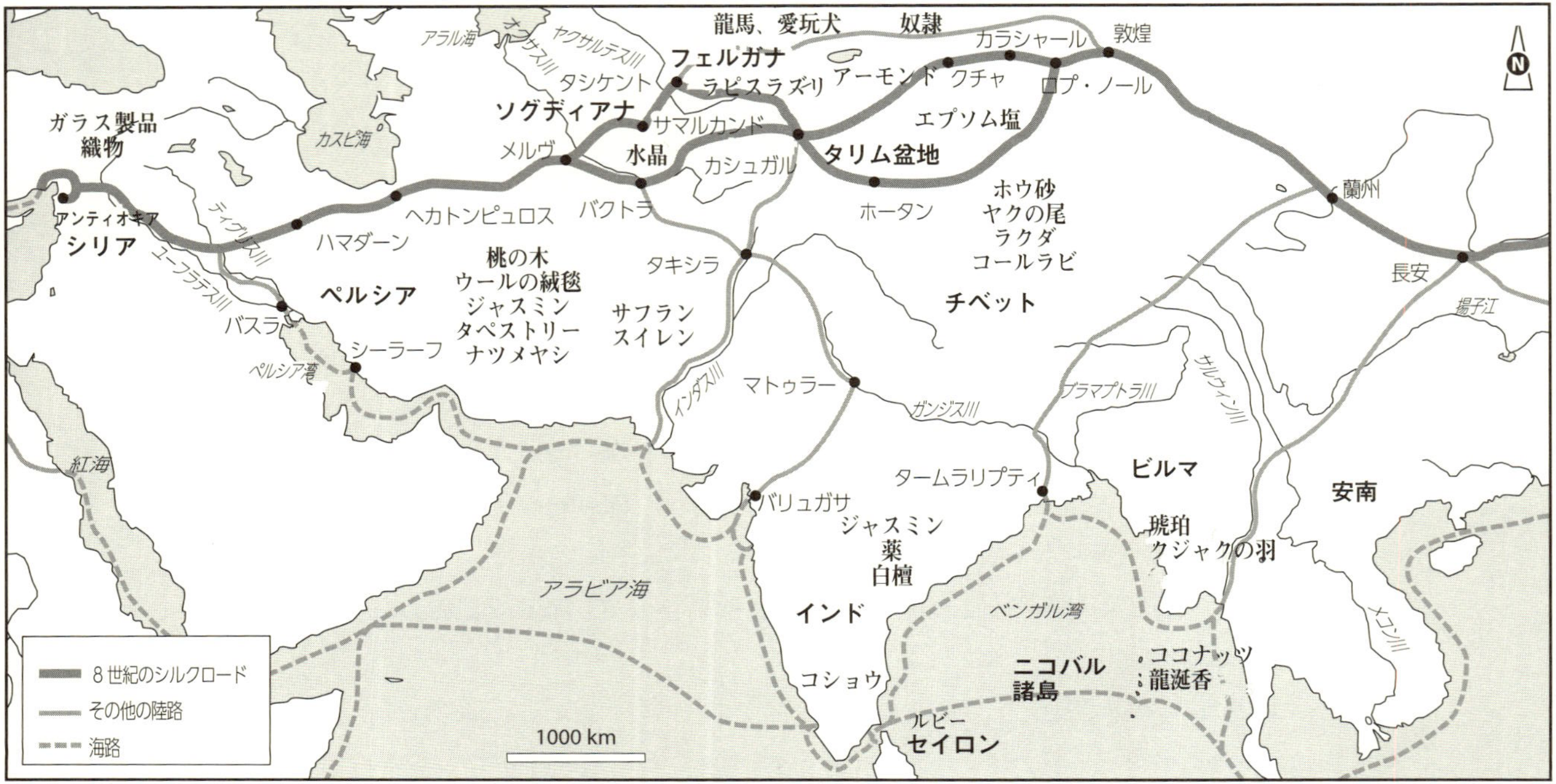
龍馬、愛玩犬
奴隷
敦煌
フェルガナ
カラシャール
アラル海
オクサス川
ヤクサルテス川
タシケント
ラピスラズリ
アーモンド
クチャ
ロプ・ノール
ソグディアナ
サマルカンド
エプソム塩
ガラス製品
織物
カスピ海
メルヴ
水晶
カシュガル
タリム盆地
ホウ砂
ヤクの尾
ラクダ
コールラビ
蘭州
アンティオキア
シリア
ヘカトンピュロス
バクトラ
ホータン
ティグリス川
ユーフラテス川
ハマダーン
桃の木
ウールの絨毯
ジャスミン
タペストリー
ナツメヤシ
タキシラ
長安
揚子江
チベット
ペルシア
サフラン
スイレン
バスラ
シーラーフ
ペルシア湾
インダス川
マトゥラー
ガンジス川
ブラマプトラ川
サルウィン川
紅海
タームラリプティ
ビルマ
安南
バリュガサ
ジャスミン
薬
白檀
琥珀
クジャクの羽
アラビア海
インド
ベンガル湾
メコン川
ココナッツ
龍涎香
ニコバル
諸島
コショウ
ルビー
セイロン
8世紀のシルクロード
その他の陸路
海路
1000 km

古代のシルクロード

終わらせた中国が、ひとり勝ちの状況にある。いまやヨーロッパはアジア太平洋諸国が率いる世界秩序の弱小のプレイヤーでしかない。世界の中心は実質的に北京へと移った。ヨーロッパの新政府は煙がくすぶる大陸をユートピアの共同体として再建することを誓っているが、世界の超大国たる中国は敵意をむき出しにしている。欧州人民連合は身を潜めるように世界への門戸を閉ざした……

この暗黒の将来はホラー映画の世界のように思える。しかし、これが一八三九年の第一次アヘン戦争の始まりから一九五〇年代の中国共産党の権力掌握までに起こった出来事の要約である。中国の権威の失墜は、あらゆる点で予想外の困惑させられる出来事だった。

一八〇〇年の中国は「天恵を得た国」と自らを誇り、世界最大の超大国として世界の文明を率いていた。一九〇〇年のヨーロッパ列強と似たような自己認識といえるだろう。伝統的な中国の宇宙観では、中国は世界の中心に位置していた。「中国」という国名自体が、世界の「真ん中にある国」を意味している。「天朝」という詩的な呼び方もされていた中国は、三層から成る同心円の中心部分を占めていた。第二の円には植民地および日本、韓国、ベトナムなどの朝貢国が含まれ、この地域全体が中国を中心とする儒教世界を構成していた。第三の薄い色合いの円は、中国文明によって啓蒙されていない外国人――「野蛮人」と解釈されることもある――が占める場所だった。[2]

中国の勢いは一八〇〇年までの数十年間にピークに達した。清朝はその北と西に位置する小さな国を次々と滅ぼし、拡大する帝国の影響圏に取り込んだ。これにはチベット、モンゴル、そして中央アジアの東半分ほどが含まれ、この中央アジア地域は新疆《しんきょう》（文字どおりには「新たに加わった領土」を意味する）という名称に変えた。さらにはロシア帝国、東南アジアの王国、ヒマラヤのネパール王国とも安定した関係を築いていく。中国と国境を接するビルマ（現ミャンマー）から朝鮮半島に至る国々は中国の優位を認め、清の朝廷へ献上品を納めていた。その目的は、北京の偉大な皇帝にこびへつらうことだけではない。良好な関係を築くことはとくに交易という面でお互いにとって利益があった。

国家としての中国は最初に統一されてから二〇〇〇年後になっても、まだ無傷で残り、ライバルはいなかった。人口三億二八〇〇万人の清帝国は、大英帝国、インドのマラーター王国、フランス共和国、ロシア帝国、オスマン帝国をすべて合わせたよりも人口が多かった。[3] その経済は二〇〇〇年間変わらず他のすべての国を見劣りさせ、世界の生産量の優に四分の一を占めていた。[4] 日本の経済の一〇倍の規模を誇り、ヨーロッパ経済をひとまとめにしたよりもずっと強大だった。当時のヨーロッパは中国にとっては、絹、磁器、茶などの買い手となる遠く離れた土地というだけで、それ以外ではほとんど関心を持たなかった。中国はまぎれもなくアジアを率いる大国で、陸と海にまたがる広大な地域を支配し、文化的にも影響をもたらした。つまり、中国はかつて世界が見たことのないスケールの文明を築いていた。

しかし、それからほんの数十年の間に、決して揺らぐことがないように見えた中国の地位は、一連の破滅的な出来事によって崩壊していく。その始まりは一八三九年。道光帝が有害なアヘンの取引を廃止しようとしたことがきっかけとなった。広東港でインドから運んだアヘン二万箱を破壊された報復として、イギリス東インド会社が小型砲艦を広東へ差し向け、決定的な勝利を収めた。一八四二年の南京条約で、イギリスは清政府に巨額の賠償金の支払いと新たな五港の開港、そしてイギリス人居留地における治外法権を認めさせた。おまけに、イギリスは香港島も獲得した。

一八五〇年代半ば、イギリスと他のヨーロッパ列強は、中国に対して外国との交易にさらに門戸を開くように迫り、アヘン貿易の自由化と、輸入にかかる関税の廃止を要求した。咸豊帝《かんぽうてい》が新たな合意を破ると、イギリスとフランスの軍隊が船で北の天津港に向かった。最初は撃退されたものの両国軍は中国の皇帝軍を打ち破り、北京へと進軍した。皇帝は都から逃亡、英仏軍は北京で略奪をほしいままにしたあと、皇帝が最も大事にしていた美しい円明園（英語での通称はオールド・サマー・ハウス）を焼き討ちにした。それから数日間に、ヨーロッパ列強は中国に天津港を条約港として開港するように強制し、香港の九龍地区をイギリスに割譲させ、アヘン貿易の合法化と、イギリスとフランスへの賠償金の支払いを求めた。ロシアもすかさず動き、清の皇帝たちの祖先の故郷にある一〇〇万平方キロの土地をまんまと手に入れた。

第二次アヘン戦争（アロー戦争）のタイミングは、中国の朝廷にとっては最悪だった。同じ時期に歴史上最大の国内蜂起が起こり、両方と戦わなければならなくなったのである。北では外国軍が皇宮に攻め込み、南では太平天国の反乱軍が攻めてきた。太平天国は自らをイエス・キリストの弟と名乗る洪秀全《こうしゅうぜん》が率いる革命組織で、漢民族の一般市民もこの運動を支持していた。清政府は腐敗して無能だと考えた点では、彼らは正しかったといえる。一八五三年、太平天国軍は東部の南京を制圧し、この町を「天京」と改称して太平天国王朝の首都とした。反乱軍は中国の広大な地域を占領し、神権政治に基づく残忍な支配を確立。一八六四年にようやく清の軍隊が南京政府を転覆させるまでに、二〇〇〇万を超える人々が死亡した。この太平天国の乱は歴史上最も多くの血が流れた内戦となった。

アヘン戦争と太平天国軍による殺戮は、間違いなく朝廷の権力が衰えつつあることを示していた。そのもろさが近代中国史の暗黒の章の扉を開く。一八九五年の日清戦争での敗北がその幕開けだった。中国はかつての朝貢国である日本を、中国を中心とした儒教世界における弟分の国とみなしていた。一九一一年、清王朝は崩壊し、国は軍閥主義の泥沼へと沈んでいく。一九二〇年代には国民党政府が短期間ながら国を統一したが、すぐに中国共産党との内戦に引きずり込まれる。一九三一年、日本が極寒の中国北東部に侵出し、傀儡政権を樹立した。一九三七年には全面戦争が勃発し、大日本帝国陸軍が中国全土で暴虐の限りを尽くす。六週間に及ぶ大殺戮で南京だけでも三〇万もの人々が犠牲になった。中国が抗日戦争と呼ぶこの戦争（日本では日中戦争）で、およそ二〇〇〇万人の中国人が命を落とした。第二次世界大戦中の犠牲者総数の四分の一を占めるほどの数だ。中国側の見解によれば、死者数は三五〇〇万人に近かったとされる。[5]

一九四九年、共産党が蔣介石《しょうかいせき》の国民党に勝利を収め、中華人民共和国（ＰＲＣ）を建国し、貧窮化し消耗した国の舵取りを引き継いだ。中国は破壊され疲弊していた。一世紀に及んだ殺戮と破壊のあとで、共産党は国の再建に着手する。国内の知識人が一九一五年に最初に使ったスローガン「勿忘国恥」――国家の屈辱を忘れるな――を採用し、以来、人民に広めてきた。[6] 中国とその人民が耐えてきた、筆舌に尽くしがたい虐待と侮辱を思い出させるこの四文字のフレーズは現在も学校で教えられている。中国は諸外国から再び侮辱されることがないように、このことを決して忘れてはいけない。その屈辱の痛みが国の再興に力を与えるのだから、と。

国家の再生は、中華民国の「国父」とされる孫文《そんぶん》以来、中国の指導者すべてが目指してきた目標だ。中華人民共和国の国歌にもそれがはっきりと表現されている。

いざ立ち上がれ　隷属を望まぬ人々よ！
我等の血と肉をもって
我等の新しき長城を築かん
中華民族に迫り来る最大の危機
皆で危急の雄叫びをなさん
起て！　起て！　起て！[7]
（日本語訳：「世界の国歌・行進曲」world-anthem.comより）

重要なポイントは、中国が再び立ち上がらなければならないということである。指導者たちが「復興（fuxing）」について語るときには、失われたものの回復を意味している。中国はかつて世界一の文明、世界一の国だった。だから再びそうならなければならない。

この「国家的屈辱の世紀」を頭に入れておかないと、習近平《しゅうきんぺい》国家主席の「チャイニーズ・ドリーム（中国の夢）」への共鳴を理解することは不可能だろう。[8] 近代中国のすべての指導者がそうであったように、習近平は「中国の偉大なる再興」の実現を約束した。しかし、彼の指導体制の下で、「チャイニーズ・ドリーム」は追求すべき哲学にもなった。これは第一には国内ビジョン――国内で強くなければ、中国は結局のところ偉大な国にはなれない――だが、世界での中国の位置づけとも密接に結びついている。時間をかけて地盤を整えた中国は、ついに現代世界の大国としての地位をつかみ取る決意を固めた。

中国の近隣諸国にとって、これは警戒を要する動きである。なぜなら、「チャイニーズ・ドリーム」は強大な軍事力をも意味するからだ。[9] 習近平は共産党総書記に就任してまもなく、「中国の偉大なる復活を実現するためには、国の豊かさと軍事力を結びつけ、総合的な防衛力の建設に努めなければならない」と宣言した。[10]「富強」（富と力）の追求は、一九世紀以来、政治的指導者と知識人の両方が繰り返してきた言葉である。「国を富ませ、軍事力を強化する」を短くした言葉で、その歴史は二〇〇〇年以上前に中国統一への道を開いた戦国時代にまでさかのぼる。現在の言葉に置き換えれば、豊かな国を築くには経済発展が不可欠で、それが中国人とその歴史ある文明が栄えることを可能にする、という意味合いになるだろう。経済力を増大させれば、中国がもう二度と侵略・占領されないために必要な防衛力強化のための資金ができる。

強大な軍事力は、中国の防衛を担う者としての正当性を共産党に与えるためにも不可欠となる。党のプロパガンダは国家的屈辱という歴史的な傷を効果的に利用することで、「豊かな国と強力な軍隊」を築くうえでの党の役割を、国家としてのアイデンティティに重ね合わせようとしている。そのメッセージは、共産党だけが中国の威厳を取り戻せるというものである。その考えを具体的な形にしたのが、二〇一五年九月に北京で行なわれた大々的な軍事パレード――表向きには抗日戦争の勝利から七〇周年を記念した行事――だった。行進する兵士と地響きを立てて進む戦車の光景が世界中でテレビ中継された。しかし、これは実際には中国の不安定さを露呈するものだった。本当に自信に満ちた国は軍事力を誇示する必要はない。それでも、中国の指導部は国内での政権の安定を強調するためにも、そして外国、とくにアメリカや日本という仮想敵国を牽制するためにも、強国のイメージを内外に向けて発信する必要があった[11]。

国家の栄光を取り戻そうという強い思いはこの根深い安全保障上の不安から生まれたもので、それが中国をより強硬な外交政策へと向かわせている。三〇年前の中国共産党は、支配政党としての権威を強化するために、まだ共産主義のイデオロギーを支えにすることができた。対照的に、「チャイニーズ・ドリーム」という国家主義的な政策論理のためには、力を世界に向けて示さなければならない。戦勝記念パレードは国民の愛国心には訴えかけるものがあったものの、アジア諸国には戦慄を与えた。「内政面の自信が欠けるため、ナショナリズムを強調して国をまとめるには、外に対して強気の姿勢を見せなければならない——しかし、私にはそれを表立って口にすることはできない」。国際関係を専門にする中国の著名な思想家のひとりはそう語った。[12]

これは、中国の外交政策の根本的な方向転換を示すものである。一九七八年から一九九二年まで中国の最高指導者として権力を振るった鄧小平《とうしょうへい》は、他国の内政には不干渉の立場をとり、国内の秩序の確立に集中すべきであるという指針を与えた。習近平はその控えめなアプローチからの脱却を目指した。その徴候は、まだ正式に権力をつかむ以前に、副主席としてワシントンD.C.を訪問した際、アメリカに「新たな大国同士の関係」を求めたことにすでに表れていた。[13] 胡錦濤《こきんとう》から国家主席を引き継いでまもなく、習近平は中国がアジアで「積極的な」役割を担うことになる、と宣言した。この当たり障りなく聞こえる言葉は、実際には鄧小平路線からの脱皮を暗に意味するものだった。それ以来、中国は「周辺外交」を最優先し、その経済的な影響力を地域のリーダーシップに変えるための具体的な政策作りを開始した。[14]

いくぶん危なっかしい足取りながらも少しずつ、中国の地政学的な影響力は経済力に匹敵するところまで成長してきた。アメリカの著名な政治学者デイヴィッド・シャンボーによれば、中国はかねて「孤独な大国」であり、近しい友人はおらず、同盟国を持たなかった。[15] 鄧小平の助言に従い、北京の政府は他国の問題には余計な介入をせず、不干渉・非同盟を原則とする外交政策を目指してきた。しかし、習近平主席の「積極外交」政策では他国との密接な協力が必要になる。中国政府は他国と公式な同盟関係を結ぶつもりはないが、習近平はアジアで「友好国をつくり」、「運命をともにする共同体」を形成するつもりであることを明言した。[16] 目標は中国の資金を潤滑油とする非公式な同盟ネットワークを創出することである。近隣国が中国への経済的な依存を深めることで、中国は地政学的な足掛かりが強化できると信じている。

習近平が自らに課す使命は、中国をアジアの超大国に戻すことだ。彼はそれが歴史的に見て、中国の自然な位置づけなのだと考えている。世界唯一の超大国としてアメリカに取って代わろうというつもりはないが、アジアという裏庭では優位に立たなければならない。「屈辱の世紀」を経験した中国が、国の威信と自尊心を取り戻すためには、この「アジアの夢」を実現させるしかない。[17] 中国にとって輝かしいこのビジョンは、アジアの将来にとって大きな意味を持つビジョンでもある。

*

中国の「積極外交」はどのように展開するのだろう？　まず、貿易と投資という車輪に油を差さなければならない。アジアへの中国の進出は単純な事実の上に築かれる。その強大な経済（二〇一五年には一〇兆九〇〇〇億米ドル）は、他の東アジア、東南アジア諸国のすべてを合わせたよりも規模が大きい。[18] この巨大なエンジンは少なくとも四半世紀の間、地域の発展の原動力になってきた。中国はアジアのほとんどの国にとって最大の貿易パートナーである。近隣国のほぼすべてもその中に含まれる。このことが、中国の経済的影響力に大きく寄与している。

中国の次の目標はアジアへの投資を促進することだが、こちらについてはまだ支配するには至っていない。たとえば、東南アジアへの投資ではEUと日本のほうが貢献している。この弱みを是正しようとして考案されたのが、「一帯一路」または「新シルクロード」と呼ばれる構想だった。アジアとその先に広がる地域との連絡性を改善するための、ふたつの野心的なプロジェクトである。陸上では、「シルクロード経済ベルト」によって新しい輸送インフラと、中央アジアから中東、さらにはヨーロッパにまで延びる産業ベルトの構築を目指す。海上では、「二一世紀海上シルクロード」によって南シナ海とインド洋を通る貿易ルートと新たな港への投資を奨励する。これを支えるのが金融力である。中国の二大政策銀行、国家開発銀行と中国輸出入銀行がすでに、世界銀行とアジア開発銀行を合わせたより多くの資金を他のアジア諸国に融通している。アジアの発展途上地域の道路、鉄道、港湾、送電線の建設に資金援助することで、「一帯一路構想」は近隣国を中国の経済的影響圏にこれまで以上にしっかりと取り込むことを目指している。

習近平国家主席が最も力を入れるこの構想は、彼の名声を後世に残すために考案された政策といえる。政府は新しい金融機関、とくにアジアインフラ投資銀行とシルクロード基金の設立という形でこれを支援している。もっとも、一部の人が指摘しているように、中国が世界の経済システムを拒否しているわけではない[19]。それでも、現在のシステムを補い、新しい形に作り変えたいと考えていることは間違いない。中国はアジアインフラ投資銀行や上海協力機構、アセアン・プラス・ワンなど、アメリカがほとんどまったく影響力を及ぼしていない多国籍機関を利用し、独自に地域の発展を推し進めていく考えだ。実際には、第二次世界大戦後にアメリカの監視のもとでアジアに確立された秩序を、すでに修正しつつあるというのが現実だろう（第一章）。

中国のインフラ外交は近隣諸国との関係改善を目的としている。新疆ウイグル自治区のコルガスはカザフスタンとの国境にある小さな町だが、中央アジアへの流通ハブに変わりつつある。新疆の中心都市ウルムチとカザフスタン最大の町アルマトイ、さらにはイランとの間を結ぶ新しい鉄道と道路が建設されている。中国各地の都市からカザフスタン経由でヨーロッパまで延びる鉄道の連絡ルートもできている。南部ではカシュガル――かつてのシルクロードでにぎわいを見せていたバザールの町――をこの地域の玄関口として再興する大規模な市場建設構想がある。ここでも隣接するキルギスとタジキスタンまで延びる道路を中国企業が建設してきた。また、カラコルム峠とパミール高原を通ってパキスタン、ウズベキスタン、さらにはその先へと延びる鉄道路線の建設も計画されている。貿易の流れと経済活動はインフラ整備への熱心な投資に比べれば後れをとっているが、こうした多くのプロジェクトの意図は誰の目にも明らかだろう。

中央アジア諸国は輸送ネットワークを改善し、豊富な鉱物資源の開発を助けてくれる投資を歓迎している。それによって、古くからこの地域を牛耳ってきたロシアへの依存を軽減できるなら、なおさら歓迎だ。ロシアは現在も変わらず中央アジアに政治的、文化的な根を延ばしているが、この一〇年ほどの間に、中国が中央アジアの経済的リーダーとして、ロシアに取って代わってきた。この地域へのかつての影響力を取り戻すという点では、習近平と同じ野心を抱くウラジーミル・プーチン大統領は、旧ソ連諸国との関税同盟を下地にした独自の経済的ビジョンを推し進めている。中国とロシアはお互いを戦略的パートナーだと言っているものの、中央アジアにおける中国の影響力が強まれば、両国の伝統的なライバル意識に再び火がつく可能性はある（第二章）。

東南アジアのメコン経済圏では、日本が中国の最大のライバルだ。日本のこの地域への資金援助とインフラ建設の歴史は長い。しかし、最近の最も野心的なプロジェクトは中国のもので、雲南省の昆明《こんめい》からバンコクまで全長一八〇〇キロの高速道路を総工費四〇億ドルで完成させ、さらに昆明からラオス、タイ、マレーシアを経由してシンガポールまで延びる三九〇〇キロの鉄道路建設も提案している。この鉄道についてはその実現性に疑問が残るが、雲南省とラオスを結ぶ輸送ルートはすでに便利に利用されており、中国の投資家がラオスへと押し寄せている。一方、カンボジアは中国の資金に依存するあまり、中国の傀儡政権であるかのような行動が目につき、非難を浴びてきた。どちらの国も隣の大国の手足として利用される危険がある（第三章）。

二〇一〇年には、ミャンマーにも同じことがいえただろう。中国政府は二〇年以上をかけてこの国を支配する軍事政権との関係構築に努力を続け、東南アジアで最も閉鎖的なこの国をインド洋への架け橋とみなして（「中国のカリフォルニア」）、西の沿岸地方へ直接アクセスするための貴重な足場を提供してくれるものと期待していた。[20] 中国はベンガル湾から雲南省の国境の町瑞麗《ずいれい》まで石油と天然ガスを送る双子のパイプラインを建設した。瑞麗は、中国が提案している、昆明からミャンマーを経由してインド東海岸のコルカタまでを結ぶ高速道路の中継地点としても想定されている。しかし、ミャンマーが民主化へと移行して欧米諸国と親交を結ぶようになったことで、中国の立場は一気に後退した。政治的自由を得た一般国民が、中国の進出に対して抗議の声を上げ始めたため、政府は巨大ダムと鉄道の建設計画を延期せざるをえなくなった。アウンサンスーチーが主導する政府が、何より重要な中国との関係にどのようなアプローチをとるかが注目される（第四章）。

　中国企業にとっては、外国、とくに権威主義的な体制が敷かれている不安定な国々での事業展開は、権力交代で政治的風潮が劇的に変化したときには、自由を得た大衆からの否定的な反応を引き起こすという危険をはらんでいる。ミャンマーに続くその代表的な例となったのがスリランカである。戦略的に重要な位置にあるこの島国に、中国は巨額の資金援助を行なってきたが、二〇一五年に腐敗した前大統領が退陣を迫られた。新政府は中国が持ち込んだ疑わしいプロジェクトの多くを再検討することを国民に約束し、実質的に政府の取り巻きたちへの賄賂になっていた融資金の金利を再交渉することを誓った。しかし、スリランカは中国の資金への依存度が高いため、その経済的支配から簡単に脱することはできないだろう。

　インド洋においては、中国は経済的資源を使って戦略的目標を達成しようとしている。ミャンマー、スリランカ、パキスタンで中国の土木建築企業が建設してきた港は、中国の戦艦と潜水艦に必要な支援を与えられるだろう。また、アラビア海に面するパキスタン南西部のグワーダル港と中国北西部の砂漠を結ぶ「経済回廊」の建設にも、四六〇億ドルの資金援助を約束している。「アフリカの角」と呼ばれるジブチにはまもなく初の海外軍事基地が完成し、数千人の兵士を配置する予定だ。インドの軍事アナリストたちは、中国がインド洋に「真珠の首飾り」を広げようとしていると警告している。もっとも、こうした不安のいくつかは過剰反応といえるだろう（第五章）。

インド洋への中国の進出に対してインドが不安視しているのは、中国の経済力がどれほどすばやく軍事力に転換されるかである。中国の指導者たちは、これは拡大政策ではないし、これまでも中国が拡大政策をとってきたことはない、と断言している。この中国の見解は、歴史をかなり都合よく解釈したものだ。中国の王朝は、漢時代の領域を黄河沿いに拡大することで成長してきた。そして、中華人民共和国は一九四九年の建国以来、チベットを占領し、新疆を植民地化した。ただし、ベトナムとインドの領土に小規模な侵略を試みたことはあったものの、国境線がほぼ一定していたことは事実である。

最大の懸念は、東シナ海と南シナ海での中国の最近の行動で、陸上の国境をはるかに超える広大な範囲で領有権を主張し、とくに日本、ベトナム、フィリピンからの怒りと恐怖の反応を引き出している。中国は東南アジアに好意的なイメージを築こうとするこれまでのせっかくの努力を無駄にし、大げさに宣伝してきた「ウィンウィン（相互利益）」外交の底の浅さを証明した。南シナ海での環礁埋め立ては、他の領有権主張国の努力をはるかに上回る規模で、中国が国境の外に力を誇示する十分な自信を高めたことがわかる。強大な軍事力の保有という中国の決意は、近隣地域の軍事化を招き、アメリカをこの紛争に引きずり込む結果になった。戦争の可能性は低いものの、中国の行動は近隣諸国に古くからくすぶる敵対感情を再び刺激し、ベトナムをアメリカの腕の中へと追い込みさえしている（第六章）。

*

中国の断固とした領有権の主張は、自衛と国家的威信の回復のふたつを目指すものだ。防衛力と自らの運命を形作る能力を持つことが、「チャイニーズ・ドリーム」の中心にある。世界が習近平を愛そうが憎もうが、彼は中国をもう他国に振り回されるだけの国にはしないと決意を固めている。国の再興の夢を実現させる期限として定めたターゲットは二〇四九年。中華人民共和国の建国から一〇〇周年に当たる年である。習近平の考えでは、中国は今世紀半ばまでに、国内でも国外でも「豊かで強く」ならなければならない[21]。そして、大国として国際問題に積極的に参加し、国際的なルールの制定でも役割を果たさなければならない。

中国政府は帝国建設の野心はないと主張する。二〇一五年の北京での軍事パレードで、習近平は「中国が経験した過去の苦しみを他国に押しつけるようなことは決してしない」と宣言した。

「すべての国と友好関係を築くことが中国国民の目指すところである」[22]と。しかし、「チャイニーズ・ドリーム」は独自のやり方でアジアの帝国を建設する夢といえる。もちろん、中国が他国の領土を征服する野心を持っているという意味ではない。南シナ海で波風を立てていることを除けば、領土拡大の軍事的意図の証拠はほとんどない。私が言いたいのは、中国が国家再興の夢を実現するためには、過去に失ったものを取り戻さなければならず、それは、アジアの支配的勢力としての歴史的地位の回復を意味する、ということである。中国が目指す新たな「帝国」は、非公式な経済中心の帝国であり、資金力をもとにハードインフラを構築することで地域をまとめようとしている。

中国を中心にしたアジアの秩序再構築は、中国の民族主義者の多くが共有する夢である。人民解放軍の元大佐である劉明福は著書『中国の夢 China Dream』の中で、伝統的な朝貢制度がどのように機能していたかを民族主義的な情熱を交えて説明している。

東アジアの朝貢制度では中国が上位の国で、近隣諸国の多くは属国であり、貢物と返礼品を渡し合う関係を維持した。これは東アジア地域独自の制度であり、この制度を通して友好関係を維持し、相互援助を提供した。古代中国の優れた政治、経済、文化の魅力と影響は大きく、近隣諸国は自然に中国を取り囲む衛星国のように配置された。[23]

これら元属国の歴史家たちは、中国帝国は劉明福や他の新帝国主義の支持者が言っているほど穏健ではなかったと指摘する。しかし、この帝国時代の中国の過去についての楽観的な見方は、現在の中国の「ウィンウィン」外交の性格も教えてくれる。基本的に、中国の経済外交の目標は現代の朝貢制度を創出することなのである。その経済圏の中では、すべての道は文字どおり北京に通じる。

近隣諸国はこの中国の動きに対してどれほど警戒すべきなのだろう？　中国の周辺に位置する国々にとっての課題は、政治や経済に関する主権を失うことなく、貿易や投資という形でどれだけ多くの経済的利益を中国から引き出せるか、ということである。これにはバランスが求められ、つねに不安定な状態を強いられる。この地域のすべての国は中国の属国にならないように防衛手段を講じている。たとえば、ミャンマーとベトナムはここ数年で、アメリカに歩み寄っている。また、どの国も、主権と国境を尊重する国際制度に助けを求めることができる。それでも、中国周辺に位置する弱小国家は、本当の意味での独立を維持するためには困難を強いられることが予想される。

中国の経済外交は、影響力を及ぼしやすい小国に対してとくに効果がある。本書ではそうした発展途上で不安定な国々を重点的に取り上げていく。対照的に、先進経済国には恐れるものはあまりない。日本や韓国はいずれも力を持つ国である。インフラの建設と投資で中国の援助を必要とするどころか、インフラ外交では中国と競争関係にある。両国がアメリカの揺るぎない同盟国であるという事実は、中国の立場が実際のところ、どれほどもろいかを示している。中国政府が小国の独裁者たちを熱心にもてなしているのをよそに、アメリカは歴史上類を見ないほど強力な朝貢制度の頂点に君臨している。

中国は広大な国で、近隣諸国にとくに恐れられているが、アメリカの存在感は依然として大きく、アジアの覇権国家を目指す中国にとって唯一最大の障壁である。中国政府はアジアに覇権を確立しようとしているのではないと主張し、覇権の追求を悪意に満ちた外国勢力による植民地主義の企てとみなしている。しかし、一九世紀のアメリカが西半球の支配を目指したように、中国がアジアを支配しようと考える理由を理解するのに、徹底した現実主義者である必要はない。[24]「運命共同体」の建築という言葉を使ってはいても、中国にとっての最大の問題は、アメリカ主導の秩序を中国主導の秩序に切り替えることが有利な取引になると、パートナーとなる周辺諸国を説得するのがむずかしいということである。かつてほどの力は感じられないにしても、強大な経済力をてこに推し進めていくかぎり、中国の地域的重要性は深まるだろう。それでも、習近平のアジア帝国建設のビジョンは、あまりにも大きすぎる夢ではないだろうか。

第一章　「一帯一路」――新シルクロードへの投資

二〇一四年一一月、北京の代名詞ともなったスモッグに覆われた空が、明るいブルーを帯びた。澄み切った空気は、二〇〇一年以来となる中国でのＡＰＥＣ（アジア太平洋経済協力）首脳会議の開催に合わせて人工的に操作されたものだ。バラク・オバマ米大統領や日本の安倍晋三首相をはじめ、世界の二〇人のリーダーが北京に集まるこの会議に際し、中国政府はベストな状態の北京を見せようと努力した。工場は閉鎖され、店舗、学校、企業も休業し、道路からは車が排除され、住民は首都から離れるように指示された。農民はストーブで温める伝統的なベッドの火をたかないように忠告を受け、違反する者は逮捕された。[1] 各国首脳が帰国し、製鋼所が再開すると、なじみのある灰色の空も戻ってきた。この束の間の現象を、北京の住民たちは皮肉を込めてこう表現した。「あまりに都合がよすぎて現実とは思えないことを〝ＡＰＥＣブルー〟という」

二〇一四年のＡＰＥＣ首脳会議は、北京にとっては二〇〇八年のオリンピック以来の重要な国際行事であり、習近平国家主席が外国首脳の集まるなか議長を務める最初の大きな会議でもあっ

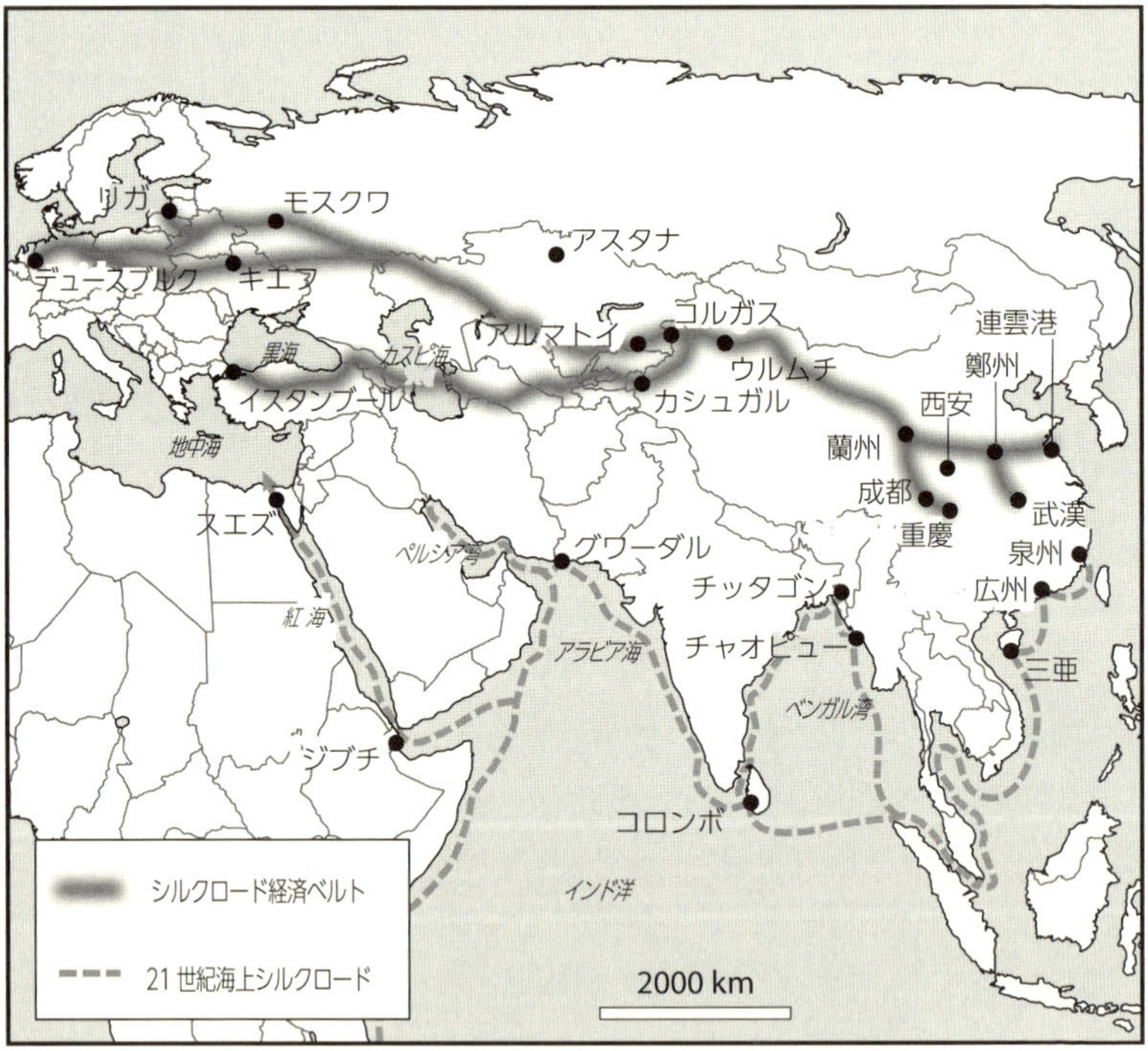

新シルクロード（「一帯一路」）

た。北京オリンピックが世界に対して中国が大国の仲間入りを果たしたことをアピールする機会だったとしたら、ＡＰＥＣは習近平にとって中国がようやく大国にふさわしい行動をとり始めたことを世界に示す機会だった。そして、その期待を裏切ることなく、彼は世界に通用する政治家という雰囲気を悠々と身にまとい、自信たっぷりにオバマ大統領との交渉に臨んだ。何より注目されたのは、習近平がこの会議の場で、中国の地政学的な野心を内に秘めた壮大な戦略として、次の一〇年間の対外投資を一兆二五〇〇億ドルに増額するプランを発表したことだ。政権の外交路線とも一致する、中国をアジア外交の中心に位置づける新しいイニシアチブとして提案された構想、それが新シルクロードの建設である。

一九八九年に結成されたＡＰＥＣは、地域内の貿易と経済統合の促進を目的に掲げているものの、しばしば議論だけで行動が伴わないように見える。習近平は「アジア太平洋自由貿易圏」という野心的な構想を持ち出すことで、この会議に待ち望まれていた活力を注入しようとしていた。アジア太平洋自由貿易圏は、言うなれば、アメリカ主導のＴＰＰ（環太平洋パートナーシップ協定）をさらに広げたものだ。ＴＰＰの性格は、中国が参加していないことが顕著に物語る。また、習近平は新しい「ＡＰＥＣ連結性に関する枠組み二〇一五―二〇二五」の承認を各国首脳に促した。これにはアジア太平洋地域に新しい道路、鉄道、海上交通路を建設することが含まれる。習主席はこれらの構想を将来に向けた壮大なビジョンの一部として提案した。「地域がどれだけ発展できるかは、今日のわれわれの決断と行動にかかっている」。彼は会議に出席していた一五〇〇人の実業家に訴えた。「地域の人々のために、われわれはアジア太平洋の夢を創出し実現する義務を負っている」[2]

習近平以前の中国の指導者で、中国のリーダーシップを暗に示しながら「アジア太平洋の夢」について話す度胸のある者はいなかった。中国は重要な外交の場では消極的な参加者に徹するのが伝統で、世界情勢を形作るよりは他国の事情に「不干渉」の政策を選び、国際政治の場では目立たないことを好んだ。それが習近平のもとでは、世界の舞台でより積極的な役割を担おうと、経済力の強さを外交の武器にする準備を進めている。APECのわずか二週間前、北京ではアジアインフラ投資銀行（AIIB）の開行を記念するセレモニーが行なわれた。中国の資金で設立されたこの国際開発金融機関には二一か国が設立メンバーになることに同意した。APEC首脳会議そのものでは、新シルクロード沿いの開発計画への融資に特化した四〇〇億ドル規模のシルクロード基金の設立が発表された。

アジアインフラ投資銀行とシルクロード基金の設立は、中国のアジア進出の戦略的野心が深まっている証拠といえる。最初にその動きが表面化したのは二〇一三年のことだ。新たに外務大臣に就任した王毅が、外交政策の重心を中国の裏庭にシフトする、と発表した。中国は近隣諸国との間に「運命共同体」を築こうとしている。このビジョンはインフラへの巨額の投資を通したより大きな経済統合だけでなく、国家の利益を相互に守ろうというものである。[3] 中国が目指すところは、経済的な誘因を利用して近隣諸国との関係を強化し、それらの国をしっかりと傘下に置くことだろう。道路や送電線を提供する代わりに、相手国には中国の「中核的利益」を尊重させる。南シナ海での中国の領有権の主張を支持することもそのひとつだ。これが、中国政府が「ウィンウィン」外交という言葉で意味するものである。

より積極的な外交政策へのシフトは、過去との根本からの決別を意味する。一九七八年に開始された改革開放政策以来、中国の外交政策は「鄧小平理論」で裏打ちされてきた。外交は、国内発展というもっと大きな目標に役立つものでなければならない、という理論である。突き詰めれば、これは外資を引き寄せ、世界との安定した貿易環境を整えることで、中国の輸出成長モデルを支えるというものだ。鄧小平は一九九〇年代初めの有名な談話で、中国の指導部に「冷静に観察し、足場を固め、落ち着いて対処すること、能力を隠し好機を待つこと、目立たないように行動すること、指導的立場を決して主張しないこと」を促した。[4] この戦略は、「韜光養晦《とうこうようかい》」という中国語にまとめられる。通常は、「能力を包み隠して時機を待つ」を意味するが、文字どおりには、「光を隠し、内に力を蓄える」を表す。

習近平のもとで積極的な外交政策に転じるまでの中国は、国際政治の場では概して傍観的な立場をとることに満足していた。指導者たちは他国に敬意ある態度を求め、それが得られないときには、「中国人の国民感情を傷つけた」として相手国を非難した。それでも、中国が主導的な立場につこうとすることはほとんどなかった。[5] その代わりに、経済外交に集中し、通商協定の合意を求め、国有の土木建築・資源開発企業の国外での事業展開を支援した。中国政府はASEAN(東南アジア諸国連合）との協力に最も力を入れ、中国が近隣諸国にとって競争的優位に立つ脅威であるという警戒心を和らげようとしている。そのため、責任ある経済大国として自国を位置づけようとしてきた。一九九七年のアジア金融危機の間には、人民元の通貨切り下げをしないという決断を下して地域の安定化に努め、二〇〇八年の世界金融危機後には、東南アジア諸国に数十億ドルの貸付をした。

しかし、経済力には地政学的な影響力がつきまとう。中国の戦略家たちは、大国としての力を持ちつつある中国が世界舞台でどう自らを主張するかについて議論を続けてきた。[6] 二〇〇四年には、中国政府の上層部で短い期間ながら「平和的台頭」が議題に上がったことがある。中国の再興という現実的な目標を内包しつつ、世界に対しては温和な大国のまま変わらない姿を見せて安心させようというものである。しかし、この言葉は諸外国に対して挑発的すぎるという判断がなされ、当たり障りなく聞こえる「平和的発展」が採用された。世界金融危機のあとにアメリカとヨーロッパ経済の脆弱性が顕わになったときには、中国のより積極的な外交政策を求める声が高まった。それでも、当時の胡錦濤政権は多少の迷いを見せたあと、「身を潜めて時機を待つ」鄧小平路線を公式に踏襲した。その後、二〇一一年九月に発表された「平和的発展に関する白書」では、「中国の外交の主目標は、その発展のために必要な平和で安定した国際環境を醸成することである」と繰り返されていた。[7]

この古い外交政策の原則は、二〇一二年から一三年にかけての政権移行後に揺らぎ始める。

二〇一三年一〇月の地域外交を議題にした共産党工作会議で、習近平主席は「運命共同体の理念を近隣諸国に浸透させる」と題した演説を行なった。[8] 鄧小平路線に従い、外交関係は「中国の改革、発展、安定のための良好な外部環境」を築くものでなければならない、と彼は述べたが、中国はアジアの「運命共同体」意識を促進する必要もある、と付け加えた。鄧小平の「表に出るな」の忠告を暗に否定し、中国の地域外交は「奮発有為」であるべきだ、とも宣言した。この言葉は、「奮起」は必要だが、先を見越した行動でなければならないという意味に解釈されることが多い。これに続いて王毅外相も、二〇一四年三月の就任時に行なった議会での記者会見で、外交政策の全体的な方向性をよく似た言葉を使って説明した。[9]

同年一一月、APEC首脳会議の二週間後に、習近平はめったに開催されない中央外事工作会議で議長を務めた。このような高官レベルの会議が開かれるのは二〇〇六年以来のことで、前回は穏やかな物腰の胡錦濤主席が、中国は「調和的な世界」の一端を占める必要があると確認した。習近平が提示したのはその考えをもっと骨太にしたものだ。中国は「大国としての外交」を実行し、アジアでの指導的地位を確立しなければならない、と彼は言った。歴代の指導者が用いた言葉を繰り返し、平和的な外部環境が、二〇二〇年まで国内発展に集中するための「戦略的機会」を与えると述べたが、このときにはじめて、好ましい外部環境を維持できるかどうかは、幸運ではなく中国自身の外交努力にかかっているという考えをほのめかした。そして最後に、大国としての中国の再興を、国内の活性化という「チャイニーズ・ドリーム」とはっきり結びつけたのである。[10]

習近平政権下で急速に変化していく中国外交を読み解くのはむずかしい。とくに東南アジアでは、微笑みがしばしば怒声に変わる。しかし、工作会議でのふたつの演説は、習近平路線を読み解く出発点を与えてくれる。「チャイニーズ・ドリーム」の旗の下で、習近平は中国をアジアの経済的リーダーとする新たな積極外交政策を追求している。同時に、アメリカに対しては「新しい形の大国間関係」を求め、中国を対等のパートナーとして扱うことを要求している。このような中国の動きは、国際機関にも重要な影響を与える。二〇一四年一二月のアジア太平洋自由貿易圏の建設に関する政治局研究部会で、習近平は中国が国際機関に「参加して率い、中国の主張を明らかにし、国際的なルールに中国を利する要素を注入すべきである」と述べた。[11] 中国は以前から「多極的な」世界を求めてきたが、リーダーが実際にその実現を目指そうとするのは、少なくとも二世代ぶりのことである。

この野心を支えているのが、ますます強大化する経済力だ。中国経済はこのところ失速気味かもしれないが、たとえ成長率が年五パーセントでも、GDP（国内総生産）はアルゼンチンくらいの中規模の経済国をまるごと加えていくにも等しい。中国のGDPはすでにアジア全体の半分近くを占め、地域最大の貿易パートナーとなり、さらに最大の投資国の地位を日本から奪おうとしている。とくにインフラ建設のための資金も技術も持たない国では、中国の金融資産と優れた土木技術がたまらなく魅力的に映るだろう。「一帯一路構想」は近隣諸国の前に大きなニンジンをぶら下げているようなものだ。政府上層部は、この誘いに飛びつかない国はほとんどないだろうと判断している。国民に基本的なサービスさえ提供できない国であれば、この誘惑を払いのけるのはむずかしい。

それでも中国は、アジアの近隣諸国に北京を中心とする新しい秩序を受け入れるよう説得することには苦労するだろう。どの国も中国の巨大な経済力を恐れるからである。中国に隷属したいと考える国はない。「運命共同体」という中国の構想は、周辺地域、とくに南シナ海では機会よりも脅威と見られている。中国の外交官たちが飽きもせず繰り返してきた「ウィンウィン」外交が、中国の利益を第一に考えたものであることは間違いない。中国と友好的な関係を保っている国でさえ、経済的に依存しすぎることへの警戒心がある。北京開催のＡＰＥＣ首脳会議の間に各国の代表団が楽しんだ青空と同じように、相互発展という中国の言葉は、うわべだけは耳に心地よいが、話がうますぎるように思える。

一帯一路構想

習近平の〝積極〟外交の中核は、「一帯一路構想」である。南シナ海からユーラシア大陸を横切るように延びるこの帯と路は、かつてない野心的な開発計画と考えてほぼ間違いないだろう。中国とヨーロッパを中央アジア経由で結んでいた古代のシルクロードに着想を得たこの計画は、地球上で最も手つかずの荒野が残る土地に、道路、鉄道、産業回廊を建設し、それをアジア、アフリカ、中東、ヨーロッパの高機能の港とつなぐというものである。中国政府はこの構想が投資の障壁を打ち破り、新しい通商ルートを創出し、国際物流の改善と地域の金融市場の統合を深めると自信を持ち、さらには「世界平和」の促進にもつながると大げさに宣伝している。[12]

この構想はさまざまな呼称のもとで進められてきた。習近平はまず二〇一三年九月のカザフスタンでの演説で、「シルクロード経済ベルト」の建設を提案した。中国から中央アジアと中東を通り、ヨーロッパに達する陸路である。[13] その一か月後、今度はインドネシア議会への演説で、「二一世紀海上シルクロード」の創設を提案した。こちらは南シナ海とインド洋上の海路のネットワークである。[14] 当初、新シルクロードと呼ばれたこの計画は、のちに「一帯一路」(One Belt, One Road) と名づけられた。英語ではなく中国語にしたほうが、大げささが薄れる。激しい国内議論の末に、現在は公式に「一帯一路構想」(Belt and Road Initiative) の名称が使われている。中国政府はこれを「計画」や「戦略」と呼ぶべきではないと強く主張する。巨大な経済帝国の建設を意図していると解釈されないためだ。中国はこの構想の所有権を主張しているわけではなく、「相互信頼、平等、参加、相互学習、ウィンウィンの協力」のもとに達成される構想だと言っているが、事実上は中国のプロジェクトにほかならない。[15]

中国政府によれば、この構想の「帯」と「路」は六七か国を通る。中国メディアがそのルートを示す多くの地図を発表してきたが、実際のところは、まだはっきり定まった「帯」や「路」はない。おそらくは、提携の意欲を見せるパートナーが見つかるところならどこでも、中国企業が新しい道路や鉄道の建設に乗り出し、新しい港と連絡させていくだろう。いくつかのルート、たとえば中国からカザフスタンとロシア経由でヨーロッパまで達する鉄道は、すでに存在する。提案段階にあるいくつかは、そこから先には進まないかもしれない。たとえば、「シルクロード経済ベルト」のうち、イランとトルコを経由する南ルートは、キルギスを通るかどうかがはっきりせず、イラクやシリアのような政情不安の国を通る道ができるかどうかもわからない。古代のシルクロードと同じように、「一帯一路」の通商ルート網も、地理、商業、地政学上の入り組んだ需要に影響されることになるだろう。

この構想は数多くの目標に動機づけされている。第一に、国家の安全を守ること。中国は相互依存的な経済ネットワークを形成することで、アジア地域でのリーダーシップを確立し、アメリカの同盟構造に対する防衛手段にするとともに、エネルギー供給ルートを分散したいと考えている。中国はアジアにほとんど友好国を持たないが、近隣諸国が恩に報いる気持ちを見せるのであれば、本気で援助しようとしている。これは、北朝鮮やミャンマーのような〝ならず者国家〟をのぞけば、緊密な外交関係を築こうとしてこなかった過去との決別といえる。

同様に重要なのは経済的な動機づけである。中国政府の最大の期待は、国内の商品生産者、土木建築企業、資本財メーカーが新しい成長源を見つけることである。「一帯一路構想」は莫大な量の鉄鋼とセメント、数万の労働者、数千のクレーンと掘削機、数十の新しいダム、発電所、電力供給網を必要とする。つまりこの構想は、国内需要の縮小に直面し、余剰生産能力を輸出する機会に活路を見いだしたい、負債を抱えた企業にとっての生命線になるととらえているのである。この計画は中国にとっては、一九九九年に江沢民が立ち上げた「対外進出」政策に次ぐ、大規模な対外投資である。当時の目標は、中国の国有企業が国外でエネルギーと鉱物資源を獲得することだった。今回の新たな政策はより広範かつ野心的で、重要な国内政策の要素も含まれる。政府は連絡ルートを充実させることが、発展が遅れている国境地域を貿易拠点として活性化させる助けになると計算している。

また、財政面での動機づけもある。二〇一五年三月、中国政府は「シルクロード経済ベルトと二一世紀海上シルクロードの共同建設推進のビジョンと行動」と題した政策文書を発表した。[16] 連絡性を改善し、新しい陸路・海路の通商ルートを開拓する計画の概要に加えて、この資料はより広範囲の資金協力と国境をまたいだ市場の統合を呼びかけ、取引の決済には人民元の使用を増やすことを提案するものだった。これは、人民元をドルとユーロに並ぶ国際通貨にしようという長期的な野心の表れである。さらに、中国はその莫大な外貨準備高の新たな投資先を開拓することを望んでいる。二〇一五年の巨額の外貨流出のあとでさえ、二〇一六年の外貨準備高は三兆ドルを超えていた。それを利回りの低いアメリカ国債に投資するよりは、利率五～六パーセントで海外のインフラ建設に投資するほうが利益になる。その結果、中国の輸出企業や建設企業に好機をもたらすのであれば、なおさら都合がいい。

実現可能なロードマップにするにはあまりに大ざっぱであいまいすぎるが、「一帯一路」の政策文書は、この構想について中国が提供している最も包括的で明快な説明である。本質的に、この構想に込められている戦略的ビジョンは、中国を世界の経済発展の主要エンジンに変えるということであり、中国の安全保障上の利益は他国をより緊密な通商・投資関係に取り込むことで確保されるという考えがその根本にある。「中国はその能力の及ぶ範囲で、より大きな責任と義務を負う決意を固めている」。政策文書は注意深く練られた外交言語を用いてそう宣言し、その主たる目的は「共通の発展」と「相互繁栄」の推進だとしている。[17] 政策文書を発表した日、中国外交の第一人者である楊潔篪《ようけっち》は東南アジア諸国に向けて、この構想は「どこか一国が地政学的な優位を得るためのツールではない」と明言した。[18] 世界中、とくにアフリカでの数多くの外交のつまずきを経験したあとで、中国は諸外国から信用されていないことを痛感していた。

しかし、国内向けの指導部の説明は異なる。彼らは、中国は世界外交の舞台で他の経済大国と同等の大きな役割を演じるべきで、他国の思惑に翻弄されるだけではいけないと繰り返している。習近平国家主席が「一帯一路」を国家再興、つまり「チャイニーズ・ドリーム」という戦略的な目標の実現に向けてのステップとみなしていることはほぼ間違いない。それとともに自らの政治的名声を確立しようともしている。彼は中国の改革プロセスは三段階で進み、それぞれの段階に三〇年ほどの期間を要すると考えているようだ。第一段階は一九四九年の中華人民共和国の建設と毛沢東による共産党権力の確立の時期で、長年にわたる外国支配の屈辱を脱し中国の国力を強化した。第二段階は一九七八年の改革開放に始まり、鄧小平が偉大な経済大国への道を切り開いた。そして、第三段階は二〇一二年の習近平自身の共産党総書記就任が始まりとなり、中国はついに世界大国としてのあるべき地位をつかみ取ろうとしている。胡錦濤と江沢民はこうした改革プロセスにおいては、脚注として登場する程度の存在にすぎない。[19]

「一帯一路構想」の背景となる考え方の大部分は必ずしも新しいものではないが、習近平はこの構想を自分が考え出したものと主張している。ワシントンD.C.の戦略国際問題研究所（CSIS）の中国研究者であるクリストファー・ジョンソンはこの点について、「ギリシア神話にはゼウスの頭からアテナ神が完全な姿で生まれたという話があるが、それとは違って、これを習近平と側近たちが完全な形で生み出したものとみなすべきではない」と、言っている。[20] アジア開発銀行（ADB）は数十年前から、アジアの連結性を高めるための資金提供を行なってきた。たとえば、中国とヨーロッパ間の「ユーラシア陸橋」への取り組みは、習近平体制の誕生よりずっと前に始まった。しかし、習近平は数多くの既存の、あるいは計画中のプロジェクトを「チャイニーズ・ドリーム」という壮大な構想に巧みに取り込み、「一帯一路」を中国中心のアジア秩序を築くという地政学的戦略の欠かせない要素にした。

アジアインフラ投資銀行

中国の野心は経済力の上に築かれている。その最も強力なシンボルがアジアインフラ投資銀行（AIIB）で、「一帯一路構想」とも緊密に結びついている。事実、習近平は二〇一三年一〇月、「二一世紀海上シルクロード」の建設計画を発表したジャカルタでの演説で、まず中国が自前の国際開発銀行を設立することを提案した。このベンチャーの短期間での成功には誰もが驚いた。一番驚いたのは中国政府だったかもしれない。わずか一年半の間に、五七か国が新銀行の設立メンバーになることに同意した。ほとんどのアジア諸国、多くのヨーロッパ諸国のほか、フィリピンやベトナムのような中国とぎくしゃくした関係の国も含まれる。AIIBの合意条項が二〇一五年一二月三一日に発効したとき、参加していないことが注目されたのはアメリカと日本だけだった。[21]

神経質なADBの重役たちが当初「中国の銀行」と呼んでいたアジアインフラ投資銀行は、おそらく歴史上のどの地域的国際開発銀行よりも、多くの見出しを飾ってきた。[22] これについては、中国政府はアメリカに感謝すべきかもしれない。アメリカが同盟国に参加を思いとどまらせようという愚かな策に走らなければ、世界の注目を集めることなどほとんどなかっただろう。アメリカ政府の高官たちは現在、AIIBに反対するロビー活動を行なったことはないと言い張っているが、これは正直な発言ではない。アメリカははっきりとその立場を表明し、オーストラリア、韓国、インドネシアなどはその圧力に逆らうことをためらった。しかし、イギリスが予想に反して参加を発表したことでヨーロッパ本土の主要三国をはじめ多くの国がそれにならい、オーストトラリア、韓国、インドネシアも続いた。インドのような中国の地政学上のライバルでさえ、せっかくの贈り物にけちをつけるのは得策ではないと考えた。

アジアインフラ投資銀行の設立は、中国の戦術の変化を映し出す。この三〇年ほどの間、中国は主要国際機関のほとんどに参加し、ときにはそれらを自国の利益に役立てることもあったが、全般的にはその経済力を最も効果的に利用できる二国間交渉を好んだ。アジア諸国のインフラ建設を助け、資金提供しようとする意欲は、友好国の獲得を目的にしたものだ。しかし、こうした努力はしばしば逆効果になる。相手国の地元住民は中国人労働者の流入を腹立たしく思ったり、自分たちの生活が脅かされるのではないかと不安になったりする。力のない小国は中国の〝お得意様〟に成り下がりたくはないと考えるため、二国間主義には限界がある。中国政府は世界銀行やアジア開発銀行のような国際機関に参加することによって、押しつけがましくない役割を演じるほうがよい結果をもたらすことを学んできた。[23]

中国にとっての最大の問題は、これらアメリカ主導の組織の中で十分な影響力を持ち、目的を達成することがなかなかできずにいることだ。世界銀行グループの一員で、無利子融資を提供する国際復興開発銀行（ＩＢＲＤ）では、中国の議決権の持ち分はわずか五パーセントである。アメリカの持ち分は一五パーセントで、全体の四五パーセントはアメリカ、日本、ヨーロッパ諸国が手にしている。国際通貨基金（ＩＭＦ）に関しては、中国の議決権株式は二〇一五年一二月までさらに少ない三・八パーセントだった。ＩＭＦは二〇一〇年にこれを六パーセントまで上げることに合意したが、アメリカ議会の共和党勢力の反対で実施は延期されている。たとえ新しい配分になったとしても、アメリカは議決権の一六・五パーセントを維持するので、世界の経済システムにおけるその傑出した地位は変わらない。アジア開発銀行では、日本とアメリカが株主資本の三一パーセント、議決権の二六パーセントを持っている。長い間、中国はADB（アジア開発銀行）理事会での代表権を拡大し、五パーセントの議決権をもっと増やそうとしてきたが、アメリカと日本に阻まれた。

二〇一三年、ついに中国の忍耐力も尽き、既存の国際機関で代表権を増やすという実りのない努力をするよりも、自ら機関を設立したほうがいいと考えを改める。その実施に際しては、ライバルの手本にならった。日本は自らの地域的利益を促進するために、一九六六年にADBを設立した。当初は通商パートナー国のインフラ整備のための融資をこの銀行を通して行なっていた。現在のADBは貧困の軽減に重点を移しているが、日本の資金のアジアへの重要な供給ルートであることは変わらない。安倍首相は日本企業に、中国を避けて他のアジア諸国に投資することを奨励している。中国はAIIBがADBの事業を妨げることはないと言っており、アジア開発銀行の中尾武彦総裁もアジアインフラ投資銀行の設立を公式に歓迎した。[24] 要するに、アジアのインフラ需要はあまりに大きいため、他の金融機関の参入の余地は十分にあるということだ。それでも、ADBの重役たちはAIIBが同じプロジェクトで競合することを内々では心配している。融資基準を低めることで、「アジアの銀行」としてのADBの地位を脅かすことが十分に考えられるからだ。

アメリカ政府はもっと大きな脅威を感じとっている。ブレトン・ウッズ協定で確立された、アメリカが支配する世界の開発融資体系に代わる選択肢を中国が提供し、アジアの経済構造を再編しようとしているのではないかと恐れたのである。これは必ずしも被害妄想とは言い切れない。AIIBは中国の経済外交の道具として使うことを目的に考案されたものだ。「一帯一路構想」の基本文書には、AIIBが中国政府による支援の融資経路として使われると明記されている。[25] もっともなことながら、アメリカ政府はAIIBをアジア開発銀行や世界銀行の潜在的ライバルとみなし、AIIBがグッド・ガバナンス、責任ある融資、環境保護のルールを順守するかどうかに疑いを抱き、注視してきた。しかし、アジア全域の生活レベルの向上に貢献するかもしれない国際金融機関を批判するようなアメリカの試みは、視野が狭すぎる。信用できない国際機関への参加を友好国に思いとどまらせようと説得するよりも、参加して内側から影響を及ぼすように促すほうが、抜け目ない外交といえただろう。[26]

それでも、アメリカ政府はひとつのことに関しては正しい。AIIBはブレトン・ウッズ体制の不公平を正そうとする中国の試みの一環である。二〇一五年六月の署名式で、中国の楼継偉《ろうけいい》財相が、AIIBは「中国が国際的な責任を果たそうとする努力、既存の国際秩序を改善し補完する努力に向けての重要な一歩」であると発言した。[27] 翌月には、新開発銀行（NDB）も開設された。これは、BRICS（ブラジル、ロシア、インド、中国、南アフリカ）五か国によって設立された国際開発銀行で、すべての新興経済地域での「インフラと持続可能な開発計画のための資源を集める」ことを目的とする。[28]上海を拠点とする新開発銀行は、ＡＩＩＢの姉妹銀行と呼ばれてきた。どちらもアジア開発銀行や世界銀行と同様の地域で事業を展開している。

したがって、アメリカ政府の一部に、中国が既存の経済構造をくつがえそうとしているという見方があるのもうなずける。それでも、この見解は中国による金融機関設立の影響を過大評価している。アメリカ主導の開発融資体系に取って代わるのではなく、中国はその骨組みを変え、拡大しようとしているのである。ＡＩＩＢの金立群《きんりつぐん》総裁自身も以前はアジア開発銀行の副総裁を務めた人物で、洗練された物腰で流暢な英語を話す。ＡＩＩＢへの懐疑派に対して、彼はＡＩＩＢが多国間の開発融資という本来の目的をないがしろにしようとしているわけではないと熱心に説いてきた。彼によれば、ＡＩＩＢは「リーン、クリーン、グリーン」だという。つまり、効率的な経営を行ない、腐敗を許さず、環境にも優しい。[29]ＡＩＩＢのウェブサイトは、この銀行が「ガバナンス、説明責任、資金調達、環境および社会的枠組みに関する力強い方針」を導入する、と約束している。[30]こうした目的を達成するために世界中から精力的にコンサルタントを集めており、そのなかには欧米諸国の上級外交官や世界銀行の上級職員も含まれる。

ＡＩＩＢが多くの株主の獲得に成功したことで、中国のこの銀行に対するコントロールは制限される。とはいえ、中国は当然ながらリーダーシップを発揮し、ＡＩＩＢ最大の株主として二九八億ドルを出資している。さらに、二六パーセントの議決権は、実質的に拒否権を持つに等しい。重要な決定には七五パーセントの賛成が必要となるからだ。しかし、今後さらに三〇か国が参加すれば、中国のこの議決権はほぼ間違いなく効力を失う。現在参加を検討している国・地域のリストの上位には香港も名を連ねている。これほど多くの国が決定に影響を与えることになれば、ＡＩＩＢも国際的な融資基準を尊重しなければならない。

ＡＩＩＢをうまく運営することは、中国政府にとっても長期的な利益になる。国際舞台での影響力を高めるには、より友好的で多面的な顔を見せなければならないことは中国政府もわかっている。ＡＩＩＢの最初のステップは、協力のジェスチャーを見せることだった。設立当初に掲げた四つのプロジェクトのうち三つで、世界銀行、アジア開発銀行、欧州復興開発銀行によってすでに手配済みのプロジェクトへの追加資金を提供している。二〇一六年六月の第一回年次会議で、楼継偉財相が、ＡＩＩＢは「提携するＭＤＢ（国際開発金融機関）の取り組みを完成させ補足する」と、参加者に語った[31]。中国政府は自国企業の利益を最大にすることよりも、ＡＩＩＢを真の多国籍機関に変えることで中国の国際的評価を高める道を選んだのである[32]。

いずれにしても、ＡＩＩＢは中国の対外投資のための武器庫の中では小さな兵器でしかない[33]。この銀行は「一帯一路構想」に沿ったプロジェクトの支援を第一の目的とするが、設立から最初の五年間は融資の上限を年間二〇億ドルにする予定で、この額は他の国際開発銀行に比べればはるかに少なく、中国の巨大な政策銀行が頻繁に行なっている高額の貸付と比べれば、微々たる額でしかない。ＡＩＩＢは一〇〇〇億ドルの授権資本を得たが、払込資本の額はもっと少ない。国際開発銀行ではたいてい、授権資本が払込資本を上回る。その大きな理由は、格付け機関と債券の買い手に、予備の資金があると納得させたいからだ。そのため、開発銀行はごくわずかな利益しか得られないにもかかわらず、非常に低い利率で巨額の資金を借り入れることができる。

二〇二〇年までには、ＡＩＩＢはアジア開発銀行と同程度のおよそ二〇〇億ドルの流動性資金を得られる見込みだ。既存の開発銀行——世界銀行、アジア開発銀行、米州開発銀行、アフリカ開発銀行——は、二〇一四年に資本金の四〇～五〇パーセントに相当する額を支出した。もっと新しく、ＡＩＩＢとも共通点があるラテンアメリカ開発銀行ＣＡＦは、七〇パーセントという思い切った額を支出した。もしＡＩＩＢとＮＤＢが妥当な額として資本の四五～七〇パーセントを支出すれば、二〇二〇年代初めまでにこの地域に毎年合わせて一五〇～二〇〇億ドルを貸し付けることができるだろう。これは世界銀行の二〇一四年の非譲許的貸付額とほぼ等しく、アジア開発銀行より二倍から三倍多い。すべての開発銀行での毎年の貸付額がときおり一〇パーセントほど上がることがあると考えれば、中国出資の新しいふたつの開発銀行は国際開発銀行の非譲許的貸付の四分の一程度ということになるだろう。このことは重要だが、さほど驚くことではない。

もうひとつの資本の供給源となるのがシルクロード基金で、おもに中国の外貨準備高を資金とするものだ。これは「一帯一路構想」プロジェクトのつなぎ融資を提供することを目的に設立された未公開株式投資ファンドである。しかし、ＡＩＩＢと同様に、授権資本四〇〇億ドルに対し払込資本は一〇〇億ドルと、大きな差がある。たとえシルクロード基金が二〇二〇年までに手持ちの資金すべてを投資したとしても、一年当たり二〇億ドルにしかならない。それより大きな潜在的融資源は、中国の商業銀行である。中国銀行は二〇一六年から二〇一八年の三年間に、「一帯一路」のプロジェクトに一〇〇〇億ドルを融資する用意があると意欲を示してきた。中信銀行も期間は限定せずに総額一一三〇億ドルの融資を約束している。しかし、こうした約束を鵜呑みにすることはできない。海外に関心を持つ企業に対する融資はどれも、抜け目ない重役たちによって、「一帯一路」のラベルをつけることで政府に印象づけようとしている可能性があるからだ。

中国の海外進出の野心を後押しする本当の資金は、国家開発銀行（CDB）や中国輸出入銀行(Exim Bank)などの大手政策銀行から流れてくるだろう。CDBが当初委託されたのは、国内インフラの支援だったが、二〇〇八年以降は国外資源の獲得に携わる中国国有企業にも資金提供している。アフリカ進出への資金援助に加え、ベネズエラ、ロシア、ブラジルとの大規模な石油取引が円滑に進むように手助けもしてきた。CDBの国際融資ポートフォリオは二〇〇七年の実質ゼロから、二〇一三年には一八七〇億ドルに増加した。もっとも、その純貸出高は二〇一四年には若干落ち込んだ[34]。中国メディアによれば、CDBは国内開発に集中するように指示されているらしく、国外事業を支援するための資金をどれだけ保有しているかを知るのはむずかしい。しかし、二〇〇八年から二〇一四年の年平均の純国際貸出高は、他のすべての国際開発銀行を上回っていた。

さて、これで中国政府の経済外交のための最後の大物が残る。中国輸出入銀行だ。伝統的に輸出入を促進するための貿易借款を提供してきたこの銀行は、二〇一〇年以降は国外向けの主要金融機関になった。二〇一四年の貸出高は一五一〇億ドルで、バングラデシュのＧＤＰに相当する。顧客は不透明だが、二〇一四年の非貿易関連の総貸出額は八〇〇億ドルに上り、主要国際開発銀行七行の貸出額の合計よりも大きかった。このうち一部は国内で、土木建築企業や国外で資材やサービスを売っている資材販売会社への貸付という形で支出されたが、輸出入銀行はおそらく国外の開発融資では世界最大の金融機関としてランクされる。「一帯一路構想」を含め、中国の国際開発計画へのこの銀行の貢献は、ＡＩＩＢとＮＤＢが今後一〇年をかけて行なう融資をすでに上回っているかもしれない。

以上をまとめると、中国の融資力を実際に支えているのは政策銀行であり、多国籍ベースの金融機関ではない。他の国際開発銀行が手を出そうとしない石炭火力発電所のようなプロジェクトでも、これらの政策銀行なら喜んで支援するだろう。中国が率いるＡＩＩＢとＮＤＢの融資規模は比較的小さく、アメリカが警戒しているように、中国が信用に値する金融機関を設立してブレトン・ウッズ体制に取って代わろうとしているとは思えない。それでも注目されるのは、たとえＡＩＩＢが資金源として小さな役割しか果たしていないとしても、中国にはインフラ外交を支えるための豊富な資金があるということである。

アジアのインフラ軍拡競争

中国への経済的依存と中国の影響力の増大への不安を抱えながらも、アジア諸国は全般に、のどから手が出るほど必要としているインフラへの投資の約束を歓迎してきた。アジア先進国は世界でも有数のインフラを持つが、貧しい国のインフラは最低といえる。世界経済フォーラムによれば、ラオス、カンボジア、モンゴル、キルギス、パキスタン、タジキスタン、バングラデシュ、ネパール、東ティモール、ミャンマーは、インフラの質に関しては、サハラ以南アフリカの国々とともに下位四〇国に含まれる。これらすべての国が、インフラの不備で有名なインドよりも下に位置している。アジアの貧困地域では、崩れかかった道路が夏の豪雨で浸水し、電力は不安定で、携帯電話の電波はまったく届かないことが多い。[35]

「一帯一路構想」は、インフラへの投資が経済成長を促し、貧困を軽減するという中国自身の経験に基づいている。その達成は、海港から遠く離れた中央アジアのような内陸地帯では最もむずかしい。海岸地域でさえ、急速な経済成長と人口増加が既存のインフラ、とくに輸送とエネルギーに大きな負荷をかけている。頻繁に引き合いに出されるアジア開発銀行の調査によれば、二〇二〇年までの一〇年間に八兆ドルの新たなインフラ投資がなされれば、一三兆ほどの実質的利益を生み出すとされている。[36] 中国の気前のよい投資があってもなお、この規模の投資は実現できそうもない。しかし、アジア開発銀行の「道路、鉄道、橋、発電所、パイプラインの建設は、この地域の政策決定者にとって優先課題とされなければならない」という結論には確固たる根拠があった。

一人当たり所得では東南アジア最貧国のカンボジアほど、これが当てはまる場所はない。この国に対しては、中国と日本が小切手帳と建設機材を武器に、インフラ融資戦争を繰り広げている。[37] 首都のプノンペンでは、壮大なメコン川の支流に双子の橋がかかる。最初の橋は日本からの贈り物として一九六六年に建設された。それと平行して架かっているもう一本の橋は、中国輸出入銀行からのソフトローンを得た中国路橋公司が建設したもので、二〇一四年に開通した。中国が「一帯一路構想」を開始すると、日本とその同盟国も開発資金の融資を増大するという形で対抗した。二〇一五年四月、目を見張るような新しい橋がプノンペンから六〇キロ下流に開通した。アジア開発銀行の支援を受けて、日本が融資と建設に携わったものである。

中国がまたすぐこれに対抗してくることは間違いない。日本は二〇一一年から二〇一三年にＡＳＥＡＮ諸国に五六〇億ドルを投資した。中国の二二〇億ドルを倍以上にした額だ。ＥＵ加盟国の投資額は七五〇億ドルとさらに大きい。しかし、カンボジアをはじめとする一部のアジア諸国では、中国がすでに最大の投資国として突出している。中国政府は今後一〇年ほどで「一帯一路構想」を勢いづかせ、その影響力をさらに広げたいと考えている。そのために援助をさらに強化して、最低限の金利で資金援助をしたり貸付を行なったりもしている。東南アジアでは日本が最も気前のよい資金提供者で、援助を地域への影響力を維持するための欠かせない手段とみなしている。中国は少しばかり後れをとっているが、援助額は急速に増加している。二〇一三年には世界中で七〇億ドルを支出し、OECD（経済協力開発機構）によれば、世界第六位にランクされた。[38]

中国の資金力を利用した攻勢に不安を感じた日本は、対抗手段をとった。二〇一五年二月に発表された新たな「開発協力大綱」は、他国への援助は日本の国益を守ることと結びついていると述べている。「法の支配」「民主化」の定着を目指すことも、この文書ではじめて確認された。[39] 続いて発表された外国援助に関する報告書は、中国の影響力が増すなかで日本の安全を守るためにはASEAN諸国との結びつきを強化すべきであると明記していた。[40] そして二〇一五年五月、AIIB設立に対する直接の反応として、安倍晋三首相はアジアの〝高品質の〟インフラ計画に五年で一一〇〇億ドルという途方もない類の援助資金を提供すると発表した。AIIBに対しては中国の質の悪い建設事業に資金提供するのではないかと不安の声が上がっていた。[41] 日本の投資の半分は二国間協力によるもので、残りの半分はアジア開発銀行との協力で実施される。「高品質の」インフラを提供するという日本の約束は、決して口先だけのものではない。プノンペンから東へ一時間走ると、ホーチミン市に向かう混雑したハイウェイに壮大なネアックルン橋が現れる。これは中国と日本の融資戦争がアジアの発展途上国を利する結果をもたらした格好の例である。メコン川に架かる全長二キロのこの橋は、中国がカンボジアの首都プノンペンにもう少し小さめの橋を建設したわずか半年後に開通した。日本から一億三〇〇〇万ドルの援助金を得て建てられた橋は、ふたつの街を行き来する車両にとってネックになっていたフェリーでのメコン川横断を不要にした。混雑した日には、車両は七～八時間も列を作って待たなければならず、横断に倍の時間がかかっていた。アジア開発銀行はこの新しい橋を、タイとベトナム間の「南経済回廊」――大メコン圏開発計画の重要部分――を建設するために欠かせない連絡路とみなしている。[42]

中国と日本の競争の舞台は東南アジア全域に広まっている。プノンペンから一五〇〇キロ北に位置するハノイでは、中国中鉄グループがこの町の新しい都市鉄道システムの一部を建設している。中国も日本もこのプロジェクトに資金援助している。ベトナムの首都にはすでに総工費一〇億ドル規模の真新しい空港ターミナルがあり、近代的な六車線の高速道路と紅河を渡る長さ九キロの橋が空港と市内を結んでいる。発展がまだ初期段階のベトナムの中で、ハノイのインフラの質は驚くほど高い。

ベトナムやカンボジア、その周辺の国のリーダーたちは、少しでも安く資金を借りようとする。二〇一五年五月に東京で開催された「アジアの未来」国際会議で、カンボジアのスン・チャントール商務大臣は世界銀行とアジア開発銀行に対して、カンボジアがＡＩＩＢに参加することを「罰しない」ように訴えていた。「資金がどこからきたものかは関係ない。わが国は都市間の連絡を改善するためのインフラを建設する資金を必要としている[43]」。大臣はそう説明した。彼の顧問のひとりはプノンペンに戻ったあと、もっと率直に、「われわれは発電所と高速道路を必要としている」と言った。カンボジアの世界貿易機関（WTO）加入のための交渉を率いていたソク・シパナ博士は、私にこう語った。「その資金はおもにふたつの場所からきている。中国と日本だ。それ以外――国連、世界銀行、アジア開発銀行――は、話にならない」[44]

しかし、中国の野心が既存の国際金融機関を刺激している徴候が見られる。二〇一五年にAIIBが発足したあと、世界銀行はインドネシアにインフラ計画のための新たな貸付金として一一〇億ドルを拠出した。一方、アジア開発銀行は貸付能力を五〇パーセント増しにした。ソク博士はこう説明する。「AIIBはカンボジアにとって大きな存在だ。競争があるのはいい。おかげで今ではあれこれ比較することができる」。そして、カンボジアは二国間ベースよりはAIIBのような国際機関から借りるほうを好むだろう、と付け加えた。「特定の一国に依存しなくてすむから、そのほうがいい」

AIIBが世界銀行とADBにとってのライバルになるのかパートナーになるのかは、まだわからない。しかし、AIIBはすでに、新たな大金の山をテーブルの上に積み上げることにも、日本や他の国際金融機関からポジティブな反応を引き出すことにも成功している。中国の政策銀行が「一帯一路構想」の支援として約束した巨額の資金も加わり、アジアではかつて見たことのないインフラブームが起ころうとしている。

唯一の大きな不確定要素は、これら金融機関のすべてが確実に利益をもたらすプロジェクトを見つけられるかどうかだ。開発融資の専門家は、資金不足よりプロジェクトの欠如のほうが、アジアのインフラ整備が遅れる根本的な原因だと言っている。どの程度のインフラ投資が最適とされるかは、将来見込まれる成長率、成長の構造とガバナンスの質、そしてもちろん、商品の価格によって決まる。歴史を振り返れば、将来のニーズを楽観視しすぎて失敗した例がたくさんある。中国は豊富な資金を持っているが、投資する価値のあるプロジェクトを見つけることに苦労するかもしれない。不安材料のひとつは、無条件の援助が国を経済的に利するよりも、現地のエリート層の単なる不正利得の源になることだ。アジアにはインフラが決定的に不足している地域があちこちにあるが、すべてのインフラに高い経済的生産性を期待できるわけではない。中国自身の過剰投資の経験がそれをよく表している。

もうひとつの不安は、中国企業が実現可能なプロジェクトを手当たり次第に探そうとすることだ。計画推進者はシリア、イラク、アフガニスタン、パキスタン、イエメン、エジプト、ウクライナなどの政情不安の国に対しても、一帯一路計画の投資を考慮している。間違いなく、投入される資金の大部分は、利益が出る可能性のほとんどない戦略的プロジェクトに流れていくだろう。一部の投資は中国経済の安定に役立つか、貧困地域が必要とする開発をもたらすだろうが、地政学的な優位を得るための賄賂に終わるものもあるだろう。さらに、問題を抱えた地域への投資を成功させるには、腐敗した体制への資金提供に関する政策を見直す必要がある。ザンビア、リベリア、南スーダン、ミャンマーなど、腐敗した政府とも協力しようという中国のこれまでの政策は、逆効果になってきた。

*

中国は「一帯一路構想」を、国境をまたぐ新しい通商ルートと経済圏を築くために考案された国際的なプロジェクトとして説明している。しかし、そこには重要な国内要素もからんでいる。中国のすべての省に、独自の「一帯一路」投資計画がある。伸び悩んでいる成長を再び刺激したいと考える地方政府にとって、この投資計画は願ってもない機会を与えてくれる。政策決定者は国内向けには、「一帯一路構想」が建設会社や資財メーカーを利する新たな需要を生み出すだろうと宣伝している。中国は高価値の資本財の輸出国へと成長してきたが、二〇〇八年の世界的金融危機以来は停滞し、厳しい競争と世界的な需要の減少のために勢いを失っている。国外での土木建築事業による歳入は、二〇一〇年から二〇一五年の間に成長率が半減した。「一帯一路構想」の背景にある経済的動機づけのひとつは、この負のスパイラルを止めることである。[45]

二〇一五年一月、中国国務院は「機器の輸出を強化するために国外の建設計画や投資を利用する」ことを呼びかけた。その実施はＡＩＩＢ、シルクロード基金、そして中国の政策銀行に託され、中国企業による外国での海港、パイプライン、送電網、物流センター、道路と鉄道の建設に資金提供できるようにした。これらの計画が進めば、今度はセメント、鋼鉄、さらには掘削機、動力タービン、クレーンのような資本財への需要を生むことが期待される。中国の政策銀行は国内のプロジェクトにも融資しているため、最大の利得者は中国の国有建設企業ということになるだろう。[46]

残念ながら、北京から発せられる公式の見解は、「一帯一路構想」が中国産業の余剰生産能力を吸収し、世界の商品需要を刺激する可能性を誇張している。中国が国外の一帯一路プロジェクトに毎年五〇〇～一〇〇〇億ドルを援助できる可能性はある。このうち、政策銀行が三〇〇～八〇〇億ドルを提供し、ＡＩＩＢとシルクロード基金が合わせてさらに二〇〇億ドルを提供する。また、個々の企業が商業銀行から資金を調達し、自己資本に手をつけることもできる。しかし、中国の国内インフラへの支出が二〇一五年には毎月一五〇〇億ドルほどだったことを考えれば、一帯一路の国外プロジェクトに対する年間投資額は、国内の一か月の支出にも満たない。

鋼鉄を例に挙げるなら、中国は二〇一六年に製造コスト以下の値で鋼鉄を世界市場で大量に安売りしたとして非難された。二〇一五年の中国には一億七〇〇〇万トンの鋼鉄の余剰生産能力があった。もし一帯一路プロジェクトが毎年一〇〇〇億ドルの新たな国外支出につながり、そのうち一五〇億ドルが中国の製鋼企業に回ってきたとしても、鋼鉄の需要への影響は無視していいほどのものだ。二〇一五年の価格では、一五〇億ドルで二八〇〇万トンの鋼鉄が買えた。中国の余剰生産能力のわずか一六パーセントである。これでは問題を解決するには程遠い。もちろん、一帯一路プロジェクトへの支出のすべてが国外で生じるわけではない。国家発展改革委員会（ＮＤ

RC）が発表した最初の投資成功例のリストには、成都《せいと》と厦門《あもい》の新しい航空貨物ハブのような長期プロジェクトが含まれた。これらはあとからあわてて「一帯一路」のラベルをつけて再ブランド化されたプロジェクトだ。しかし、「一帯一路」に含まずとも建設されていたはずのものなので、総需要量の増加には貢献しなかった。[47]

「一帯一路構想」は、時間をかけて勢いを増していくタイプの長期プロジェクトである。これまでのところ、NDRCがリストに挙げているプロジェクトの中にも、当たりはずれがあった。中国西部からヨーロッパまでを結ぶ「陸橋」や、アラビア海に面したパキスタンのグワーダル港の開発のような最大規模の投資は注目に値する。インドネシアとミャンマーでのセメント工場の建設は、まさしく中国政府が奨励したいと思う種類の国外への企業投資である。もうひとつの興味深い投資プロジェクトは中国国内の一〇港とマレーシアの六港の間の「港湾連合」で、障害を取り除いて貿易を促進するために両国が協力している。中国はマラッカ海峡の深海港と商業マリーナ計画に一〇〇億ドルを投資している。[48] しかし、プロジェクトの多くは、新疆が計画しているタジキスタンでの木綿生産の総合開発のように、取るに足りないもののように聞こえる。鄭州空港を「一帯一路」の貨物航空ハブにするというような多大なコストがかかる計画などは理にかなっていない。中国中心部に位置する鄭州は、「帯」と「路」のどちらについてもその中核にはなりえない。ここでもやはり、「一帯一路構想」は地域投資のための口実として利用されているにすぎない。

実際には、中国からの「投資」の多くは投資とはいえない。「一帯一路構想」は、資産を建設してその後に所有するだけでなく、国有建設企業が外国政府から土木建築契約を獲得することが目的で、外国政府自体が中国から借りた資金で投資しているケースもよく見られる。中国商務省によれば、中国企業は二〇一五年に「一帯一路」沿いの四九か国に一四八億ドル相当を直接投資した。おもな受益国はシンガポール、カザフスタン、ラオス、インドネシア、ロシア、タイだった。しかし、それ以外にも中国企業は六〇か国の四〇〇〇件近い土木、調達、建設プロジェクトで、九二六億ドルをはるかに超える額の契約を交わした。[49] これらのプロジェクトのどれだけ多くが、本当に「一帯一路構想」に属するものだったのか、そもそもどれだけ多くが実現したのかもはっきりしない。どちらにしても、中国の各省庁は、習近平主席の壮大な構想を後押しするためのプロパガンダを強化している。

国内外の懐疑派が不安視しているのは、「一帯一路構想」が無駄な支出の言い訳に使われることだ。この構想に疑いを持つ政府関係者のひとりは、「成功と失敗の両方があるだろう」と言い、「率直にいえば、周囲が一帯一路について話すのを聞いていると、私は大躍進政策の時代を思い出す」と、暗い表情で付け加えた。大躍進とは一九五八年から一九六一年に実施された、悲惨な結果に終わった経済改革政策である。[50] たいていの国は中国の資金を喜んで受け取ろうとするが、その戦略的意図を警戒し、間違いなく中国中心のアジアというビジョンには共感していない。地政学的な制約を考えれば、一帯一路が約束したとおりのものを提供するのはむずかしいだろう。

北京大学国際政治経済学院の査道炯教授は、「私は中国が国際コミュニティにどこまで『運命共同体』という概念を売り込めるかについては疑いを持っている」と語った。[51]

それでもなお、「一帯一路構想」は真剣に受け止めるべき大胆なプロジェクトだ。中国の外交政策の変化がアジアからさらに広い地域の経済にどれだけ重要な違いをもたらしうるかが示される。直接的に、あるいは融資の競争を促すという点では間接的に、この構想は新興市場がのどから手が出るほどほしかった投資を与え、経済を刺激することに貢献する。そして、中国の土木建築企業の仕事を確保し、資本財の輸出企業には新たな機会を提供するだろう。この構想が中国の余剰生産能力という幽霊を退治できるという主張が、かなり誇張されたものであったとしても。習近平はより大きな地域的統合を自分の遺産の一部にしたいと考え、それを実現する決意を固めている。しかし、中国が成功のチャンスをつかむには、この壮大な構想は地域に覇権を打ち立てるための戦略攻勢ではないのだと、近隣諸国を説得しなければならない。

第二章　西への進出——中央アジアの経済力

二〇年前のアスタナは、ソビエトの辺鄙な地域にある小さな鉄道町だった。一九九五年にカザフスタンの初代大統領（これまでのところ唯一の大統領）が、首都をアルマトイからこのアスタナに移すと発表したとき、外交官たちは愕然とした。樹木の生い茂る通り、舗道のカフェ、そしてマシュマロ色をした華美な装飾のロシア風建築物があるアルマトイは、東欧の洗練された空気を漂わせていた。その名前がカザフ語で文字どおり「首都」を意味するアスタナでは、冬の気温が零下五〇度にまで下がることもある。しかし、その寒さのなか、独立したばかりの国の新しい首都の建設が、カスピ海の底からくみ上げられた石油を資金源に進められた。

カザフスタンのこの新しい首都は、今も吹きさらしで凍りつくような寒さだが、二〇年に及ぶ石油がもたらした莫大な利益で町は変わってきた。有名な建築家が設計した高層ビル、一風変わった記念碑、きらめくようなモスクが、この町にあるもうひとつの建築物と人々の注目を奪い合っている。その未来都市のような巨大なショッピングモールは、斜めに傾いた巨大なティーピー

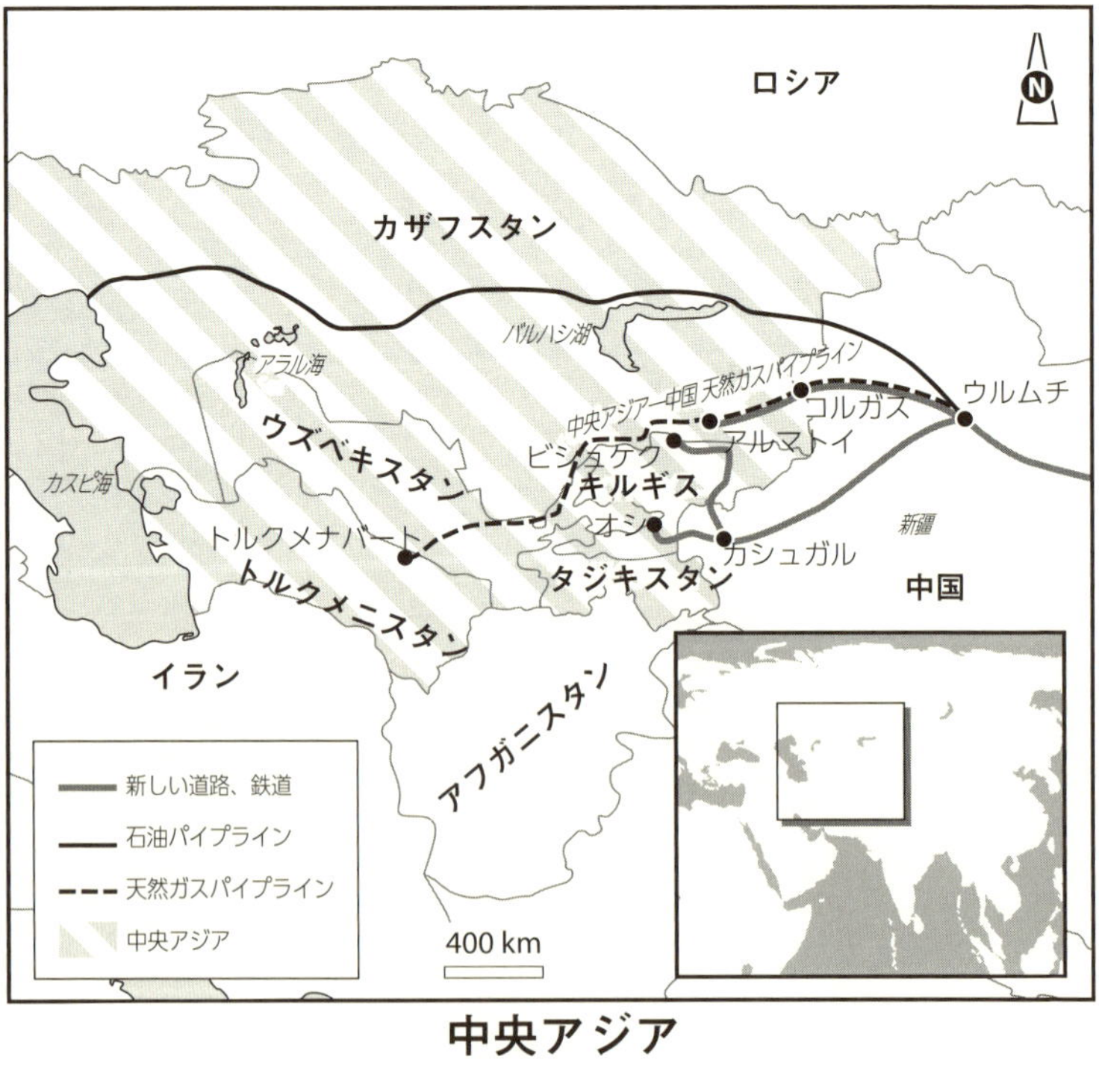
ロシア
N
カザフスタン
バルハシ湖
アラル海
中央アジアー中国 天然ガスパイプライン
ウルムチ
コルガス
アルマトイ
ビシュケク
ウズベキスタン
キルギス
カスピ海
オシ
カシュガル
新疆
トルクメナバート
トルクメニスタン
タジキスタン
中国
イラン
アフガニスタン
新しい道路、鉄道
石油パイプライン
天然ガスパイプライン
中央アジア
400 km

中央アジア

にしか見えない。[1] 奇妙だが美しい建築物が入り乱れるなか、ふたつの宮殿が町のスカイラインを支配している。ひとつは青いドームと黄金の尖塔がある大統領宮殿。カザフスタンの全権を握るヌルスルタン・ナザルバエフ大統領の官邸である。もうひとつは二五階建てのホテル「ベイジンパレス」で、中国の国営石油会社ＣＮＰＣ（中国石油天然気集団）が所有している。凝った装飾の正面玄関と朱色の柱の上に渡されたひさしが目を引く。この中央アジア第一の経済国を訪れる中国の要人は、宿泊先としてこのホテルを選ぶ。

ベイジンパレスは中央アジアへの中国の影響力の増大を象徴する建物だ。中国はこの地域の最大の貿易・投資パートナーで、最大の資金提供者でもある。ＣＮＰＣ一社だけでも、カザフスタンの石油生産の四分の一をコントロールしている。[2] 二〇一四年五月、アジアのリーダーたちとの会食の席で、中国の楼継偉財相がのちにアジアインフラ投資銀行となる開発銀行の設立計画を説明したとき、彼はベイジンパレスのレストラン「万里の長城」を会場に使った。中央アジアも他のアジア地域と同じように、パワーバランスが中国寄りに傾いている。

習近平国家主席が二〇一三年九月に、中国西部から中央アジア経由でヨーロッパにまで達する「シルクロード経済ベルト」建設の意図を最初に発表したのも、アスタナのナザルバエフ大学だった。[3] 中国の「ユーラシア陸橋」への取り組みは、習近平が権力を握るずっと前に始まったものだが、彼がこの計画を壮大な国家再興のプロジェクトに組み込んだ。「一帯一路構想」は、習近平のプライドをかけたプロジェクトである。その目的は、新しい輸出回廊を建設し、石油、天然ガス、鉱物の輸入を増大することだけではない。経済的な相互依存の地域ネットワークを創設することに加え、中国政府はアクセス性を高めることで、中国と国境を接する後進地域が有望な貿易圏に成長するのを助けられると考えている。また、中央アジアに防衛上の非常線を張り巡らせることで、北西部の新疆地方に暮らすイスラム教徒と漢民族の移民との間の緊張にふたをしておけるという効果にも期待している。

この地域での外交政策の最終目標は、計画されたものでもそうでなくても、中央アジアを中国に縛りつけることである。ロシアのウラジーミル・プーチン大統領がソ連の灰の中から生まれた「ユーラシア経済連合」という独自のビジョンを推進している現在も、中国はロシアの撤退によってこの地域に生じた経済的空白を埋めるのに忙しい。ロシアは中央アジア五か国への戦略的関心を維持している。中国は注意深く、この地域に持ち込む構想は純粋に商業促進を目的としたもので、政治的影響力を拡大する企てではないように見せている。しかし、国境を接する国の脆弱な体制に対して、投資と財政的援助を提供することで、中国はロシアに代わって影響力を強化している。増大する経済的影響力は、やがて中央アジアにおける中国の地位を揺るぎないものにするだろう。中国の「西への進出」は、アメリカの「アジア回帰」に比べれば注目度ははるかに低かったが、重要度ではこちらのほうが勝ると証明されるかもしれない。

新疆

中国はこの西部にある人口もまばらな草原と砂漠地帯に古くから影響を及ぼしてきた。唐の時代（六一八～九〇七年）に、中国の皇帝がシルクロード沿いにはるか彼方まで帝国の拡大を目指したとき、現在のウズベキスタンとトルクメニスタンにあった汗国は、献上品をラクダに乗せて首都長安まで運んだ。一八世紀には清の乾隆帝が中央アジアの東半分を占領し、やがて「新しい領土」を意味する新疆に名前は変わったが、外国人は異国情緒のある「東トルキスタン」という呼び名を使い続けていた。一九三〇年代にウイグルの民族主義運動によって再びよみがえることになる名前である。中央アジアのもっと大きい西側の地方は一九世紀末までにロシアの手に渡った。ソ連の支配下に入り、とくに一九六〇年にソ連と中国の外交関係が断絶してからは、中国は西で国境を接するこれらの共和国とはほとんど交流がなくなった。[4]

一九九一年にカザフスタン、キルギスタン（キルギス）、タジキスタン、ウズベキスタン、トルクメニスタンが独立を果たしたとき（五か国をまとめて中央アジアと呼ぶ）、中国政府にとっての最優先事項は、国境を定めて新疆の安全を確保することだった。一九九六年には中国、ロシア、カザフスタン、キルギス、タジキスタンで構成される地域安全協力機構として「上海ファイブ」が創設され、二〇〇一年にウズベキスタンが加わったのち、「上海協力機構」（ＳＣＯ）に名称が変わった。インドとパキスタンの参加によるさらなる拡大に関しては一〇年にわたって結論が出なかったが、二〇一五年に両国とも正式な加盟が決まった。ＳＣＯ憲章は、加盟国がテロリズム、分離主義、宗教的過激主義の「三つの悪」と戦うことを求めているが、中国はこの機構を経済協力達成のための手段としても見ている。[5]

一九九〇年代半ばの上海ファイブの創設は、中国が中央アジアの経済的・戦略的重要性をますます認めるようになった時期と重なる。この地域は天然資源が豊富で、未開発の油田やガス田、ウランの地下鉱脈があるほか、水力発電の潜在能力も高い。中国政府は中央アジアの安定を、この地域と二八〇〇キロにわたって国境を接する内陸の新疆地方の発展には欠かせない条件とみなしている。北京の戦略家たちは地域間を結ぶ道路、鉄道、パイプラインを建設することで、国境をまたいだ通商が盛んになると期待を寄せる。また、近代化と経済発展が新疆を中央アジア地域に統合し、分離主義の動きを牽制する助けになるとも考えている。

二〇一二年、温家宝《おんかほう》元首相は新疆の首府ウルムチを「ユーラシアへの玄関口」に変革する計画を発表した。計画には新しい空港と、キルギスとタジキスタンに通じる道路の建設も含まれた。[6]温家宝首相の演説は、北京大学の国際研究学院長で、中国の外交政策論の第一人者として知られる王緝思《おうしゅうし》氏のビジョンを繰り返すものだった。同じ年の一〇月に発表された記事で、王氏は「中国東部の港からアジア中心部とヨーロッパを経由して、西は大西洋東岸と地中海の海岸諸国まで延びる新しいシルクロード」の建設を支持していた。問題を抱える東シナ海と南シナ海に集中するより、中国は「西へ進む」べきだと、彼は主張した。[7]

ナザルバエフ大学での二〇一三年の演説で、習近平は計画を具体的に説明した。その中で、東西を結んだ古代のシルクロードについても話題にした。絹をはじめ中国の物品がこの古代の通商路を通って、帝国の首都長安（現在の西安）から中央アジアを横断して、トルコや地中海まで運ばれた。習近平は過去に思いを馳せながらこう語った。「この画期的な時代に思いを寄せれば、私にはラクダの鈴が山々にこだまする音が聞こえ、砂漠から一筋の煙が立ち上るのが見える」。一年後、彼はタジキスタンで開催されたＳＣＯの第一四回首脳会議に参加するため、再び中央アジアを訪れた。しかし、このときは安全保障問題が最優先課題だった。習近平はイスラム過激派を封じるための協力を呼びかけ、ＳＣＯの反テロ機関に麻薬の密輸取り締まりにより大きな役割を演じるように促した。

ＳＣＯは習近平が新シルクロードの建設を熱心に推し進めるずっと以前に創設されたものだが、中国主導のふたつの構想は結びついている。中国の指導部は、新疆にしても、その西で国境を接する不安定な国々にしても、経済発展がこの地域の安定に大きく貢献すると信じている。中国政府は新疆全域に数十億ドルを投資し、反抗的なウイグルの民族主義者たちをなだめようとしてきた。また、中央アジアの旧ソ連五か国に対しても気前よく援助を提供し、一部では石油と天然ガスの供給を条件に、老朽化したインフラの再建を助けている。

ウイグルの民族主義者を宗教的過激派として描く中国の姿勢は不正確ではあるものの、安全に関する中国の懸念は本物だ。しかし、中央アジアへの進出は、地域の安定や天然資源の獲得も重要だが、それだけが目的ではない。この動きは中国の地政学的な視点の転換を示すものでもある。中国は長く東部沿岸地方の発展に集中してきたが、それを西の陸上の国境へとシフトしようとしている。「新シルクロード」構想は、中国政府が大陸へのかつての野心を再び取り戻したことを意味する。中央アジアの専門家は、この一〇年に中国がこの地域での存在感を増したことは、「意図せざる帝国」の建設にも等しいと説得力ある説明をしてきた。[8] しかし、習近平の「西への進出」は、中国が現在、ユーラシア大陸の経済大国としての地位を確立しようと積極的に行動していることを示唆する。

中国政府の野心は通商と投資に集中しており、それを新疆地方の安全保障問題の解決策の一部として見ている。中国の指導者たちは古くから、漢民族に帝国の中心部から遠く離れたこの地方への移住を奨励してきた。現地の住民はおもにトルコ語を話すイスラム教徒である。一九四九年の共産主義革命以前には、ウイグル族のイスラム少数派が新疆の人口の九〇パーセント以上を占めていた。現在のイスラム人口は二二〇〇万の住民の四〇パーセントほどにまで減っている。中国政府は輸送ネットワークの改善と石油・天然ガス産業の開発に巨額の投資をしてきた。それが新疆の経済を支えている。しかし、この富の大部分は北京に再び流れ込むか、漢民族の移民のポケットに入り、ウイグル少数派の間に敵意や抗議を生んでいる。二〇〇九年、ウルムチでウイグル人が率いる暴動が起こり、一九七人が死亡し、二〇〇〇人近くが負傷した。[9]

二〇一三年には、暴力の波が新疆の外にまで広まった。この年の一〇月、ウイグル人の抗議者が運転するジープが北京の天安門広場の端で歩行者の集団に突っ込み、そこで炎上して五人の犠牲者を出した。さらに二〇一四年三月には中国南西部の昆明で、ウイグル人八人がナイフを振りかざして混雑した鉄道駅で暴れまくり、二九人を殺害し、一四〇人以上を負傷させた。国内メディアはこの大殺戮を「中国の九・一一」と表現した。その一か月後、ふたりの自爆テロ犯がウルムチの鉄道駅で爆弾を爆発させた。これはウルムチでは一七年ぶりに起こった爆弾事件だった。そして、七月には新疆南部のヤルカンド県で民族暴動が起こり、公式発表の死者数は九六人だった。二〇一四年に報告された死者数は四〇〇人ほどだが、実際の数字はおそらくこれよりかなり多いはずだ[10]。

中国政府はこれらの攻撃を、イスラム過激派にたきつけられた分離主義勢力による犯行と非難している。テロリストはアルカイダやタリバンと手を組んだ敵対的な外国勢力の指揮のもと、新疆に独立したイスラム国家を建設しようとしている、と政府は主張する。二〇〇一年にニューヨークの世界貿易センターが攻撃されて以来、中国は新疆での不満分子の弾圧を、アメリカの「テロとの戦い」と結びつけ、中国を同じ「国際テロリズムの犠牲者」として描いてきた。とくに東トルキスタン・イスラム運動（ＥＴＩＭ）として知られる謎めいた組織を、外国からのテロ攻撃の首謀者として非難している。

テロリズムの専門家はＥＴＩＭの役割については見解が分かれ、その存在自体を疑問視する人たちもいる。いずれにしても、ＥＴＩＭであれ、他の「テロ」組織であれ、北京と昆明での攻撃の首謀者であるという証拠はほとんどない。以前新疆に住んでいたというニック・ホールドストックは、著書『中国の忘れられた人々 China's Forgotten People』の中で、この地域には組織的なイスラムのテロリズムは実際にはほとんど存在しないと書いている。彼によれば、ここ数年で勢いを増している暴力は、北京の政府が「テロリズム」を制圧しようと実施してきた政策に対する必死の抵抗なのだという。政府のそうした政策が悲劇的にも、現在本物のテロリズムを誘発している。「安全」の名のもとに、当局はこの地域の大部分を警察国家に変え、住居を急襲し、信仰のシンボルの使用を禁止している。その反応として、ウイグル人の小さな武装グループが政治的な目的のために民間人を標的にし始めた。

現実がどうであれ、新疆でのイスラム主義の成長に対して中国政府が不安に感じるのも無理はない。二〇一六年初め、イスラム国（IS）の離反者が、二〇一三年半ばから一年ほどの間に三五〇〇人以上の外国人がイスラム国の戦闘員として登録した、という情報をもたらした。ワシントンD.C.のシンクタンク、新アメリカ財団の分析によると、戦闘員の一一八人は中国人で、そのうち一一四人が新疆出身者だった。[11] 二〇一五年にイスラム国が公開した中国語でのリクルートビデオは、中国政府がウイグル人を迫害していると非難し、中国にいるイスラム教徒に世界的な聖戦への参加を呼びかける内容だった。シリア北部からの報告によれば、新疆からやってきた数千人のウイグル人が当地の軍事キャンプに落ち着いたという。彼らはETIMから再編された新たなグループでアルカイダと連携したトルキスタン・イスラム党のメンバーとして認識されている。[12]

二〇一六年八月三〇日、キルギスの首都ビシュケクで中国大使館を標的にした自爆テロが起こり、中国は再びＥＴＩＭを首謀者として非難した。一台の車が大使館の門に突っ込んで爆発、建物の窓が割れ、現地職員三人が負傷した。[13] キルギス治安当局は、この攻撃はシリアで活動しているウイグル人武装グループが命じたもので、テロ組織に属するタジキスタン出身のウイグル人によって実行されたと発表した。それに対して中国外務省の広報担当者はこう反応した。「ＥＴＩＭの手は血に染まっている。われわれは断固たる対抗措置をとり、外国に居住する中国人の安全を守る」[14]。こうした攻撃があると、中国政府は国内のイスラム教徒の弾圧を正当化しやすくなる。

それでも、当局は地方経済の発達と生活の向上によって、新疆のウイグル人の敵対心を封じ込められると信じている。二〇一〇年以降はこの地域に資金をつぎ込み、新しい道路、鉄道、市場を建設してきた。しかし、緊張は高まったまま変わっていない。北京空港では、新疆地方へ向かう乗客は特別なセキュリティチェックを受け、出発ラウンジまで一団となって檻のような通路を進まなければならない。ウルムチでは機内に通じるタラップ上で、手荷物に爆発物の痕跡がないか検査される。これまでのところ、経済の発達と富の誘因力では、植民地化された土地で政治的、文化的、宗教的自由を切望する現地住民を満足させることはできていない。

＊

二世紀前のウルムチは、おそらく地球上で最も辺鄙な場所にあった。ユーラシア大陸のちょうど真ん中に位置し、果てしない草原、砂漠、山々に囲まれている。「ウルムチ」はかつてこの地域を支配していたモンゴル族の一種族、ジュンガル族の言葉で「美しい牧草地」を意味する。ジュンガル族は一八世紀半ばに清の乾隆帝の軍事侵攻で全滅した。現在のウルムチは中央アジア圏では最大の都市で、「シルクロード経済ベルト」の建設を目指す中国にとっても重要な拠点である。地球上のどの都市よりも海から離れた内陸地にあるが、地域の輸送・金融ハブになりつつある。

二〇一一年以降、ウルムチは大規模な中国ユーラシア博覧会を開催し、地域の貿易を促進している。二〇一四年に私が訪れたときのテーマがまさに「シルクロード経済ベルトをともに築く」だった。巨大な銀色のUFOのように見える展示ホールを会場にしたこの博覧会は、行進する人民武装警察と装甲人員輸送車に乗ったSWATチームに守られていた。アジア内外の指導者や貿易業者が参加し、地元住民も押し合いへし合いしながら外国の手工芸品や名産品を購入していた。

テーマが最もわかりやすい展示は、中央のパビリオンにあった。巨大な地図が投影され、新しい「シルクロード経済ベルト」がどのように古代のシルクロードを再生し、最終的にはそれを上回る規模に発展していくかが一目瞭然で、内陸地を列車とトラック――現代の「砂漠の船」――のための海洋に変えようとしているのがわかる。それに付随した映像で、二〇〇〇年以上前のシルクロードの起源を振り返っていた。漢王朝の特命使節として張騫《ちょうけん》がはじめて中央アジアを横断し、西にある国々との通商ルートを確立した。映像での説明によれば、その歴史が中国に、国内に広がる輸送ネットワークを国境を越えて拡大し、国内取引と、アジアからヨーロッパに至る地域への投資を促進するという熱意を掻き立てている。これは地域全体の「相互利益」になり、ユーラシアに平和と経済発展をもたらす。しかし、何より重要なのは、習近平の「中華民族の偉大なる再興」の夢の実現に役立てられるということだ。

ほかの展示は、「シルクロード」の壮大な物語の中で、中国企業それぞれがこの地域で堅実に活動を進めている様子を紹介している。パビリオンは企業のインフラ事業をテーマにしたものが多く、ジャングルと砂漠を切り裂くような高速道路、山岳地帯を貫くトンネル、チベット平原の永久凍土層の上を高速で横切る列車を通して、地球上で最も手つかずの荒野に中国の道路・鉄道建設会社が効率的な輸送網を建設する能力を宣伝している。ホールの外には巨大なクレーン、搭載機械、土木機械が展示され、中央アジアの荒涼たる土地すらも制御する中国の土木技術力の高さをアピールしていた。

中国北西部からヨーロッパまで延びる「シルクロード経済ベルト」の最終目標は、中国東海岸に発する伝統的な海路からは何千キロも離れた、陸路の交通ネットワークを築くことだ。それは、石油やガスなどの天然資源を輸入するための輸送ルートでもある。ここ数年の間に、ウルムチと中国中心部が高速旅客鉄道で結ばれ、ウルムチからカザフスタン国境まで全長七〇〇キロの新しい貨物鉄道路と高速道路も建設された。そこからさらにロシアとヨーロッパまで続く道路と鉄道の整備にも資金提供している。改善された輸送路のおかげで、すでに中国内陸部からの高級市場向け商品が、海路を使うときと比べてわずかの時間で運べるようになっている。道路と鉄道輸送のほうがコストはかかるかもしれないが、時間的制約のある消費財や部品の輸送であれば費用効率が高い。

中国政府の計画立案者たちは、カザフスタンとの国境にあるコルガスという小さな町を中央アジア最大級の物流ハブにしたいと考えている。何エーカーもの倉庫群と工業団地のある「乾いた港」である。[15] ウルムチからの新しい鉄道はコルガスを通る。そこに何列ものクレーンを並べ、中国の標準軌間［レールの間隔］の貨車から旧ソ連諸国で使われている広軌の貨車にコンテナを移す。鉄道はその後、アルマトイで古いソ連時代の鉄道路線に入り、あるいは新しい路線でカスピ海に面した港と石油の町アクタウとつながる。ドイツまでの初の大陸横断輸送サービスは二〇一一年に始まり、一万キロの距離を一五日で運ぶ。海路を使うより三〇日速い。ＨＰ（ヒューレット・パッカード）、エイサー、フォックスコンなどの企業がこのルートを使って、重慶の製造拠点からコンピュータを輸出している。フォルクスワーゲン、アウディ、ＢＭＷはドイツから中国内陸部の工場へ自動車部品を運ぶためにこのルートを利用する。[16] デルは成都の世界拠点からすべてのラップトップを大陸横断列車でヨーロッパ市場に送っている。かさばるデスクトップパソコンについては海路を使うことが多い。内陸都市の武漢、長沙、成都、西安、鄭州からも、ヨーロッパと結ぶ路線がある。

鉄道は新興アジア市場にも開通している。二〇一六年以降、テヘランへの路線が中国製の衣服、靴、靴をカザフスタンとトルクメニスタン経由で運んでいる。さらに、青島から二〇〇キロ南の連雲港にある複合貨物輸送センターは、理論上は韓国と日本から中央アジアとヨーロッパへの陸路を提供する。DHLグローバルフォワーディングは、連雲港からカザフスタン、アゼルバイジャン、ジョージアを中継地とするイスタンブールへのサービスを開始した。同社は二〇二〇年までにアジア・ヨーロッパ間の鉄道輸送による荷物の取扱量が二倍から三倍になることを期待している。[17]

二〇一四年後半に私がコルガスを訪れたとき、カザフ人の仲介人が新しいインフラによって随分助けられたと話していた。「最近はビジネスが好調だ」。ある貿易業者はにこやかな笑みを見せてそう言うと、中国—カザフスタン間の新しい国境越えのルートのおかげで、トラックによる輸送が楽になったと説明した。彼の家族経営の会社はコルガスから国境を越えたところにあるジャルケントという埃っぽいトラック輸送の町にあり、そこから毎日、一五台の大型トラックをモスクワに送り出している。アルマトイへの新しい高速道路は北のロシア、西のウズベキスタン、南のキルギスへと延びる道路ともつながる。これはアジア開発銀行の中央アジア地域経済協力（CAREC）プログラムから資金の一部を得た輸送回廊である。[18]中国はこの多国籍の傘を巧みに使って、シルクロード経済ベルトに欠かせない道路を建設し、そのためにADBの新しい地域拠点をウルムチにするように説得することさえした。[19]

貿易を容易にするという課題は、おそらくインフラそのものの建設よりもむずかしくなるが、中国はこちらについてもいくらかの成功を収めてきた。新疆からロシアへの古い鉄道路線は、数百キロ北で国境を越えてカザフスタンに入る。二〇一二年には国境で平均一七日、列車が停められた。対照的に、コルガスからドイツへの高速サービスは、国境での手続きが簡素化され、高レベルの援助で何が可能になるかの手本になった。最近では、貨物はカザフスタンの国境をスムーズに通過してユーラシア関税同盟に入る。それでも、ヨーロッパ企業のいくつかは、このルートは費用がかかりすぎて経済的とはいえない、と不満をもらす。ある大手石油化学企業のトップは私に、彼の会社がこの陸橋を輸出ルートに使っている唯一の理由は、中央と地方の役人のご機嫌取りのためだと教えてくれた。[20]

輸送・物流ハブにすることに加えて、中国政府はコルガスを砂漠の中の前哨基地からビジネスと商業の中心地に変えようとしている。その計画の始まりは、二〇〇五年のＳＣＯの会議で、胡錦濤国家主席とナザルバエフ大統領の間で署名された合意にさかのぼる。シルクロード経済ベルトについての話が出るずっと以前のことである。みすぼらしい砂漠の町に新しいアパート群が建設され、優遇税制措置と格安の賃貸料に引かれた貿易業者たちが中国全域からコルガスにやってきた。彼らは国境にまたがる巨大なバザールで働く。正式な名称は「国境協力センター」だ。エントランスホールではウイグル人、カザフ人、フイ人の一団が特別区に入る許可申請をしていた。この特別区にはビザなしで三〇日まで滞在できる。明るい色のドレスを着てスカーフをかぶった女性たちが、金歯を見せて笑顔を振りまいていた。

この国境の特別区は、補給基地や保税倉庫、輸出加工計画を充実させることで貿易を奨励し、地方経済の発展を促すことを目的に考案された。実際のところは、ここへやってくるのは免税品を買い求める人たちがほとんどだ。中国側はすでに開発がかなり進んでいて、いくつかの大きな卸売市場と新しい高層オフィスビルが立ち並ぶ。買い物客がバスに乗ってアルマトイから到着し、毛皮のコート、衣服、靴を買っていく。ほとんどの店舗の名前は中国語ではなくロシア語で書かれている。しかし、カザフスタン側は村の市場より規模が小さいほどで、ほんのわずかの輸送用コンテナ兼用の店で、カザフ産の食料品とラクダのミルクをウイグル人の年配の女性たちに売っている。これから発展していく商業ハブにはとても見えない。

コルガスの最大の欠点は、この地域の人口が少なすぎることだ。一番近い町はアルマトイだが西に三六〇キロ離れ、ウルムチは六七〇キロ東にある。バザールの中国人業者は、だまされてこんな辺鄙な土地に移されたとぼやいている。二〇一五年八月にカザフスタンが通貨テンゲの切り下げを行なったことで、売り上げは落ち込んだ。テンゲの価値はたった一日で四分の一以下になり、客の購買力を引き下げた。広東省からやってきた靴商人のズオ氏はこう不平をもらした。「この地域はまだ非常に貧しい。中国で物を売るのとは違う。ここへ来たのは間違いだった」[21]

＊

ウルムチの一六〇〇キロ南西に、カシュガルの伝説のバザールが広がる。古代シルクロードの最も重要な中継地点のひとつである。中国最西端の町カシュガルは、キルギス、タジキスタン、アフガニスタン、パキスタンと国境を接する。日曜市のにぎわいで有名だが、実際には市場は毎日開いている。「観光土産」を指し示す英語の看板もちらほら見かけるものの、客の大部分は地元住民で、日曜市はおもに日用品を売っている。女性のドレス用の鮮やかな色の布地、刺繡入りの縁なし帽、寒い冬のための毛皮やレザー、テレビ、おもちゃ、冷蔵庫などである。クルミ、レーズン、甘い菓子の大袋を扱う店もある。通りの露店は冷やした凝乳を売り、煙のこもるレストランでは男たちが炭のコンロの上で丸々太った子羊の串刺しを焼いている。文化的にも地理的にも、カシュガルは中国中心部よりトルコに近い。

幅の広い道路と高層ビルのある近代的な区域には、中国系漢民族の住民が暮らす。そこから離れると、カシュガルは圧倒的にウイグル人の町だ。通りはだぶだぶの服と明るい色のヘッドスカーフ姿の女性たちでにぎわっている。なかには粗く編んだ茶色のショールで頭をすっぽり覆い、網目のすきまから外をのぞいている女性もいる。平らな帽子をかぶり、灰色の無精ひげを生やした男の作業員たちは西洋的な顔立ちに見えるので、トルコ人か、もしかしたらシチリア人かもしれない。もっと年配の男たちは流れるような白い長衣に刺繡入りの縁なし帽をかぶり、みごとなあごひげを生やしている。長くて細い毛をゆったりと流しているか、きれいに切り整えている。くぼんだ目と高い鼻をした彼らは、中国や中央アジアの草原地帯にいるモンゴル人とはまるで違う。

カシュガルの旧市街の大部分はこの一〇年の間に破壊され、再建されてきた。有名なエイティガールモスクの外の狭い通りは平地にしたあと、大きな広場に生まれ変わった。近代的な中国の都市に広場は欠かせない。泥と木材で建てた古い家は、レンガとセメントの家やアパートに建て替えられた。人民広場は人民武装警察の装甲車両のための駐車場と化した。そこから通りを渡ったところで、刺繍入りの縁なし帽をかぶった若い男性が、漢民族の移民たちへの不満を私にぶちまけた。「中国人は信仰を持たない。彼らがあがめるのは金銭だけだ」。彼はあざ笑うように言った。「でも私はウイグル人――トルコ人だ。私たちは彼らとは違う」。しかし、他のウイグル人は漢族の入植者たちを嫌々ながらも受けているようだ。「私には漢族の友人がいるし、たいていはうまくやっていますよ」。すとんとした青いドレスを着た中年女性のハディチャは、片言の中国語でそう言った。彼女の話では、市当局は全住民に月に二〇〇元（約三〇ドル）を支給し、平穏を保つようにしている。[22]

金と権力は中国政府が最もよく理解しているものだ。カシュガルの空港に到着した旅行者は、武装警官と「カシュガル特区の夢を実現させよう」と宣言するポスターに出迎えられる。二〇一〇年にカシュガルを経済特別区（ＳＥＺ）とすることが決まった。新たな経済特区の建設は一五年ぶりのことだ。大成功を収めた深圳のモデルにならうことが期待されるが、[23]もちろん、カシュガルには深圳が持つ最大の利点がない。香港から近い海岸線に位置するということだ。しかし、政策決定者はカシュガルへの優遇税制の適用を発表し、広東省に一五億ドルを投資するように要請した。これは国内の繁栄した地域に新疆の開発計画への援助を強いる大々的な政策の一例である。目的はカシュガルを中央・南アジアの玄関口として再建することで、野心的な鉄道建設計画でこの町を隣接するキルギスとパキスタン、さらにはもっと遠方の地域と結ぼうとしている。

広東省はその投資金を、町から数キロ離れた乾燥した平原に広がる「広州新城」につぎ込んだ。計画された居住ブロックは、私が訪ねたときにはまだほんのわずかしか完成していなかったが、空き地に面した広い碁盤目状の道路の中央に、低層の大きな卸売市場が何棟かすでに開設されていた。広いだけの空っぽの町は、にぎやかだが混沌とした日曜市とは正反対だ。どう考えても、国内でもとくに辺鄙で人口も少ないこの土地に、これほど大規模な開発をすることには経済的な妥当性がほとんどない。服飾市場の店主たちは、海岸部の浙江省から五〇〇〇キロも離れたこの町に、三年間の無料の住宅と格安の賃貸料に引き寄せられてやってきていた。店主のひとりはこう言った。「ここにやってきたのは、大きな国際市場になると聞いたからだ。でも今のところは、ほとんど何の動きもない」

道路を下ったところにある真新しい「八か国ショッピングモール」の外国人商人たちはもう少し楽観的だった。彼らも店舗の賃貸料の援助と三年間の無料の宿泊所を提供されている。政府がプロジェクトを軌道に乗せるために始めた試みだ。パキスタンのファイサラバード出身のハブドゥル・ラザークという商店主の話では、イスラマバードとカシュガルを行き来する一〇〇〇人の商人のうち、一五〇人ほどが新しいショッピングモールに移ってきたという。彼らは品物をトラックに積んで、カラコルム・ハイウェイを走る。カシミールの山岳地帯を抜けて蛇行しながら新疆へ向かう道路だ。「この道路が冬に不通になると、品物を航空便で送らなければならず、かなり高くつく。イスラマバードまでの新しい鉄道を本当に実現してほしい」。この新しい鉄道は、カシュガルからアラビア海まで延びる輸送回廊建設計画に含まれる。

ショッピングモールのウズベキスタンの区画で、私はフィルザ・ナディィロヴァと出会った。彼女の複雑な家族の歴史は人工的に引かれた国境線をあざ笑うかのようだ。キルギス出身のウズベク人である彼女は、キルギスのウイグル人と結婚している。娘はカシュガルで中国語とウイグル語のバイリンガルの学校に通っている。黒いペーストで太く一本線を引いた眉が印象的な彼女は、明るいブルーのキルギスのパスポートを見せてくれた。中国のビザがいくつも押されている。ビザはカシュガルで更新している。私の通訳のヌルビヤは若いウイグル人の商人で、キルギス語も流暢に話した。ウイグル人にはめずらしく完璧な中国語を話す彼女は、中国の学校を出ており、中国政府が支援しているビシュケクの孔子学院で教える仕事を終えて戻ってきたところだと言った。

広州新城と、シルクロード経済ベルトに関連したその他の開発が、新しい貿易拠点をつくるという政策決定者たちの野心的な計画を実現するかどうか、それを判断するのはまだ時期が早すぎるだろう。少なくとも、カシュガルの開発はすでにナディィロヴァやヌルビヤのような女性たちに経済的機会を生み出している。もちろん、信仰の自由を切望し、自分たちの土地で外国語を話さなければならないことに憤慨している数百万のウイグル人を満足させることはむずかしいだろう。それでも、近隣諸国との通商ルートを築くことで、中国は将来的な発展の可能性を提供している――たとえそれが、政治的ゲームに参加しようという意欲のある人たちだけのものであったとしても。[24]

中央アジア

遠慮ない物言いで知られる中国人民解放軍の劉亜洲《りゅうあしゅう》将軍は、かつて中央アジアを「中国の人民に天が授けた最も豊かな贈り物」と称したことがある。[25] 中国にとって中央アジアは、天然資源の宝庫である。カザフスタンには石油とウランの豊富な埋蔵量があり、トルクメニスタンは中国が輸入する天然ガスの半分近くを供給している。この地域の鉱物資源には莫大な可能性がある。中央アジアは中国の貿易の一パーセントほどを占めるだけだが、その地政学的な価値は生の数値データが示すよりかなり大きい。

この一〇年ほどで、CNPCは中央アジアの最大手のエネルギー企業となり、ロシアの国営企業をしのいできた。カザフスタンは石油埋蔵量では世界一〇位と主張しているが、一〇年前に中国の石油企業がそこで所有した大きな資産はひとつだけだった。テンギス、カラチャガナク、カシャガンの三つの大きな油田は欧米の大手企業の管理下にあり、二本のパイプラインがロシア経由でヨーロッパまで引かれていた。中国のこの市場への参入は急速で攻撃的だった。二〇〇五年、CNPCはインドの石油・天然ガス公社（ONGC）より高い値をつけて、カナダの石油会社ペトロ・カザフスタンを四二億ドルで買収し、カザフスタンを一夜にして中国にとっての二番目に大きい外国生産拠点にした。二〇〇六年、中国とカザフスタンはカスピ海と新疆を結ぶ全長三〇〇〇キロのパイプラインを開通させた。二〇〇九年に世界金融危機が起こると、CNPCは商品価格の世界的な暴落で打撃を受けた地元の製造業者を買収した。二〇一〇年までには、カザフスタンのエネルギー企業一五社の過半数の株式を保有するに至っていた。[26]

CNPCはカザフスタンの石油の大部分をヨーロッパに送っているが、中央アジアと中国を結ぶパイプラインへの割合を増やしている。供給は二〇二〇年までに二〇〇〇万トンに達することが見込まれ、カザフスタンの大統領は第二のパイプラインの建設の見通しが高まったと述べた。彼の自信は巨大なカシャガン油田の開発を見越してのもので、CNPCは二〇一三年にこの油田の八・三三パーセントの株式を取得した。これは国営石油企業カズムナイガスとの「戦略的提携」の最初の果実で、中国の政府系ファンドがこの企業の一一パーセントの株式を保有する。カシャガン油田の元の所有者コノコフィリップスは、保有株式をインドのONGCに売却することに合意していた。しかし、カザフスタン政府が第一拒否権を行使して、代わりにこの企業を買収し、五〇億ドルでCNPCに売却した。インドの石油大手が資金の潤沢な中国の競争相手に負けたのは、これがはじめてではない。

これまでのところ、カシャガン油田はCNPCが期待していたほどの恵みをもたらしていない。このカスピ海の油田はこの四〇年で最大の発見で、掘削可能な埋蔵量は一三〇億バレルと見積もられる。しかし、同時に最もコストのかかる油田のひとつでもある。推定で年間五〇〇億ドル相当の見積超過額が何年も続いたあと、二〇一三年にようやく生産が開始された。CNPCが株式を取得したわずか四日後のことである。ところが、パイプラインの亀裂による一連のガス漏れで、すぐさま生産が休止した。完全な再開の見通しは二〇一七年とされ、その遅れでさらに数十億のコストが見込まれた。それでも、CNPCのカシャガン油田の保有は、中国の地位が着実に上がっていることを意味する。成長著しいカザフスタンの石油市場で後れを取り戻すにはまだ先が長いが、主要外国勢力のひとつにはなっている。

中央アジアのもうひとつの天然資源国であるトルクメニスタンでも同じような流れが見られる。かつてはロシアの大手ガス会社ガスプロムの生産拠点だったが、パワーバランスは二〇〇九年にはっきりと中国のほうへ傾いた。この年、CNPCがトルクメニスタンからウズベキスタンとカザフスタン経由で新疆まで延びる天然ガスのパイプラインを開通させた。ロシアには何の得にもならないものだ。ソ連時代のパイプラインはロシアまでしか通じていないため、ガスプロムはその独占的な地位を利用することができていた。市場価格より安くガスを買い、それに大幅な利幅をつけてヨーロッパに再輸出する。このコストのかかるロシアへの依存を終わらせようとして、トルクメニスタンはCNPCと取引した。現在、トルクメニスタンはガスプロムに売るよりも多くの天然ガスを中国に輸出している。形勢は完全に逆転し、首都アシガバートのトルクメニスタン政府は現在、対中国輸出への依存を高めている。

ロシアのエネルギー大手四社、ガスプロム、ルクオイル、トランスネフチ、ロスネフチは、大量の石油とガスを現在もカザフスタンからロシア経由でヨーロッパに送り続けている。ロスネフチはロシア産の石油をカザフスタン経由で中国に輸出さえしている。カザフスタン政府はこの取引によって通過税で稼ぐことができるため、ロシアは中央アジアで今も相当の経済的影響力を保っている。しかし、中国の爪はもっと深く食い込んでいる。天然ガスのインフラに加えて、発電所、精製所、送電線を次々と建設し、ロシア企業に打撃を与えている。ロシア企業は中国のライバル企業の潤沢な資金と短期間での建設には太刀打ちできない。CNPCはトルクメニスタン産の天然ガスをキルギス経由で送る代替ルートも建設し、エネルギー資源の乏しい地域を刺激している。さらには国家電網公司の新疆の子会社が、中央アジアと新疆を結ぶ新しい電力網の建設に数十億ドルを投資する準備をしており、これは必然的に「電力シルクロード」と名づけられている。

＊

経済面では、今はロシアではなく中国が中央アジアにおける勝者である。カザフスタンとトルクメニスタンにとって中国はエネルギー事業のパートナーであり、また安いローンの重要な提供者としてなくてはならない存在だ。しかし、この地域の小国であるタジキスタンとキルギスにとっては、中国は経済の生命線である。両国とも、国内輸送と送電線の建設では中国企業に依存している。そのための低金利融資のおもな供給源となっているのが、中国の政策銀行である。中国企業はカシュガルからキルギスまで二本の高速道路を建設した。さらにこの国の南北を結ぶもう一本の道路も建設している。アジア開発銀行もこのプロジェクトに資金を出しているが、融資の大部分は中国輸出入銀行からのものだ。他のほとんどの金融機関は正規の信用格付けさえなされていない不安定な国に貸す資金がないか、その気持ちがないかのどちらかだ。

古代のシルクロード上では最大の交易地として栄えたカシュガルとオシの間の通商を促進するため、最も重要と思われる新しい道路の建設が考案されている。中国の商人は二〇〇〇年以上前から、パミール高原山麓のイルケシュタム峠を越える道を通って商品を運び、市場のある町の間を行き来していた。現在、キルギスがこの地域の卸売市場に変革されつつあることで、この一〇年で取扱量は四倍になった。日用品、おもちゃ、靴、衣服、電子機器などの輸入品の優に三分の二は中国産の正規品だが、これに禁制品も加えれば、実際の数字はもっと高くなる。新しい高速道路が開通するまでは、商品を積んだトラックは頻繁に地滑りの起こるでこぼこ道を進んだ。ほとんどの商品はおもにウズベキスタンとカザフスタンに再輸出される。キルギスのバザール経済は中国のシャトル貿易がなければ崩壊するだろう。

　私が地元の貿易商に聞いた話では、新しい高速道路ができたことで二四時間かかっていたカシュガルとオシの間の旅が半分になったという。そこで、実際に自分で試してみようと思い立ち、朝食後にカシュガルを出発した。運転手のオスマンはウイグル人で、無精ひげで頬が覆われ、真っ黒な口ひげをたくわえている。高速道路を西に走ると、浸食された砂岩に覆われた月面のような風景が周囲に広がり、こげ茶に赤い岩が混じる断崖を通り過ぎた。道路は砂漠を切り裂くように続いている。ところどころに見える朽ちかけた農家は、泥を焼いたレンガで建てた家に、彫刻を施した木製のドアがついている。やせ細った羊が、食欲をそそらない、みすぼらしい草と砂を食べていた。中国の税関があるのは実際の国境から一三五キロも離れた小さなわびしい町で、おもにキルギス人が住んでいる。私たちは現代的な税関の建物で順番待ちをする数台のトラックの脇を通り越し、新しい高速道路に入ってイルケシュタム峠へ向かった。

　ここからは不毛の土地がさらに荒涼となり、堆積した砂漠の細かい砂やごつごつした岩の斜面が、ビスケット色の山肌に変わっていく。新しい運転手は中国国籍を持つキルギス人で、中国製のジーリーという安いおんぼろ車に、ビデオディスプレイを取り付けていた。画面の中で、毛皮の帽子をかぶった女性がアコーディオンの音色に合わせて歌っていた。ダッシュボードには二枚のミニチュアの紅旗がはためいている。中国と共産党を象徴する旗だ。[27]新しい高速道路のまだきれいなアスファルトの上から、曲がりくねって波打つ古い道路がちらっと見えた。岩だらけの土地を切り裂くように橋がかかり、新しい電波塔のおかげで、地球上で最も辺鄙な場所ともいえるこのあたりでも、携帯電話の通信エリアが完全にカバーされている。[28] 中国最後の村ウルグチャトには、見苦しいレンガのバンガローが碁盤目状に並び、その壁にはアラビア語で中国の開発のプロパガンダが書かれていた。しかし、その向こうにある畑では、フェルト帽をかぶった農民たちが鎌で高山植物の草を刈り取っていた。後方には雪を頂いたパミール高原が光り輝いて見える。

中国側の国境では、兵士が私のパスポートをちらっと見ると、手を振って無人地帯へと促した。一〇〇台以上の大型トラックが中国に入ろうと列を作っている。キルギス側では、肩からライフル銃を下げた重装備の部隊員が、私にロシア語で叫んだ。「Ｎａｒｋｏｔｉｋｉ？（麻薬の密輸かい？）」税関の警備員が大笑いをして、手を振って通してくれた。[29] 国境を越えると、道路は起伏のある荒れ果てた草原沿いに三六〇〇メートルの高地まで急な上り坂となる。馬や羊が草をはみ、ところどころに散らばるユルト（遊牧民族の居住のための移動テント）やトレーラーは、ジプシーたちのみすぼらしいキャラバンのように見えた。道路脇では、日焼け顔の子どもたちがプラスチックのボトルに入れたロバの発酵ミルクを売り歩いている。その後、解けかけた氷がところどころに浮かぶ急流を横目に見ながら、道路はジグザグに急な山道を下っていく。ようやく、私たちは肥沃なフェルガナ渓谷に入り、早めの夕食に間に合う時間にオシに到着した。一〇時間の旅だ。

このロードトリップを通して、中国企業による土木建築事業で中央アジアの風景が変わりつつあることがわかる。ソ連時代には、キルギスの道路はおもに北のカザフスタンとロシアに通じていた。中国中心部からは離れているが、今では東海岸の工場からトラックで品物を運ぶのが完全に可能になった。もし中国の戦略家の思い通りに計画を進められるとしたら、カシュガルからオシへの道路を鉄道に連絡させ、ウズベキスタン、イラン、トルコのもっと大きい市場とも結ぶだろう。それによって中国の製品はキルギスをバイパスすることができる。キルギスはときおり、中国のトラックの入国を禁じるという脅しをかけてくるからだ。カザフスタン、トルクメニスタン、イランを結ぶ鉄道路線の最後に残った区間は、二〇一四年に開通した。トルクメニスタンはアフガニスタンとタジキスタンを通る新しい路線を建設中で、ウズベキスタンも全長一二九キロの新しい軌道を敷設している。テミール・サリエフ元首相は、中国が建設するキルギスを通る鉄道は二〇一六年の着工予定だと話していた。これが完成すると、地域の他の鉄道網と連絡することになる。

古代シルクロードの時代、オシはカシュガルとサマルカンドの間に位置する重要な交易の町だった。現在はソビエト帝国の崩れかけた遺産となり、町は荒れ果て、混雑した道路と頼りにならない配管に悩まされている。オシの経済はキルギスのどの町よりも、再輸出される中国からの輸入品に依存している。商取引はウズベキスタンとの国境にあるカラスウ市場を中心に行なわれる。バシュケクやアルマトイにある地域を代表するバザールと同じように、数千の貨物コンテナ兼用の店舗に安物の衣服、靴、電子製品、がらくたが所狭しと並べられ、混雑と混乱の極みにある。

金属製カートに箱を積み上げたポーターが、「危ないよ！　気をつけて！」と叫びながら、人込みの間を縫うように走り抜ける。

中国人貿易商のほとんどは中国南東部の海岸に面した福建省からきた人たちで、一〇年少し前からカラスウに集まり始めた。二〇一〇年に地元のキルギス人とウズベク人の間で暴力的な衝突が発生したとき、バザールには二〇〇〇人ほどの中国人がいた。彼らはおもにウズベキスタンからやってきた卸売商と取引をしていたが、この暴動でビジネスの大部分が干上がり、およそ半数が中国に帰っていった。「ウズベク人は怖がっていてここにはやってこない」。カラスウで一〇年働いているという福建省出身のズオ・ヤという名の店主が説明してくれた。「それに、今では商品を持って国境を通過するのが以前よりむずかしくなっている。頻繁に税関の役人に押収される」。中央アジアで商売をするには、国境の役人に賄賂を贈ることが欠かせない。しかし、多くの中国人商人はもうその状態にうんざりしている。ミニスカートをはいた別の福建省出身の女性は、「ビジネスはひどい状態。絶対に中国へ帰ろうと思っている」と言った。[30]

カラスウで耳にする最大の不満のひとつは、ウズベキスタンの商人が製品を直接広州で調達し、それをウルムチ経由でタシケントまでトラック輸送する手はずを整えていることである。彼らはイスラム・カリモフの一族が所有する物流会社アブ・サヒのサービスを利用している。カリモフは一九九一年にウズベキスタンが独立してから二五年間、二〇一六年に死亡するまで大統領としてこの国を強権支配していた。バザールから車で少し走ったところに、私はアブ・サヒのトラック基地を見つけた。落書きだらけの壁に囲まれた、埃っぽい駐車場の中にある。ここに詰めているスタッフはウイグル人で、中央アジアと中国の仲介役を果たしている。アリジャンという名前の日焼けした男性マネジャーは、この会社のトラックは国境を通過するのに苦労したことがないと認めた。彼はニッコリ笑って、「商売は繁盛しているよ」と言った。

オシ中心部にある中国人経営のタータン市場では、中国の投資家に不可欠なものを売っている。私は産業機械販売店のユウ氏と話をした。上海近くの南通という海岸町の出身という彼は、二〇〇七年にオシに移り、セメント工場や製鋼所を買収する中国企業に製品を供給している。妻はウルムチに住み、ヘルメット、セメントミキサー、工業用送風機、機械部品などの発送の手配をしている。大部分の製品はトラックに積みカシュガル経由で運ばれるが、カザフスタン経由の列車で運ばれるものもある。CNPCと国有の中国路橋公司はどちらもオシに進出している。そして、この町は金、銀、水晶などの鉱物に投資する中国の個人投資家の拠点にもなりつつある。二〇一四年、中国はこの町でどんどん大きくなる中国人コミュニティのために領事館を開設した。シルクロード経済ベルトへ資金が流れるにつれ、ユウ氏のように運試しをしようという人たちが、もっと大勢ここにやってくるだろう。

＊

中国は中央アジア全域で開発融資をしているが、現地で暮らす人々はこの隣の大国に飲み込まれてしまうのではないかと恐れを抱いている。キルギスでは、たとえ話が現実になってきた。地元住民は、中国人労働者にロバが食べられていると冗談を飛ばしさえする。たいていの人は、自分たちの小さな国に鉄道を建設するという中国の計画を、将来の発展というよりは脅威とみなしている。地方のリーダーにとっての課題は、世論と経済的現実の間でバランスをとることだ。キルギスのアルマズベク・アタンバエフ大統領は国民にこう訴えた。「われわれは中国の拡大を恐れ、フェンスを立てて締め出すようなことはすべきではない。中国が隣人であるという事実をわが国の利益になるように利用すべきである。たとえわが国が鉄道を建設しなくても、中国人はいずれにせよこの国にやってくる[31]」

ソ連による反中国のプロパガンダを長年にわたって聞かされ続けたキルギスでは、中国の経済的影響力は避けられないが有害なものとみなされている。オシの市場で、チュバクという頑固そうな靴商人が私にこう語った。「中国は巨大な磁石で、周りの小さな国すべてを引き寄せている。経済成長のためには彼らは必要だが、用心していないと国を奪われかねない」。彼の話は次第に熱を帯びて、よく耳にする不満へと変わっていった。「本当に不安なのは、政府が委託する新しい道路建設事業のすべての入札を、中国が勝ち取っていることだ。中国企業は現地の労働者を決して雇わない」。彼は丸々したこぶしで手のひらをなぐりつけながら言った。私が車で走ったイルケシュタム峠を通る高速道路を建設した中国路橋公司は、労働者の大部分を中国から呼び寄せている。その日遅く、私は町はずれで蛍光オレンジのビブを着けて道路の再舗装をしている中国人作業員のそばを通り過ぎた。

中央アジアでは、かつての「黄禍」の恐怖がまだ生き残っている。「二〇三〇年には、ある朝起きたら、みんな中国語を話すようになっているだろう」。中国からの移民が国境に押し寄せてくることへのこうしたよく耳にするブラックジョークにも、その恐怖がよく表れている。ソフトウェア工学を学ぶヌルバラ・アミエバイエラは、アルマトイでおいしい馬肉のケバブの夕食を食べながら、私に言った。「誰でも中国の軍事訓練のビデオを見たことがある。大勢が完全にひとつになって同じ動きをしている。恐ろしくて仕方ない。キルギスの歴史を学ぶと、中国に近いところにいる部族がこの国を侵略したことを知るのだから」[32]。キルギスのメディアは、この国にやってくる中国人が地元女性と結婚している話を誇張して伝えることが多い。大衆に取り入ろうとする政治家は、中国人の血がキルギス人の遺伝子を弱めているというばかげた演説をすることさえあった[33]。

信頼できる移民のデータは存在しないが、何百万もの中国人移民が中央アジアになだれ込んでいるという報道は、確かに誇張されたものだ。ビザの取得が厳しいカザフスタンではとくにそうだろう。せいぜい数万がいいところではないだろうか。移民の多くはこの国の生活に満足していない。中国人コミュニティはけちな盗みや、犯罪組織による強奪の被害者になりやすい。警察が犯人を保護することも多い。そのため中国人は目立たないように暮らす傾向がある。二〇一三年一二月、北京を拠点とする『グローバル・タイムズ』紙は、ビシュケク周辺に住む中国人の起業家や学生に対する攻撃が「波状的に」発生していると報じた。二〇一五年の夏には、キルギスの首都でメガネ店チェーンを経営する中国人が、警察署長との意見衝突のあとに殴られて意識を失い、病院で死亡した。[34] それでも、大部分の反中国感情は、接触する機会が多いことではなく少ないことが原因となっている。バザール以外の場所では、一般のキルギス人が中国人と出会う機会はほとんどない。中国の地方から駆り出されてやってきた道路建設作業員は、いつも宿舎で自分たちだけで固まっていて、地元住民とは離れて暮らしている。そのため、彼らが本当は囚人で、強制労働をさせられているのだといううわさが広まることになる。

中央アジアに定住する中国人移民はほとんどいない。彼らは自分たちのことを一時的に滞在しているだけの商売人と考え、いくらかの稼ぎを得たら中国に戻るつもりでいる。これは世界の他の地域の状況とは大きく異なる。アフリカでさえ、数万人の中国人移民が第二の故郷として定住している。[35] ビシュケクのタータン市場で、彼らは携帯電話で中国のテレビ番組をけだるそうに眺めていた。私が話しかけた店主たちは新疆と福建省の出身だったが、中国のあらゆる地方から人が集まっていると言った。「ここでの生活には慣れましたか?」と、私は福建省から来た若い男性にたずねてみた。この市場で七年働いているという彼は、情けなさそうに肩をすくめた。ここでは移民コミュニティのための中華レストランはまったく見かけなかった。地域のあらゆる通貨を扱っていると宣伝するビシュケクの両替所でさえ、中国元だけはない。中国の存在は薄っぺらなものとしか感じられなかった。[36]

カザフスタンでは、大部分の中国人が短期の労働ビザで入国する。北京のカザフスタン大使館の外の歩道は、平日には労働現場での経験が長そうに見える男性たちで混雑する。ほとんどは三〇代か四〇代で、申請に必要な書類を握りしめている。ビザ発給窓口では、職員がロシア語なまりの中国語で、彼らに質問をがなり立てていた。「なぜカザフスタンに行きたいのですか？どんな訓練を受けていますか？　現地ではどこに滞在し、中国にはいつ戻る予定ですか？」カザフスタン当局は中国から投資と専門知識を引き出そうと熱心だが、中国人の流入は熟練労働者だけに制限するようにしている。申請者はカスピ海の石油掘削施設やパイプラインで働く石油関連業者、中国が出資しているインフラ計画に参加する機械操作者、あるいは設備見本市に参加する技術者などで、誰もが会社印が押された招待状を持っている。

私がビザの受け取りに行ったときには、ほかの申請者はもっと投機的な目的の人たちだった。吉林農業大学の王教授は、東部のウスチ・カメノゴルスク（オスケメン）で開催される鹿農園フォーラムに出席しようとしていた。教授によれば、中国人投資家はカザフスタンの鹿農園の株式購入に関心があるらしい。中国では鹿の枝角が健康増進剤に使われるからだ。北東部の海岸の町、大連からやってきた中年男性は、レンガ工場を設立したいと考えていた。「カザフスタンには行ったことがないのだが、まあ、向こうに着いたらどんな国かわかるだろう」と彼は言った。[37]これが、ラオス、ミャンマー、アフリカの大部分を席巻してきた中国人の投機的起業家精神というものなのだろう。利益が見込める場所があれば、どこであろうと賭けに出る。しかし、これまでのところ、カザフスタン政府は中国人移民を最小限にとどめることではよく健闘している。労働者はやってきては去り、定住することはない。

ほとんどの場合に、中国人移民の存在は地方経済に貢献する。しかし、現実とは別に、中国の影響を有害だと感じることも同じくらい重要だ。たとえば、キルギスのチャトカル地方の地元住民は、中国の金鉱労働者が森を砂漠に変えていると非難している。夜中にこっそり作業をして、税務役人には賄賂を渡しているのだという。こうした恨みの多くは、二〇一〇年以前からのものだが、この年の法律によって、数十の中国企業が書類手続きの手数料程度の額で（一回につき一〇ドル以下）、採掘許可証を手に入れられるようになった。一般住民は、貪欲な役人のせいで中国と中国企業が罰せられることなく好き勝手に振る舞えているのだと固く信じている。

中央アジアの人々の間では、自国政府が中国の言いなりになっているという思いもますます強くなってきた。しかし、キルギスとタジキスタンのエリートたちなら痛いほどわかっていることだが、彼らの国に電気が灯り続けるには中国の助けが必要というのが現実だ。中国政府は抜け目なくゲームを進め、新しい電力供給網から石油精製所まで、中国にとって明らかな商業的利益はほとんどなさそうなプロジェクトにも投資している。習近平国家主席は二〇一四年のタジキスタン訪問の際に、中央アジア―中国間の天然ガスパイプラインDラインの着工式に出席した。これはトルクメニスタンから中国まで、タジキスタンとキルギスを経由して延びるパイプラインである。タジキスタンとキルギスはどちらも国内にガス供給源を持たない。もっと短く容易なルートもあるのだが、この親善のジェスチャーから、中国政府が政治的影響力をどれほど注意深く築いているかがわかる。

中央アジアは中国との貿易と投資がもたらしてくれる経済成長を何より必要としている。ビシュケク郊外に地方からの移住者が暮らす場所がある。泥で建てた家で、窓にはビニールシートが張ってある。町自体にもさびついた古い工場が点在する。それでも、この地域の腐敗した政府が、中国の台頭を地域の公共善のために利用する裁量を持ち合わせているかどうかは疑わしい。実際のところ、中国の気前のよい投資はもろい経済が崩壊せずに持ちこたえるのを助け、それが独裁者を権力の座にとどめる結果になっているかもしれない。[38]

ロシア

中央アジアにおける中国の台頭は、この地域を古くから裏庭とみなしていたモスクワにとっては不安材料となっている。ウラジーミル・プーチン大統領は旧ソ連諸国、かつてのソビエト連邦構成国へのロシアの影響力が薄れていることを嘆く。習近平と同じように、プーチンは屈辱を受けた国家の再興を目指す民族主義者である。それを達成するための彼の壮大な計画は、ウクライナからコーカサスと中央アジアを横断し、ロシアの極東まで延びる「ユーラシア連合」の結成だ。

これを「軽量級のソ連」と呼び、批判する人たちもいる[39]

プーチンの夢は二〇一五年一月一日に現実に近づいた。「ユーラシア経済連合」（ＥＥＵ）が結成されたのだ。ロシア、ベラルーシ、カザフスタン間の既存の関税同盟から発展したものである。これまでのところＥＥＵの加盟国は五か国で、当初の三国にアルメニアとキルギスが加わった。ロシア政府はキルギスを加入させるためにすさまじい圧力をかけた。小国のタジキスタンにも後に続くようにじわじわと圧力をかけている。欧州連合（ＥＵ）と同じように、ＥＥＵは統合された市場での、もの、資本、サービス、人の自由な移動を第一の目的とする。しかし、プーチンの長期的目標はもっと壮大なものだ。ヨーロッパとアジアの架け橋としてＥＵや中国に対抗できるような、超国家的な政治同盟を創設することである。つまり、これはロシアがユーラシア全体をその影響圏にとどめておこうとする大胆な構想で、そこには中央アジアも含まれる。

したがって、ＥＥＵはＥＵが東欧に拡大するのを防ぐとともに、中国の「西への進出」も阻もうとしている。しかし、この構想がうまくいくことはないと信じるに足る、もっともな経済的理由がある。第一に、これは根本的には内向きの、保護主義の構想だ。高い恒久関税は、関税同盟の非加盟国との通商を阻害してきた。中国とキルギス間のシャトル貿易がその代表だ。ＥＥＵは地域全体での貿易高を押し上げてきたものの、利益を上げているのはほとんどがロシアで、カザフスタンの近隣諸国との間の貿易赤字は増える一方だ。それでも、ロシアは二〇二五年まで、連合内のエネルギー関税の免税を維持することでは譲らず、これが年間四〇〇〇万ドル相当になる。

しかし、最大の障壁は政治的なものだ。ユーラシア連合の構想は、一九九四年にカザフスタンのナザルバエフ大統領が最初に議題にのせた。もっとも、彼のビジョンは共同貿易圏にとどまり、プーチンの真の目標ではないかと彼が恐れる政治連合ではなかった。ナザルバエフの強硬な主張によって、ユーラシア連合は「ユーラシア経済連合」に改称された。ロシアの領土回復の野心は、カザフスタン政府にとっては変わることのない不安要因である。二〇一四年八月にモスクワ近くのセリゲル湖で開かれた親クレムリンのユースキャンプで、プーチンは「カザフ人は一度も国家を持ったことがない」と言い放った。彼にとってカザフスタンは、最終的には「ロシア世界」の一部である。これに対してナザルバエフは国営テレビに出演し、「カザフスタンはわれわれの独立に脅威を与える組織の一部になることは決してない」と、怒りを込めて反論した。[40]

しかし、本当の意味でカザフスタン政府に緊張を与えたのは、二〇一四年にロシアがクリミアを併合したことだった。カザフスタンはウクライナとの共通点が多い。国民の二二パーセントは民族的にはロシア人で、ロシアとの北の国境沿いの都市では四〇パーセント以上にもなる。多くのロシア人は、クリミアとウクライナ東部の一部をロシアの領土とみなしているのと同じように、カザフスタン北部も基本的にはロシアの領土とみなしている。EEU条約の交渉に先立ち、五〇〇人の抗議者がめずらしく表立った行動をとり、アルマトイの樹木が茂る通りを行進してEEU加盟反対を訴えた。一世紀以上に及んだモスクワによる支配のあとで、カザフスタン国民はウクライナ西部のかつての同志たちと同じように、並々ならぬ決意で自分たちの国の独立を守ろうとしている。
　カザフスタンの政治アナリストたちは、ロシアの影響圏拡大を意図した攻撃的な動きが、地政学的なイニシアチブを中国に引き渡す結果になったと考えている。アルマトイのKIMEP大学中央アジア研究センター長のナルジス・カッセノヴァは、こう分析する。「クリミアはロシアを弱らせた。われわれは中国を恐れているが、ロシアに比べればまだましだ。中国は内政問題に介入しない。彼らは敬意を示すし、政治的条件を押しつけもしない」[41]。アルマトイ世界経済政治研究所の研究員アイダル・アゼルバエフも、その考えに同意する。地元のレストランで夕食をともにしたとき、彼は私に言った。「ウクライナ情勢は習近平の立場を有利にする。中国は中央アジアに対するロシアの包囲を緩め、新しいシルクロードのビジョンをより受け入れやすい代替案として提示することができる」[42]
　EEUの調印式で、ナザルバエフ大統領は明らかにプーチンに向けた発言で、カザフスタンの立場を明確にした。「われわれはEEUを開かれた経済共同体として見ている。グローバルコミュニケーションに有機的に組み込まれ、ヨーロッパと成長するアジアの間の信頼できる架け橋となることを期待して」。カザフスタンは自国をユーラシアの交差点と位置づけている。そこで、競合する外からの勢力の間でバランスをとる決意を固めている。経済・予算計画担当副大臣のティムール・ザクシリコフは、アスタナで開催されたADBの二〇一四年総会の合間に、私にこう言った。「カザフスタンは内陸の国で、世界市場からは離れている。だからこそ世界との結びつきを深めなければならない」。そして、中国政府の讃美歌集から選び出した曲を歌うかのように、こう付け加えた。「道路、鉄道、パイプラインは、われわれが中国への直接のアクセスを持つことを意味する。そこには世界第二位の、急速に成長している市場がある[43]」

もしプーチンのユーラシア統合の夢が失敗に終わりそうだとすれば、中国には中央アジアに自らの構想を売り込む余地がどれだけ残されるだろう？　ビシュケク滞在中のある暑い日の朝、私は戦略研究シンクタンクの当時のタラント・スルタノフ所長に、この質問をぶつけてみた。キエフ通りにある薄汚れたソ連時代の建物の中で、彼はこう言った。「中国は相当な経済力を持っている。しかし、ロシアを怒らせたくはないと思っている。中国の指導者のメッセージはこうだ。『われわれは近隣諸国が安定して繁栄することを望む。それが中国のためになるからだ。ともに成長できれば、どちらの側にとっても利益になるだろう。しかし、中国にはこの地域を支配しようという野心はない』」。もしキルギスが中国の主張を強引すぎるとみなしたときには、「中国政府はわれわれがロシアのもとに駆け戻るとわかっている[44]」

中央アジア諸国はむずかしい立場に置かれている。経済的には中国に依存しているが、軍事的にはロシアに依存している。ロシアはこの地域で唯一信頼できる治安部隊を持つ。ロシアの軍隊はキルギスで民族紛争が起こったときにそれを鎮圧し、タジキスタンではアフガニスタンとの国境をパトロールしている。そこはイスラム過激派の温床であり麻薬密輸組織の安息の地でもある。ロシア主導の集団安全保障機構（ＣＳＴＯ）は、中国が支援するＳＣＯよりもはるかに効果的な治安組織であることが証明されてきた。ＳＣＯは資源もほとんどなければ、地域とのつながりも弱い。

文化的にも、中央アジアははるかにロシアのほうに近い。これは、旧ソ連の最東端にある地域でさえ当てはまる。中国との国境の町コルガスからわずか三〇分の距離にあるカザフスタンの町ジャルケントが比較的繁栄しているのは、隣の巨大な経済国との通商のおかげといえる。通りにはトラックが列を成し、バザールには中国からの品物が所狭しと並ぶ。毎朝、地元住民が国境にやってきて荷物の発送作業をしたり、関税局で働いている。それでも、ここでさえ、私は中国語を話す人をまったく見つけられなかった。中央アジアのほとんどの町がそうだが、人々はそれぞれの母語のほかにロシア語を話す。カザフ人、ウイグル人、スラブ人は固有の民族のアイデンティティのほかに、ロシア化された文化を共有する。ジャルカンドで学んだことのひとつは、中央アジアにはロシア文化が深く根を張っているということである。新疆の大部分の町では中国文化の影響がこれほど深くはない。新疆で中国語をマスターするウイグル人はほとんどいない。

中国の経済力は増大する一方だが、ソフトパワーのほうは小さなものにとどまっている。中国政府は中央アジア全域に孔子学院を開校し、大学に対しては数千の奨学金を提供してきた。私はオシにある孔子学院を訪ねてみた。オシ州立大学のキャンパスにある列柱が特徴的なソ連時代の立派な建物の最上階を占めている。ここで学ぶ一七〇人の学生たちは、古代中国の賢人の銅像の横を通り、中国の赤い提灯が飾られた朱塗りの入り口を通り抜ける。しかし、中央アジアで中国語を話す人の割合はまだほんのわずかだ。人口の九九パーセント以上の人たちにとって、中国とその言語はまったく縁がないものに思える。仮に今後この状況が変化することがあったとしても、数十年はかかるだろう。

ロシアのほうは、中央アジアでの伝統的影響力をすぐに譲り渡すつもりはない。それでも、ようやく中国の経済的優位という現実を受け入れつつある徴候が見られる。その証拠は、二〇一五年五月のモスクワでの首脳会議だ。このときにプーチンと習近平がＥＥＵとシルクロード経済ベルトを結びつけて地域開発で協力し合う共同宣言に署名した。ふたつの競合するビジョンを推し進める代わりに、両国はユーラシアに「共同経済空間」を建設することに合意した。これにはＥＵと中国の自由貿易協定も含まれる。[45] モスクワと北京の新しい考え方は、ふたつのプロジェクトを相互補完的なものとして見ようということだ。中国の輸出業者にとって、中国国境からＥＵまでひとつの貿易圏が存在することは、シルクロード経済ベルト沿いの取引で時間と資金の節約になるだろう。ロシアの側では、中国がロシア国内のインフラの改善と融資を支援してくれることに期待している。その手始めが、モスクワとロシア南部の町カザンを結ぶ全長七七〇キロの高速鉄道である。一五〇〇億ドル以上の総工費が見込まれるこのプロジェクトは、ふたつの都市間の移動時間を一二時間から三時間半に短縮してくれる。中国政府はこの鉄道に六〇〇億ドルの融資で支援する心づもりがあると報じられている。[46]

ロシアの心変わりが本当に示しているのは、新しい地政学的な現実である。つまり、ウクライナを失ったあとのロシアは、中国がロシアを必要とする以上に、中国を必要としている。ロシア政府は二〇一四年、長年続いた交渉の末にようやく中国との四〇〇〇億ドルの天然ガス供給契約に署名したが、それもヨーロッパに代わる市場を見つける必要があったからだった。欧米の制裁措置のために経済が揺らいでいるため、エネルギー取引と政治的同盟の相手を東に求めることを強いられた。しかし、習近平主席とプーチン大統領の間の非常に表面的な「友好関係」は、双方の実利主義に基づいた戦術的な協力であって、それ以上ではない。中国とロシアは公の場では共通の利害を強調しているが、その「戦略的提携」にはまだ不信とライバル意識が浸透している。国際危機グループ（ＩＣＧ）の取材を受けたカザフスタンの元外交官は、ＳＣＯでの中国とロシアの関係を「マングースとコブラのダンス」と、みごとに言い表した。[47]

今後の疑問は、中国がどれほど長く中央アジアでの不介入政策を維持できるかだ。二〇一五年一〇月にアスタナで開催された二国間首脳会議で、中国とカザフスタンはテロリズムとの戦いのような共通の安全保障上の懸念に対して、軍事協力を拡大することに合意した。カザフスタンの防衛大臣は中国の大臣に、彼らは中央アジアの安定を確保するという同じ期待を共有している、と告げた。これは興味を引かれる進展だろう。なぜなら、それまでの二国間関係は経済協力に限られていたからだ。この変化が指し示すのは、カザフスタンがロシアの政治的野心に飽き飽きし、中国との政治的関係を見直すことで、さらなるユーラシアの統合を避けたいと考えていることである。

中国のこの一〇年の中央アジアへの拡大は、外交戦略というよりは経済的日和見主義によるものだった。つまり、石油と天然ガスの獲得、そして中国製品のための新しい市場開拓への期待である。しかし、習近平のシルクロード経済ベルトは、外交政策の大きな転換につながる。中国は今、西の国境地域での影響力を増そうと精力的に動いている。時がたてば、ロシアがどう思おうが、中国の経済力の強さが政治的影響力も増大させるだろう。これは間違いなく中国とロシアの関係を試すものとなる。モスクワにいる中国大使は今の両国の関係を、「唇と歯ほどに近い」と表現した。これは毛沢東が中国と北朝鮮の関係を表すために使ったフレーズだ。[48]

この結論にはひとつ注意しなければならないことがある。中央アジアのエリート支配層の間での中国の立場は強いが、中国企業と彼らが連れてくる中国人移民は、相当に評判が悪い。数年前のミャンマーでの中国の立場が思い起こされる。二〇一一年までは、中国政府と国有企業はミャンマーの将軍たちと協力することに満足していた。中国企業は新しい道路、鉄道、送電線の建設に取りかかった。しかし、軍事政府が解体されると、国民の抗議はあっという間に中国企業に向けられた。大型のインフラ計画のいくつかが中止または中断され、中国政府はかつての〝お得意様〟への足掛かりをまだ取り戻せていない。中央アジアでも、国民の反応に注意が必要だ。もし中国政府と緊密な関係を築いている権威主義的な政府が大衆主義の体制に置き換えられることがあれば、中国の飽くなき西への進出は急停止を余儀なくされるかもしれない。

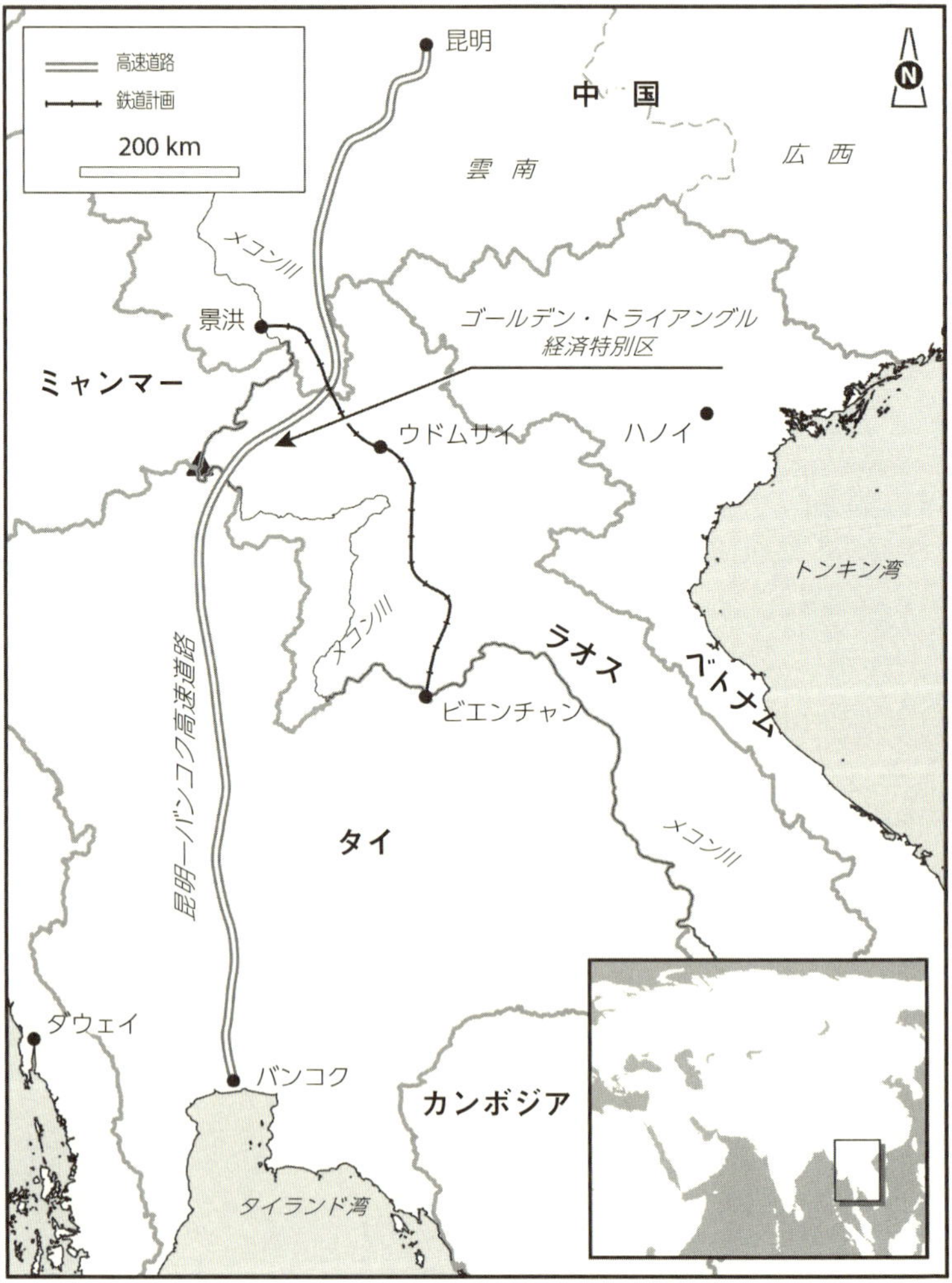
高速道路
鉄道計画
200 km
昆明
中 国
雲 南
広 西
メコン川
景洪
ゴールデン・トライアングル
経済特別区
ミャンマー
ウドムサイ
ハノイ
トンキン湾
メコン川
ラオス
ベトナム
ビエンチャン
昆明―バンコク高速道路
タイ
メコン川
ダウェイ
バンコク
カンボジア
タイランド湾

メコン川流域

第三章　照りつける太陽[1]——メコン川を南下する

北京から三〇〇〇キロ、メコン川の湾曲部に位置する景洪《けいこう》の町は、中国の最も辺境の地にある。二〇〇一年、私がはじめて雲南省の南端にあるこの町を訪ねたときにはまだ、この地方の伝統的住居に滞在することができた。木材と泥で建て、ヤシの葉で屋根をふいた家だ。町には活気がなく、数軒のホテルと二軒のカフェが中国、ラオス、タイの間を移動するバックパッカーを相手に商売をしている。サロンを腰に巻いた何人かのミャンマー人の宝石売りが国境を越えてこの町にやってきて、第一波の国内旅行者たちに売りつけていた。[2]だが、商売は振るわない。店主たちは店先の木陰で居眠りをしながら午後を過ごす。少数の売春宿をのぞき、景洪の夜の唯一の娯楽は川岸の夜市で、メガホンを持った男たちが通行人を呼び止めては、遊園地のおんぼろの乗り物を試してみないかとすすめていた。

それ以来、国内旅行者の落としていくお金が、この蒸し暑い田舎町を様変わりさせた。最後まで残っていた泥の家は撤去されて、代わりにアパートが建ち、高層ホテルがメコン川沿いに雑草のように増えてきた。メコン川はここでは瀾滄江《らんそうこう》と呼ばれる。ヤシが木陰をつくる町の通りは巨大なヒスイ市場になったかのようで、ガラスケースを置いた店舗が軒を連ね、アロハシャツを着た観光客にミルキーグリーンの安物の宝石を売っている。ほかには、減量効果があるといわれる地元産のプーアール茶のパックを売る店や、熱帯のローズウッドを使った木彫りの象の飾り物を扱っている店もある。夜市はまだ残っているが以前ほど活気はなくなり、高級なバー通りやネオンライトがきらびやかなカラオケ店と競争しなければならない。道路は中国を横断して熱帯の果物を運んでいくディーゼル燃料のトラックで騒がしく、青い空を灰色のスモッグで覆っている。

景洪のここ最近の繁栄は、輸送インフラへの巨額の投資の上に築かれたものだ。新しい高速道路ができて輸送時間が半分以下になるまでは、省都の昆明から南の景洪まで、曲がりくねった道で一五時間もかかっていた。私も二〇〇三年の春にこのひどい旅を経験した。SARS（重症急性呼吸器症候群）の流行で数百人の死亡者が出た北京から逃げ出すため、雲南省へ向かったときのことだ。寝心地の悪い夜行バスで夜通し揺られたあと、早朝に宇宙服のような医療用防護服を着た病院スタッフがフワフワした足取りでバスに乗り込んできた。私たちの体温を測り、消毒剤をスプレーする。そのころはバスでの移動のほうが飛行機より簡単だった。飛行機の便がわずかしかなかったからだ。現在は昆明から景洪市内の空港へのフライトが毎日四〇便ほどある。景洪はもう中国帝国のはずれにある忘れられた前哨地のようには見えない。

実のところ、景洪はその歴史の大部分は中国に属していなかった。シーサンパンナ州はタイ族

（中国語では傣族）の故郷で、景洪はその州都だ。何世紀もの間、シーサンパンナは「茶馬古道」の重要な中継地だった。雲南省とミャンマーの山岳地帯を蛇行しながら貫く、ラバのキャラバンの交易路網である。この「南のシルクロード」を北に向かうとチベットとヒマラヤ山脈の山麓、西に向かうとベンガル湾とインド、南に向かうとインドシナに通じた。中国は北側の古い交易路を復活させるために、昆明からミャンマー、バングラデシュ、インドを通る「経済回廊」を建設しようとしている。景洪は南のラオスとタイ、その先まで延びる古い交易路に将来を見いだそうとしている。

計画立案者は、雲南省と四〇〇〇キロの国境で隣り合う東南アジア本土との連絡性を改善することで、新しい市場が生まれ、相互の繁栄につながると信じている。中国のメコン川流域への進出は、中央アジアと同じように、国内で広く成功を収めてきた政策に基づいている。二〇〇〇年、中国はまだ貧しかった内陸中央部から西部にかけての地域で大々的な開発に乗り出した。「Go West（西進）」政策は、国内のほかの地域から切り離された辺境の荒れ果てた地に、効率的な輸送ネットワークを建設することに重点を置いていた。目標は、奥地を切り開いて国内市場に参加させ、より豊かな東部の海岸地域と結びつけることだった。現在、西部地方の各省は道路と鉄道で結ばれ、国内取引で活気づいている。[3]

雲南省は国内の他の地方との連絡性を改善することでは、画期的な進歩を遂げた。とくにこの五年の進歩は著しい。二〇一二年に省都昆明の外縁に巨大な新空港が開港した。二〇一五年には乗客数が約三八〇〇万人と、国内で七番目に利用が多い空港になった。乗客の多くは中国の最も美しい景観を楽しもうとやってくる国内旅行者である。これをもっと広い視野で見るなら、この年に昆明空港を利用した乗客数は、ベルリンやニューアーク空港を利用する乗客数より多かった。[4] 上海から昆明まで全長二〇〇〇キロの高速鉄道が開通すれば、間違いなくますます多くの旅行者が雲南の自然の驚異——雪を頂いた山並みから熱帯のジャングルまで——を求めて集まってくるだろう。それでも雲南省はまだ、内陸部という地理的条件のために発展を妨げられている。最も近い国内の主要港は深圳で、一五〇〇キロ離れたこの港までの道沿いには、ところどころにまだ荒野が残る。

雲南省は中国では二番目に貧しい省で、EUならルーマニア、アメリカならウエストヴァージニア州といったところだ。それでも近隣諸国と比べれば、はるかに発展している。ドルに換算すると、平均的な雲南省の住民はラオスやカンボジアの人々より三倍くらい裕福な暮らしをしている。近隣国の貧困が雲南省自体の発展を妨げているため、北京の政策立案者は「Go West」政策を国境の向こう側にも拡大したいと考えている。二〇一一年、雲南省を東南アジアへの発展を推進するための「橋頭堡」とする戦略が打ち出された。[5]「橋頭堡」はもとは軍事用語で、前線を制御する要塞を意味するが、政府の戦略家は地域の玄関口あるいは地政学上の拠点の意味で使っている。この言葉は政府の報告書にたびたび登場するが、外国語に訳されてはいない。おそらく政策立案者もこの言葉に含まれる軍事的意味合いが近隣諸国に不安を与えると気づいているからだろう。

「橋頭堡」戦略は「一帯一路構想」とも、それより以前に江沢民元国家主席が推進していた、国有企業による国外の新しい市場の開拓とも、ぴったり重なり合う。中国政府の考えは、雲南省が国境を越えてハードインフラの建設に努力すれば、雲南省自体の経済を利するというものだ。もし雲南省を貿易特区に変えることができれば、地域全体の発展に大きく貢献するだろう。中国の指導者たちが「ウィンウィン外交」や「運命共同体」について話すときには、この計画もその一部に含まれている。ラオスのような小さな国にとって、中国からの発展支援の誘惑には抗しがたいものがある。雲南省だけでもラオスの二〇倍近くの経済規模があるのだから。

ラオスとカンボジアにとってのリスクは、経済的に中国に隷属することである。どちらの国もすでに中国との貿易、投資と資金援助にすっかり依存している。中国の太陽はますます燦々と輝き、両国は中国という太陽系の中の衛星になる道を進んでいる。ラオスでは与党のラオス人民革命党の幹部が、北の共産党の同志と密接に協力している。カンボジアは名目上は民主国家だが、腐敗した政府には中国の政治的支援が欠かせない。クメール・ルージュの暴力の犠牲者に対して、正義を求める国連からの圧力からも守ってもらっている。その恩に報いようとするカンボジアの意志は、中国の従属国家に成り下がっているという批判を招いてきた。中国がメコン川流域の経済的支配を強化していることで、その地政学的な戦略に取り込まれるリスクがいよいよ高まっている。

ラオス[6]

ラオスは外交的には世界で最も無害な国のひとつである。しかし、その近代史は、外国からの介入に悩まされてきた。[7] 一九世紀末には、古都ルアンプラバンが黒旗軍と呼ばれる中国の武装組織に荒らされた。フランスに助けられたラオスは、急速にフランス領インドシナに吸収されていった。植民地政府はラオスに「コルヴェ」という賦役制度を導入し、すべての男性は一年に一〇日間の肉体労働を強制された。一九五三年の独立後にも、ラオスの一部を北ベトナムが侵略して占領し、ベトナム戦争中の南への供給ルートとして利用した。一九六四年から一九七三年までは、アメリカのＢ52爆撃機の空襲で三五万人の民間人が死亡し、「地球上で最も空爆を受けた国」という好ましくない称号を与えられた。信じられないことに、ラオスに落とされた爆弾は第二次世界大戦中にヨーロッパ全土に落とされた爆弾よりも多かった。

一九七五年以降のラオスは、共産党の政府に支配されてきた。この政府は数々の人権侵害の中でも、とくに少数民族のモン族の大量殺戮で非難されてきた。世界でも最も腐敗した国のひとつであり、国民は深刻な栄養失調に苦しんでいる。東南アジアでは唯一の内陸国で、豊かな鉱物資源と水力発電の多大な潜在能力、肥沃な農地に恵まれているにもかかわらず、経済は停滞している。もちろん、中国の投資家の関心を引いているのはこの豊かな資源であって、統治の失敗ではない。中国はラオス人民改革党とは良好な関係を維持しており、この国への最大の投資国であるとともに第二位の貿易パートナーでもある。[8]

雲南省の中国企業は、開発を国境の外にも広げるという中央政府の呼びかけに精力的に応じてきた。四〇億ドルをかけて建設された新しい高速道路を使って、大勢の投資家が昆明からラオスへと向かう。この高速道路は景洪のそばを通り、ラオス北部を抜けてバンコクまで続く。アジアハイウェイ3号線というもっと長いルートの一部を構成する道路だ。中国側では、ローズウッドやマホガニーの森がある緑の丘を通る。利用可能な農地はすべて集中的に耕され、黒いネットや管理の整ったバナナの木の列の下で、野菜が整然としたラインを作って栽培されている。私は果物や野菜を運ぶ数多くのトラックを目にしたが、なかには四〇〇〇キロ離れた北東の寒冷地で登録されたナンバープレートを付けているものもあった。国境の手前にある最後の町モウロウでは、雲南省の地方政府が四五〇〇平方キロの経済特別区を建設しているところで、新しい空港も建設してメコン川地域の「総合輸送ハブ」にしようと計画している。[9]

私はラオス北部のダムを管理している雲南水力発電のトラックに乗せてもらい、ラオスに入った。中国の金融機関と開発業者は、メコン川とその支流で建設が提案されている七〇以上の水力発電計画の少なくとも半分以上に関心を示している。それ以外の中国の投資対象は、インフラ建設から農業や鉱山業まで幅広い。ラオスには金、銅、ボーキサイト、鉄、鉛、亜鉛、カリの大きな鉱脈がある。この豊かな鉱物資源の大部分はまだ位置を特定できていない。ラオス政府は詳細な調査のため、中国の採掘専門家の協力を求めている。中国の大手採掘企業はすべて、この地域に足場を築いてきた。中国アルミニウム（Chalco）と中国五鉱集団公司はどちらも銅鉱山を運営している。中国有色金属はボーキサイト採掘のプロジェクトに取り組んでいる。

中国政府は昆明―バンコク高速道路の大部分の建設資金を提供したが、この道路のラオス区間はアジア開発銀行（ＡＤＢ）が一部管理している。その大メコン圏開発プログラム（ＧＭＳ）は、輸送ルートの連絡性向上とメコン川流域の主要都市間の「経済回廊」の確立により、地域間の通商促進を目指すものだ。雲南省と隣の広西壮族自治区は、ラオス、カンボジア、ミャンマー、タイ、ベトナムとともにＧＭＳプログラムに参加している。[10]ＡＤＢの道路建設プログラムには、中国政府も積極的に支援している。この道路ができれば、理論上では雲南省からタイ、そしてバンコクの港までのコンテナトラックのアクセスが可能になるからだ。東南アジアに向かうもうひとつの道路は北ベトナムのハノイとハイフォン港を結ぶ。ＡＤＢとの提携が、中国が地域的影響力を拡大するのを助けてきた。

国境を越えると、高速道路は曲がりくねりながら南へ向かい、人と豚が暮らす簡素な木造農家のそばを通り過ぎる。一〇年か二〇年前までは、雲南省でもよく見かけた風景だ。ラオスの道路はわだちができていることが多く、モンスーンの季節になるとぬかるみ道になるが、私たちは雨水を流す深いコンクリートの溝がある、滑らかな高速道路を走った。[11]その夜、ウドムサイという町でその理由がわかった。何か食べようと思って、騒々しい笑い声が聞こえてくるレストランに入ると、中には中国人の道路建設作業員が大勢いて、酒と食事を楽しんでいた。雲南サニー・ロード&ブリッジ社のワン・シャオという名の技術者が、塩漬けの魚と鴨の燻製を口に詰め込みながら説明してくれた。「われわれがここから国境までの道路を建設している。中国人がいなければ、ラオスは発展できないだろう。単純にこの国には資金がない。中国企業が道路を建設し、この国の政府は中国の銀行から好条件の利率の融資を得ている、というわけだ[12]」

ワン・シャオのチームは、四年前からラオスで働いていた。その前はパキスタンとエチオピアにいたという。「この国はアフリカと似ている」と彼は言った。赤い顔をした同僚たちがグラスの雲南の米の酒を飲み干しながら、それを聞いている。「われわれは地元住民をかなりいい給料で雇っているが、彼らは仕事が遅すぎる。中国人ほど熱心には働かない。だから、雇うのはおもに中国人労働者になる。中国人はむずかしい条件でも働こうという意欲がある。家族のためにもっとよい生活を手に入れたいからだ」。彼らの次の仕事は、ルアンプラバンまで続く穴だらけの道を修復することだった。ルアンプラバンは仏教の聖地で、メコン川の岸に立つきらびやかな仏教寺院で有名だ。もうすでに騒がしい中国人観光客と欧米からの薄汚れたバックパッカーが押し寄せているこの町で、僧侶たちが開発を歓迎するのかどうか、私には疑問に思えた。

最終的には、昆明からラオスの首都ビエンチャンまでの一〇〇〇キロを一日で移動することが可能になるだろう。中国企業はすでに複合商業施設やホテルの建設に積極的に投資し、かつては活気がなかったラオスの首都の風景を様変わりさせるのに忙しい。彼らはこの町の葬儀サービスまで手中に収めている。[13] しかし、現在のところ、ラオスで一番の道路は西のタイとの国境のほうへ向かっている。二〇一三年一二月まで、昆明―バンコク高速道路のこの区間は、タイとの国境を形成するメコン川で突然途切れていた。トラックからコンテナを下ろして船に乗せなければならず、コストと時間の浪費が大きかった。しかし、中国が一部資金を負担した長さ五〇〇メートルの新しい橋が完成して、頼もしい輸送ルートができた。「この橋こそ、これまで欠けていたものだった」。橋の開通式で、ADBのスティーヴン・グロフ副頭取が宣言した。「すべてのインフラが整った今、この回廊が地域の商取引、観光、投資の原動力になる可能性が現実のものになる」[14]

それが彼らの計画が目指していたものだが、橋の開通の数か月後に私が訪ねたときには、新しいこぎれいな税関を通過するトラックは一台も見かけなかった[15]。中国は国内での開発の経験から、投資主導の成長に大きな信頼を置いている。しかし、「作りさえすれば、結果はあとからついてくる」の哲学は、国境の向こう側、とくに人口がまばらな地域では、それほど効果的ではないとわかるかもしれない。高速道路はタイとの貿易の機会を開いたが、たとえタイへの入国が認められたとしても（現在は認められていない）、昆明からバンコクまで一八〇〇キロをまるまる移動しようと考える中国のトラックはほとんどないだろう。道路を利用する地域間貿易が盛んになるには、GMS参加国は関税手続きを簡素化し、物流の基準を統一する必要がある。ソフトウェアが整うまでは、ハードインフラは十分に活用されないままの状態が続くだろう。

中国のこの地域への野心は道路だけにとどまらない。東南アジアの背骨を南に下る「高速」鉄道を建設し、昆明とシンガポールを結びたいと考えている。ラオスの区間だけでも七〇億ドルの費用が見込まれる。この国の年間経済生産高の半分に相当する数字だ。中国との国境からベトナムまで全長四一七キロの鉄道路には一五四の橋と七六のトンネル建設が予定され、五万人ほどの労働者が必要になると推測される。その大部分は中国から集めることになるだろう。中国政府がこの鉄道の建設に熱心な理由は、それによってタイとマレーシアの消費者市場へのアクセスが容易になるからである。バンコクからはミャンマー南部の都市ダウェイのタイ資本の深海港への道も開ける。ラオス政府としても、この鉄道が貿易、投資、経済発展、そして、言うまでもなく現代的な白い高速弾丸列車をこの貧しい国に呼び込んでくれることを期待している。

二〇〇九年に最初に合意されたこの鉄道プロジェクトのラオス区間は、二〇一一年になって計画に遅れが生じた。この年、劉志軍元鉄道相が収賄で逮捕され、中国は鉄道政策のあらゆる側面の見直しを行なった。その中心となるのが、劉志軍が長年温めてきた高速鉄道プロジェクトだった。中国の国有開発企業は、このプロジェクトが商業的な利益につながるのかどうか疑いを持った。一方、ラオス議会でもこのプロジェクトをいったん棚上げすることが決定された。巨額の返済に加えて、一般国民にほとんど恩恵を与えないのではないかという不安もあったからだ。計画反対派は、ラオスが中国からの融資の担保として未開発の鉱物資源を差し出さなければならなくなると指摘した。もし返済のために鉱物採掘権を中国企業に譲ることになれば、この鉄道はラオスの富を外に送り出すベルトコンベヤーになってしまうだろう。

中国政府が積極的な支援に乗り出したことで、こうした不安は脇に追いやられた。二〇一五年一一月にようやく計画にゴーサインが出され、翌月、建設工事が始まった。最終的な合意では、投資の七〇パーセントは中国からのものとなり、その大部分は中国輸出入銀行が融資した。線路の敷設は二〇二〇年の完成を目指し、中国鉄路総公司が率いる中国企業の共同事業体が建設を担当する。一人当たりGDPが二〇〇〇ドルを下回り、六八〇万の人口の八〇パーセントが自給自足農業で生活しているラオスにとって、中国からの魅力的な提案をはねのけるのは明らかにむずかしかった。たとえ、それが今後何十年にもわたって経済的に中国に縛りつけられるリスクを負うことになるとしても、ラオスの将来の成長はメコン川地域の中継地点になれるかどうかにかかっている。[16]

この鉄道は中国がビエンチャンからバンコクまで別個に建設した鉄道と接続される。こちらは、タイに全長八六七キロの鉄道を建設するという総工費一〇〇億ドル規模のプロジェクトの一部で、資金をめぐる数年越しの論争を経て、二〇一五年一二月にようやく契約が合意された。[17]中国企業が路線に使用する全車両を提供し、その資金はおもに銀行からの融資で確保する。ラオス区間のものと同じように、旅客列車は平均時速一六〇キロほどで走るが、貨物列車は時速一二〇キロに制限される。したがって、この路線はせいぜい「中速」鉄道としか呼ぶことができない。もしシンガポールまで路線が接続されれば、列車は昆明とシンガポールをほぼ一日で結ぶことになる。

中国のハードインフラの提供は、東南アジアの地政学に広範な影響を与えていたかもしれない。「高速鉄道ネットワークに始まる、昆明を中心にした新しい道路と電気通信施設の建設、そして中国の大メコン圏への経済的介入により、東南アジア本土の国々はこの地域の他の海洋国と切り離されつつある」。オーストラリア国立大学のジェフ・ウェイドは、この鉄道がＡＳＥＡＮ諸国を分ける断層線を形成しさえするかもしれない、と予測する。[18]この考えはおそらく大げさすぎるだろうが、中国がこの地域の支配を固めることは間違いない。

中国の投資家の数が増え続けている土地では、その徴候がはっきり見てとれる。ラオス北部最大の都市ウドムサイでは、中国人住民が人口の一五パーセントほどを占める。最初に中国から貿易業者がやってきたのは二〇〇〇年だが、雲南省からの新しい道路が開通して以来、その数は膨れ上がっている。私が二〇一四年の旧正月のすぐあとにこの町を訪れたとき、大きな家の多くは中国の伝統的な赤い札を戸口の上に貼っていた。中央市場はふたつの区域に分かれ、片方は麺をスプーンですすする地元の商人であふれ、もう片方は箸を使って食べる中国人商人であふれていた。その隣には、東海岸の温州からやってきた夫婦が経営する、町で最大のスーパーマーケットがある。中国製品が並ぶ棚の前に座っていた店主は、浙江省なまりの中国語でこう言った。「故郷での暮らし向きはよくなかった。ここでは競争が少ないから楽に商売ができる」

道を先へ進み、中国製のスクーターを売る市場を通り過ぎると、町で一番高級な四川ウドムサイホテルがある。私は中国製たばこ「ダブルハピネス」がぎっしり並ぶガラスのキャビネットの前で、ホテルの経営者ワン・シンミンと話をした。ラオスにある中国のオートバイ工場で働いている友人のすすめで、家族と一緒にここに移ってきたという。「ラオスでの投資は、故郷よりも高くつく。建築資材のほとんどを中国から運ばなければならないからだ。しかし、経営は順調だ。ホテルはほとんど満室に近い」。増える一方の客の多くは、休日に車でやってくる中産階級の都市住民だ。ルアンプラバンにやってきた観光客は、中国製のSUV車が狭い通りを走り抜けるときにけたたましくクラクションを鳴らす、と不満を述べる。

ワンは鉄道建設の熱心な支持者で、鉄道ができて観光客が増えることに期待している。「国境までの道路は時間がかかりすぎ、風が強い。鉄道のほうが速くて便利だ。商売人にはありがたい」。しかし、建設反対派は莫大なコストが経済を麻痺させる恐れがあり、環境にどんな悪影響を与えるかもわからない、と指摘する。中国企業は鉄道沿いの土地の開発に熱心で、そこでは不法な伐採がすでに深刻な問題となっている。ラオス北部の幹線道路沿いの山は、深い熱帯の森の樹木が伐採され、代わりにひょろっとしたゴムの木が植えられている。その多くは中国のゴム企業が所有しているものである。ラオスと中国の国境では、税関の掲示板に、マホガニーとローズウッドを隠して運んでいたトラックの隣にしゃがみ込み、頭を下げた密輸業者たちの写真が貼ってあった。ラオスは材木の取引の監督を強化しようとしているが、熱帯の材木は簡単に買うことができる。「私のホテルの家具はすべて、マホガニー製の一級品だ」。ホテル経営者のワンは、誇らしげに私に語った。

中国の個人投資家の多くにとって、ラオスの大きな魅力はその安くて肥沃な土地である。四川ウドムサイホテルの客には、ビジネス機会を求めて四川省からやってきたグループもあった。その中のひとりのユウ氏が説明してくれた。「ラオスについての記事をオンラインで読んだ。われわれは農業への投資を考えている。スイカか野菜を栽培するか、あるいは鶏を育てるか。今日の午後、地方政府との会合がある。彼らは中国の投資家には非常に親切だ」。一般のラオス人は中国の投資家にそれほど親しみを感じていない。アジアの人々に不安を与えているのは、まさにこの種の起業家精神なのである。中国の投資家は貴重な資金、スキル、技術を持ち込むが、競争まで一緒に持ってくる。

中国の農民たちもラオスにはっきりした機会を見いだしている。「一畝の土地が年に数百元で借りられる」。入国手続きの列に並んでいた陝西省出身のスイカ農夫が、たばこのヤニで黄色くなった歯を見せて微笑みながら私にそう言った[19]。彼の話では、もじゃもじゃの口ひげを生やした仕事のパートナーが、生産物をトラックに積んで中国北西部の故郷へ持ち帰るのだという。彼のような農夫は、灌漑システム、肥料、殺虫剤、農業管理など、ラオスに欠けている多くのものを持ち込み、地元に住む人々を多数雇用する。しかし、大口投資家は土地の使用権のほうを好み、現地住民の雇用は少数に抑えたいと考える。収穫の時期にはその場で生産物を梱包し、トラックで国境を越えて雲南省まで運び、そこで利益の大半を集める。すべての投資が同じように歓迎されるわけではない。

小口投資家は生産物を貿易会社に売るのが一般的で、その会社が中国全土の市場へ出荷する。その間に立つのが、私が景洪からラオスとの国境まで乗ったバスの中で知り合ったフェイ・シャオドンのような男性たちだ。フェイは太鼓腹をした坊主頭の男で、札束を詰めたワニ革のかばんを持っていた。ワニの赤ん坊の頭がまだくっついている。彼はミャンマーとの国境の町、瑞麗と、そこから数千キロ北の新疆のウルムチに事業所がある物流会社で働いていた。中国北東部に特有のなまりのある言葉で、iPhoneに向かって数字や地名を次々とまくしたてる。「厦門、杭州、瀋陽《しんよう》、北京……昆明に着いたらいくらかたずねてみるが、数千はかかる」。彼を迎えにきた同僚は、黒竜江省のナンバープレートがついた四輪駆動車に乗っていた。「しょっちゅう国境を越えているよ」と、彼は言った。

国境から車で数時間、ラオス、タイ、ミャンマー三国が接する悪名高い「黄金の三角地帯《ゴールデン・トライアングル》」で、バナナを栽培している中国人投資家を見つけた。この地域は不法なケシの栽培のほうがよく知られているが、産業規模の合法のプランテーションもある。風に揺れるヤシの木の間に不自然な青のパッチが点々と続いているのが見えた。中国人農民が害虫よけと、果物の成熟を促すために使っている保護用ビニールだ。畑には水まき用のパイプがはり巡らされ、漢字で書かれた標識で区画分けされている。もし所有者の確認が必要であれば、樹木のそばに停めてあるSUVに雲南省のナンバープレートがついている。

実際には、このゴールデン・トライアングルほど、ラオスにおける中国の影響力が拡大している証拠が目につく場所はない。国境から遠く離れたこの土地で、あらゆるタイプの投資家が中国の小さなかけらを植えつけようとしてきた。「ゴールデン・トライアングル経済特別区」は、タイとミャンマーにまたがるメコン川の土手の一〇三平方キロを占める。公式にはラオスの領土だが、中国に九九年の租借権が与えられ、免税が適用されている。中心となるのはキングス・ローマンズというカジノで、その建物は黄金のドームと列柱のある寺院で、巨大な王冠のネオンが目立つ。この経済特別区にあるものは、舗装用の敷石から非公式の保安部隊まで、すべて中国から輸入されている。キングス・ローマンズの建築用資材は、景洪から四〇〇トンの荷船でメコン川を下って運ばれ、特区の専用埠頭に入港した。ホテルやレストランでは中国の通貨しか受け入れず、携帯電話のネットワークは中国移動通信が提供する。また特区内では中国時間が適用される。つまり、そこで働く労働者は現地の人より一時間早く起きなければならない。[20]

ゴールデン・トライアングルにはほかにも多くのカジノがあり、自国では合法にギャンブルをできない中国人とタイ人を客にしている。しかし、キングス・ローマンズが最も大きく、最もきらびやかなカジノで、「メコン川のマカオ」と呼ばれている。大理石のホールで、客が中国の元やタイのバーツを緑色のフェルト地のテーブルに投げ入れている。ほとんどの中国人客はタイからメコン川を渡る休日ツアーでやってくるが、雲南省から新しい高速道路を運転してくる客の数も増えている。キングス・ローマンズ・グループは、香港で「ドークギゥカム（Dok Ngiewk Kham）」のラオス名で登記されている。しかし、この怪しげな企業についてはほとんど知られていない。[21] グループはミャンマーのシャン州にある中国人住民が圧倒的に多い国境の町モンラで別のカジノを操業しているが、この州は反政府組織のワ州連合軍が治める事実上の自治州となっている。ゴールデン・トライアングルにある他のカジノは麻薬取引の資金洗浄に使われているといわれ、ギャンブルで負けた客がお金を払えずに「姿を消す」ことは言うまでもない。キングス・ローマンズは、ラオスで経営するカジノは合法ビジネスであると主張し、二〇一五年にはラオス政府に対して、それに先立つ五年間の未納分の税金六三〇万ドルを納めた。[22]

キングス・ローマンズ・グループのジャオ・ウェイ会長は中国北東部の出身で、ジャングルの真ん中に賭博場を建てることだけで満足しているわけではない。経済特別区のチャイナタウンには、スーパーマーケット、ヌードルの店、従業員の子どもたちに教える「ラオス・中国友好学校」、そして、神秘的な五台山から招いた僧侶たちが管理する中国寺院がある。「最終的に僧侶の数は三〇人になるでしょう」と、黄土色の僧衣を着た年配の僧侶が言った。[23] しかし、私がここで見たものは、中国人に特有の並々ならぬ野心と、身の入らない実際の行動だった。チャイナタウンの「伝統的」な建物はコンクリート製で、表面だけ見せかけのレンガでごまかしている。宮廷のように見えるカラオケ店を警備する変色したテラコッタ色の軍服を着た部隊は、二〇〇〇年の歴史を誇る正規の部隊の兵士に比べると、体格が見劣りする。メコン川の土手では、埃っぽい中国の提灯が下がる、葉の枯れたヤシの木のそばに、モンゴルの遊牧民テントが立てられていた。さびれた行楽地に一軒だけきらびやかなカジノがある、というのがこの場所の印象だ。

働いている若い女性たちでさえ、中国から呼び寄せられている。寺院を出て角を曲がったところに、マッサージ店ばかりが入った「百花通り」と呼ばれる建物があった。百花とは中国で古くから使われていた売春婦の婉曲表現である。本書のための調査目的で私は「火の鳥」と「ブルームーン」で働く少女たちに話を聞いた。「マッサージをしてあげる。お望みなら、ほかのどんなことでも」。広西壮族自治区出身の人なつこい少女が、その夜のための化粧をしながら言った。雲南省出身の浅黒い肌をした少女はミャンマー人のように見えたが、自分では「純粋な中国人」だと言い張った。彼女はミャンマーではカチン族とも呼ばれる少数民族のチンポー族に属する。「一〇〇元（一五ドル）であなたの部屋に行くわ」。彼女は明るい声で提案した。私はかび臭くて、蚊に悩まされるホテルでの夜を想像し、それでも彼女たちの暮らすぼろぼろの寮の相部屋よりはましだろうと考えた。「ちょっと安すぎない？」とたずねると、彼女は「瑞麗に比べれば高いわ」と答えた。瑞麗は雲南省の国境にあるいかがわしい評判の町である。

特別区を離れるときに、訪問中の「ＶＩＰ」たちのための車がずらりと並ぶガレージを通り過ぎた。ハマー数台、ベントレー一台、長いリムジンが二台。景洪に滞在中の客や、南に一時間のファイサーイにある地方空港からの客をピックアップするために使われるものだ。しかし、もしジャオ・ウェイの計画が思いどおりに進むなら、こうしたサービスも過去の遺物になるだろう。経済特別区を運営するブレーンたちは、彼が昆明や上海から空の便を利用できる国際空港を建設すれば、中国人のギャンブル客からの大きな需要が見込めるだろうと考えている。「ラオス最大いうジャオの壮大な計画の最終段階である。

の空港になるだろう」。キングス・ローマンズの従業員のひとりが、滑走路建設のために低木地を平地にしている掘削機二台を指さして言った。空港建設は、五万人が暮らすミニ中国を築くというジャオの壮大な計画の最終段階である。

ラオスは急速に増大する中国の影響力について、どの程度警戒すべきなのだろう？　中国の経済的進出は一〇年ほど前に始まったばかりだが、その触手は急速に長く太くなっている。以前はベトナムとタイがラオスへの最大の投資国だったが、二〇一三年に中国がそれを追い抜いた。ラオス政府の統計によれば、中国のこれまでの累積投資額は二〇一五年に六〇億ドルに達した。しかし、本当の数字は間違いなくもっと高い。[24] ラオスは発展途上国で人口も少ない。そのため、中国から投資を呼び込み、数を制御した上で移民を受け入れる余地は十分にある。ラオス政府が地方経済を利するように中国の資本、技術、専門知識を利用できるなら、それが貧困から抜け出すためのチケットになるかもしれない。しかし、現実的な危険も間違いなく存在する。中国企業が鉱物資源を奪い、環境を損ない、貿易を独占して、この国を徹底的に搾取するかもしれない。

ラオス政府は中国の投資をことのほか歓迎してきたが、もし地方の不満が政治の不安定を招くことになれば、状況は変わるかもしれない。ラオス人民革命軍がすでに中国政府との関係を見直し始めている徴候が見られる。二〇一六年一月の政府の改造人事で、中国に近いとされていた上級官僚が排除された。党の書記長と、ラオス―中国間の鉄道プロジェクトを監督していた副首相もその中に含まれた。「党内だけでなく国民の間にも、追放された指導者たちがここ数年でラオスを中国に依存させすぎたという不安がはっきり見てとれる」。ワシントンの戦略国際問題研究所の上級研究員、マレー・ハイバートはそう語る。彼によれば、ラオスは現在、これまでの支援国であるベトナムのほうに再びシフトしようとしているかもしれない。[25] 二〇一六年には、バラク・オバマ氏もアメリカ大統領としてはじめてこの国を訪問した。アメリカ政府が東南アジアへの友好姿勢を強化していた時期のことだ。

中国政府の近隣諸国に対する経済的影響力は増しているが、友好的な関係を維持するためには注意深く進まなければならない。「橋頭堡」戦略が持つ軍事的意味合いにもかかわらず、「善隣友好政策」をしきりに強調するのも、そのためである。中国が南西部で国境を接する国々との外交に用いる言語は、南シナ海に向けられるしばしば好戦的な物言いとは違って、非常にやわらかい。もしこの戦略が成功すれば、東南アジア本土の国々の重心は、北のほうに傾き続けるだろう。しかし、中国の経済帝国が拡大すれば、ラオスがそれに飲み込まれるリスクも増す。

カンボジア

カンボジアは中国とは国境で接していないが、やはりその影響圏に吸収されてきた。[26] 中国の外交的影響力はこの人口一五〇〇万の小国にはあまりに大きく、中国の代理政権と呼ばれることもある。カンボジアは輸入の三分の一を中国に依存し、ラオスと同じように、道路、橋、ダムの建設でも中国に頼っている。しかし、中国の影響は穏やかなものばかりではない。たとえば、ポル・ポト政権下で民間人を虐殺したとして国連から告発された指導者たちの逮捕をフン・セン首相が拒否したときには、中国はその決定を支持した。中国企業はカンボジアの腐敗したビジネスエリート層との協力も惜しまない。この種の外交は、政府の取り巻きによって支配され、市民社会が力を持たないか存在しない権威主義的な国家では効果を発揮する。しかし、もっと自由な国に対しては、中国が本当にアジア全域に「運命共同体」を建設しようとしていると納得させるのはむずかしいだろう。

中国政府は蒸し暑いカンボジアの首都プノンペンに以前から影響力を行使してきたが、その規模が明らかになったのは二〇一二年のことだった。その年のASEAN首脳会議の開催国となったカンボジアは、中国の南シナ海における大胆な領有権の主張を非難する加盟国を支持することを拒んだ。交渉が決裂して、ASEANがその歴史ではじめて共同声明を発表できなかったときには、カンボジアに中国の傀儡政権のレッテルを貼る批評家もいた。「中国は議長を買収した。それだけのことだ」。外交官のひとりはそう言った。[27] カンボジアで長期政権を維持しているフン・セン首相は、憤慨してその非難を否定した。彼はそれより前に、カンボジアは「誰にも買収されない」と宣言していた。[28]

実際には、カンボジアは中国の資金に依存し切っているというのが現実だ。中国からの対外直接投資の累積額は、二〇一五年に一〇〇億ドルを超えた。総額の三分の一を占め、第二位の投資国である韓国の少なくとも二倍の額である。[29] 中国企業の工場がカンボジアの衣類・履物産業を支配し、道路の三本に一本は中国が建設したものといわれる。また、中国企業は六か所のダム建設に二〇億ドル近くを出資してきた。二〇一三年、中国輸出入銀行はカンボジア初の石油精製所の建設資金として、シノペック（中国石油化工集団）とカンボジア石油化学製品会社に一七億ドルを融資した。[30] さらには銀行、金融、農業、観光業、鉱業、不動産、輸送、電気通信分野にも、中国企業は積極的に投資している。驚くことではないが、プノンペン空港を出てすぐの道路にある屋外看板は、中国銀行の広告だ。

中国からの最大規模の投資は、まだ計画段階にある。二〇一二年、中国中鉄が全長四〇五キロの鉄道と海港を建設する九六億ドルの事業契約を交わした。[31] 提携先はカンボジア鉄鋼鉱業グループ（ＣＩＳＭＩＧ）という謎めいた企業で、中国人の兄弟三人の名前で登記されている。同社会長のチャン・チュアンリは、この鉄道ができれば、別に一六億ドルをかけて建設される新しい製鉄所と港が結ばれる、と言っている。そうすれば、カンボジアは未開発の鉄鉱床を採掘し、鉄鋼を輸出することができる。中国中鉄は最新の年次報告書ではこのプロジェクトについて言及していないが、もし実現すれば、中国企業が外国で行なう事業としては最大規模のインフラ整備プロジェクトになるだろう。

中国の資金がどんどん入ってくるとともに、中国文化が浸透しつつある。カンボジアには古くから中国移民のコミュニティが形成されているが、新しくやってくる起業家たちは、おそらくは東南アジアで最も経済的に開かれた国でのビジネスチャンスに引き寄せられている。店舗、ホテル、事業、さらにはプノンペンの通りの標識にも、中国語が目立つ。中国系の学校も増えており、中国語を話す生徒たちと一緒に学ぶ、クメール語を母語とする生徒たちにも、標準中国語で教えている。中国の旧正月は公式の休日ではないが、首都はこの時期には事実上、休業状態になる。私は町中の家屋の戸口に、幸運を表す中国語の飾り文字を書いた札が貼ってあるのを目にした。

最近中国からやってきた人たちによると、土地の人たちは移民に親切だというが、実際には、一般のクメール人の多くは中国人移民たちが思っているほど満足していない。「ここでは私たちは外国人としては扱われていません。中国人はこの国に道路やダムを建設して、大きな貢献をしていますから」。中国人経営の店舗やレストランが立ち並ぶプノンペンの通りで、スーパーマーケットを経営しているイン氏はそう説明した。彼によると、この町には六万人の中国系カンボジア人が暮らしている。おもに移民三世で、それに加えて、この一〇年ほどの間に本土から新たに五万人がやってきた。イン氏は米酒の棚のそばに立ち、中国製のたばこをしきりにふかしながら言った。「私がこの数字を知っているのは、大使館でよく会合を開くからです。私の故郷の浙江《せっこう》省出身者だけでも三〇〇〇人いますよ[32]」

中国政府はカンボジアがのどから手が出るほどほしいインフラ融資と建設事業を提供し、そのおかげで、イン氏のような中国人移民はこの国で生活しやすくなった。二〇一五年にはカンボジアの一人当たりGDPはわずか一一六八ドルで、ASEAN諸国では一番低く、ミャンマーよりも下だった[33]。中国はカンボジアの最も寛大な援助国で、二〇〇九年から二〇一三年の間に一五億ドル近くの助成金や無利子融資を提供した。これは、国連、世界銀行、ADB、その他の国際金融機関を合わせた額より多い[34]。欧米の寄付者や開発銀行は、ときには人権侵害や地域特有の腐敗を持ち出して資金提供を保留することがあるのに対し、中国は資金を注ぎ込み続けている。二〇〇六年には早くも、フン・センは中国のアプローチを称賛していた。「中国は多くを話さないが、大いに行動する」。彼は北京から六億ドルの約束を取りつけ、満足そうに言った[35]。

カンボジアではこうした中国に対する好意的な意見をよく耳にする。欧米で教育を受け、中国式のビジネスのやり方にはあまり共感することのない人たちでさえ、同じである。デイヴィッド・ヴァン・ヴィシェットはプノンペン生まれだが、ポル・ポトの勢力が首都を占領する一週間前に出国した。当時、憲兵の責任者だった父親が、最悪の事態を恐れて家族を出国させたのだ。父親自身はそのまま残って殺された。彼はポル・ポトが首相として権力を振るった四年の間に虐殺された推定一〇〇～三〇〇万の犠牲者のひとりだった。ポル・ポト政権下で国は民主カンプチアと名前を変える。ヴァン・ヴィシェットは難民として一〇年間フランスで暮らし、その後、シンガポールに移り、最終的には国連で職を得た。現在はカンボジア商務省の顧問となっている。私たちは高級フレンチレストラン「ラ・レジドンス」で夕食をともにした。一九九七年のクーデターで砲撃を浴びた大邸宅にあるレストランで、このクーデターでフン・センが共同首相だったノロドム・ラナリットを追放した。

ヴァン・ヴィシェットは、大臣や実業家に同行したアメリカ訪問から帰国したばかりだった。彼は、カンボジアはアメリカからの投資に期待しているが、オバマ政権から色よい反応は得られなかったと説明した。二〇一四年にフン・セン首相が「カンボジアは友人になりたいと思っている」というシンプルなメッセージを携えてワシントンD.C.を訪問したときにも、返ってきたのは、カンボジアの民主化の不十分さと人権に関する嘆かわしい記録への批判だけだったという。ヒューマン・ライツ・ウォッチの東南アジア部長デイヴィッド・ロバーツは、カンボジア政府を「比較的権威主義的な連立政権が表面的な民主主義によって支配する、どことなく共産主義的な自由市場国家」と表現した。[36] もちろん、中国はこうした評価をまったく気にしていない。「中国がやってくるときには大きな小切手帳を持ってくるが、欧米人は多くの条件を引っ提げてやってくる」。ヴァン・ヴィシェットはサトウキビの葉に乗せて出されるスモークサーモンを食べながら言った。「カンボジア政府がどちらを選ぶかは、頭を使わなくてもわかるでしょう」

ソク・シパナ博士も同様の見解だった。博士はアメリカで経験を積んだ弁護士で、以前に国連で働いていたことがあり、二〇〇四年にはカンボジアのWTO加盟交渉を率いた。彼とはプノンペンの山の手にある法律事務所のオフィスで会った。ペイズリー柄の蝶ネクタイにストライプのズボン吊り、重みがある銀のカフスボタンという、贅沢な装いで現れた彼は、「私はアメリカ市民で、ここの人たちは私の蝶ネクタイとサスペンダーを見て、アメリカナイズされすぎだと言いますよ」と、早口で語った。

でも、私はアメリカには批判的です。以前はアメリカの民主主義の熱心な擁護者でした。でも今は、成長と雇用が先にこなければならないと気づきました。私はキリングフィールドを経験しています。何があっても避けたいのは、ここで革命が起こることです。私の子どもたちのために、それは望みません。

中国と緊密に協力することは単純にカンボジアの国益になる、と彼は続けた。何よりも成長を優先しなければならない。そのことを理解しないワシントンD.C.の批評家からたたかれることに、政府はうんざりしているという。対照的に、中国政府はこの点を完璧に理解してくれる。「労働市場に入ってくる若者たちのために年に三〇万の職を確保しなければならないというのが、厳しい現実です。そのためにも輸送インフラ、発電所、工場への投資が必要です」

その投資はどこから？　おもにふたつの場所、中国と日本からです。それ以外は話にならない。どこかの代理店が作成した誰も読まないような報告書ばかり。国連、世界銀行、ADB——どこもそうです。何の価値もないコンサルタントの切り貼りの報告書には、もううんざりです。

中国の食い物にされるどころか、カンボジアはただ日和見主義で動いていただけだ、と彼は付け加えた。「カンボジアは友人を必要としています。中国はたまたま金持ちの友人というだけです」それでも、カンボジアのエリート層がこれほど中国と近づきたいと考える理由には、それほど賢明とは思えないものもある。カンボジアの権威主義的な、身びいきの横行する経済は、縁故資本主義で動いている。欧米からの援助でさえ、しばしば軍の懐を潤し、有力な家系が政府との密接な関係を維持している。与党のカンボジア人民党は営業ライセンス、土地の使用権、政府の職を大物実業家や投資家に分配し、彼らがその資金をそれぞれのスポンサーに払い戻している。トランスペアレンシー・インターナショナルの二〇一五年の腐敗認識指数では、カンボジアが東南アジアで最も腐敗した国にランクされた。世界一六八か国中一五〇位で、ジンバブエやブルンジと同位だった。しかし、中国の投資家はこのカンボジア流のルールで戦うことに完全に満足している。[37]

東南アジアではめずらしくないことだが、カンボジアの大物実業家の多くが中国系であることも助けになっている。たとえば、カンボジアで最も裕福な男として知られるキット・メンは、カンボジア・メコン・バンクの会長から「冷酷なギャング」と表現されたことがある。[38] ロイヤル・グループ――電気通信、メディア、銀行、保険、リゾート、教育、不動産、貿易、農業に幅広く事業を広げる複合企業――の会長として、彼は中国の銀行家と密接な関係を築いている。二〇一〇年、ロイヤル・グループは中国銀行から五億九一〇〇万ドルの融資を得て、以前に大手携帯電話会社のカムGSMを買収したときに借り入れたもっと少額の融資の返済にあてた。[39]その後、カムGSMは深圳を拠点とする華為技術（ファーウェイ、Huawai）との、設備とサービス提供の五億ドルの提携に合意した。[40]また、ロイヤル・グループは中国企業のハイドロランチャンとも、カンボジア北東部の総工費八億ドルのダム建設計画で提携している。このダムに関しては意見対立が勃発し、反対派は、貯水池ができると五〇〇〇人が村からの退去を余儀なくされ、セサン川とスレポク川の土手に住む四万人が食料として依存している魚の多くを失うと主張している。[41]

中国とカンボジアの共生関係は、政治面での相互支援に反映されている。フン・セン首相が国連の協力によるクメール・ルージュ裁判を次の段階に進めることを拒否したときにも、中国政府はそれを支持した。ポル・ポトの大量虐殺体制を支援した中国が、その首謀者が裁判に引き出されるのを見たくないと考えるのは偶然ではないだろう。アメリカで活動している研究者のソーパール・イアーは、子どものころにクメール・ルージュ支配のカンボジアから逃走した人物だ。彼は中国の資金がこの国の発展を遅らせてきたと論じる。「カンボジアは国際団体から人権侵害、汚職、国民の抑圧、あるいは権力の乱用を改善するように圧力をかけられ、中国に財政支援を求めている」。[42]フン・センはかつて、クメール・ルージュを支援していた中国を「諸悪の根源」と評していたが、今では「わが国の最も信頼できる友人」と呼んでいる。[43]

カンボジアは外交的支援でそれに応え、中国の最大の関心事である台湾、チベット、新疆、南シナ海に対する政策を、ためらうことなく支援している。二〇〇九年、新疆での暴力的抗議に関与したとされた二二人のウイグル人が起訴を逃れるため、中国からカンボジアに逃げて保護を求めたとき、カンボジア政府は彼らを中国に送還した。それが一二億ドルの助成金とソフトローンという見返りにつながり、当時副主席だった習近平から直々に提供された。したがって、二〇一二年のASEAN会議でベトナムとフィリピンが中国の南シナ海での攻撃的な政策に対して非難するように要請したとき、カンボジアが聞き入れなかったのもそれほど驚くことではない。カンボジア政府は、領土紛争は国際機関の仲裁を通してではなく、二国間で解決すべき問題であるという中国政府の主張を繰り返している。

野党のカンボジア救国党（CNRP）の親欧米派として知られるサム・ランシー党首でさえ、中国との緊密な関係を支持している。二〇一四年一月のテレビインタビューで、彼は自分の党が「中国の同盟者」であると言い切った。「CNRPは中国が南シナ海の西沙諸島と南沙諸島の主権を主張している件では、完全に中国を支援する」と、ランシーは発言した。[44] おそらくカンボジアのベトナムとの長い領土紛争の歴史に影響されたものだろう。

カンボジアはアメリカとは同盟しない。アメリカがベトナムを支持しているからだ。中国の存在は「カンボジアにおける」ベトナムの影響力に対してバランスをとるために必要なものである。現在、ベトナムには中国と対決するための同盟国――アメリカと日本――

がある。しかし、CNRPは中国の側に立つ。[45]

同じ年のうちに、反ベトナム感情がプノンペンの街頭抗議デモに発展し、男性ひとりが殴り殺された。店舗は略奪され、ベトナム人労働者は避難しなければならなかった。

中国と密接な関係を築きはしても、カンボジアは縛りつけられることは望んでいない。二〇一二年の成果のないASEAN会議後、カンボジアは世界中から、中国の「隠れ馬」「代理人」「顧客」「衛星国」などと非難された。この告発は、長く苦しい植民地化の歴史を持つ国にとっては腹立たしいものだった。[46]この二年ほど、カンボジアは日本との関係を「戦略的パートナー」に格上げし、フン・セン首相はアメリカにも繰り返し歩み寄りの姿勢を見せてきた。アメリカ政府は慎重な対応だったが、カンボジア政府はアメリカが四億ドルの負債を帳消しにしてくれることを期待している。小さく貧しい国として、カンボジアはできるだけ友人を増やさなければならない。中国だけに全面的に依存するのは単純に得策ではない。「もし明日アメリカがきてくれるなら、抱きしめてキスするだろう」と、ソク博士は認めた。

政府は国内での批判が強まることも恐れている。強い反中国感情は他の東南アジア諸国、とくにミャンマーとベトナムに比べれば、カンボジアではそれほど目立たない。しかし、中国の投資家に土地を奪われたことへの恨みはある。中国人投資家は一九九四年から二〇一二年に外国企業に与えられた八〇〇万ヘクタールの土地の半分以上を所有している。「カンボジアは中国との関係では自分で自分の首を絞めてしまった」と、アナリストのラオ・モン・ヘイ氏は嘆く。[47]「彼らはますます過去の植民地主義者のように振る舞っている」。野党CNRPのソン・チャイ議員は、中国がカンボジアを搾取していると非難してきた。「彼らは道路、橋、水力ダムのためのローンを提供する。しかし、その建設は中国企業が請け負う。そして、それらの企業の利益を上げるために本当のコストを何倍にもしている」[48]

中国による土地の獲得と環境の悪化に対する国民の不安が、二〇一三年の選挙で野党が予想以上の議席を獲得するのを助けた。票を操作しようとするフン・センの努力も無駄に終わった。ある推定によれば、二〇〇〇年以降に五〇万人以上のカンボジア人が土地を失った。[49]二〇一四年には、ココンの観光リゾート開発に携わる天津の企業の代表が、カンボジアの兵士らとともに穀物を全滅させ、二九家族の家を焼き払ったとして告発された。[50]

南西部の密林にダムを建設する中国のプロジェクトは、地元住民からの抗議が続き、ソーシャルメディアを利用した運動が都市部の若者たちの間に広まったことで、二〇一五年に延期が決まった。野党の力が強くなったこともあり、中国により大きな利益の分け前を与えて国内の不満を高めることは、政府にとって得策ではない。「国内の反発を招くというリスクが、小国が大国のお得意様になることを避けようとする大きな理由のひとつだ」。ミシガン大学公共政策大学院フォードスクールのジョン・チョルチャーリはそう説明した。[51]

しかしながら、中国は他国にはできない貴重な支援を提供し続けている。二〇一五年にフン・

セン首相が中国を訪問した際、中国政府は新しい病院の建設に合意し、プノンペンの巨大なスポーツ・娯楽複合施設の建設に一〇億元の助成金を約束した。両国は観光業の促進についても合意した。二〇一四年には五〇万の中国人がカンボジアを訪れたが、カンボジア当局はその数字を二〇二〇年までに二〇〇万に増やしたいと考えている。[52] さらには、近年にすでに強化されている軍事協力をさらに緊密にすると発表した。中国は軍事援助とトラック、ヘリコプター、飛行機などの設備を提供し、軍事訓練施設と医療施設も建設した。二〇一四年には、カンボジアの士官向けの四〇〇を超える訓練奨学金の提供にも合意し、それが両国の軍隊の間の長期的な協力関係を深めることに期待している。

驚くにはあたらないが、フン・セン首相は習近平の「一帯一路構想」を手放しで支援している。政府の顧問たちも、それがさらなる中国の投資につながると考えている。ソク博士は自分の考えをこう語った。「新シルクロードは好ましい。道路、港、産業地区の建設を後押しするだろう。われわれには一連のプロジェクトのリストがある。これこそカンボジアが必要としているものだ」。大きな疑問は、中国の資金の次の波が責任を持って投資されるのか、それとも政府の取り巻きたちのポケットに収まるのかということだ。アジアインフラ投資銀行の役割に期待が持たれるが、そのためには国際金融のルールに従うことが求められる。いずれにしても、根本的な文化を変えることができなければ、政府レベルでも企業レベルでも、資金の一部は必然的に乱用されるだろう。

現時点では、中国とカンボジアのエリートたちは互いに協力することに満足している。しかし、中国が「一帯一路構想」を推し進めていくには、スリランカとミャンマーですでに経験した外交の誤りを繰り返さないように注意しなければならない。これらの国では、腐敗した前体制との密接な関係が、地政学的な立場を弱くした。カンボジアは不完全な形ながらも民主国家である。政府は世論に応えなければならない。フン・センは二五年以上、権力の座についているが、永遠にその座にとどまることはできない。中国も、一国に近づきすぎることは他国を遠ざけることにつながるとわかっている。たとえば、カンボジアとの関係強化は、ベトナムでの反発を引き起こす。中国がその影響圏を拡大しようとするほど、国際政治でうまく立ち回ることがむずかしさを増すだろう。

第四章　カリフォルニア・ドリーミング
――中国はいかにしてミャンマーを失ったか

二〇一二年も終わりに近づいたころ、以前はビルマと呼ばれていたミャンマーに匿名のテキストメッセージが駆け巡った。[1]「中国よ、出ていけ。われわれはおまえなど恐れていない」[2]。この低レベルの抗議は、ミャンマーを五〇年近く支配してきた軍事政権が二〇一一年に解体したあとで勃発した、一連の反中国デモを引き継いだものだった。最大のターゲットは中国の国有企業による巨大ダム、銅鉱山、石油と天然ガスの双子のパイプラインへの投資である。これらの企業は土地を失った農民たちに十分な補償をせず、環境を破壊し、この国の天然資源をあさり回ったとして非難された。中国が大々的に宣伝してきた「パウッポー（胞派）」の関係――ふたつの権威主義的国家の間の「兄弟」愛に基づいた関係――は崩れ始めていた。[3]

二〇年間、中国はこの世界ののけものになっていた国の唯一の友人だった。中国政府は大量の投資と武器の輸入という形で援助し、欧米が経済・金融制裁でこの国を罰している間もミャンマーの軍事政権を支えていた。国連安全保障理事会では、中国はつねに国際的な非難からミャンマ

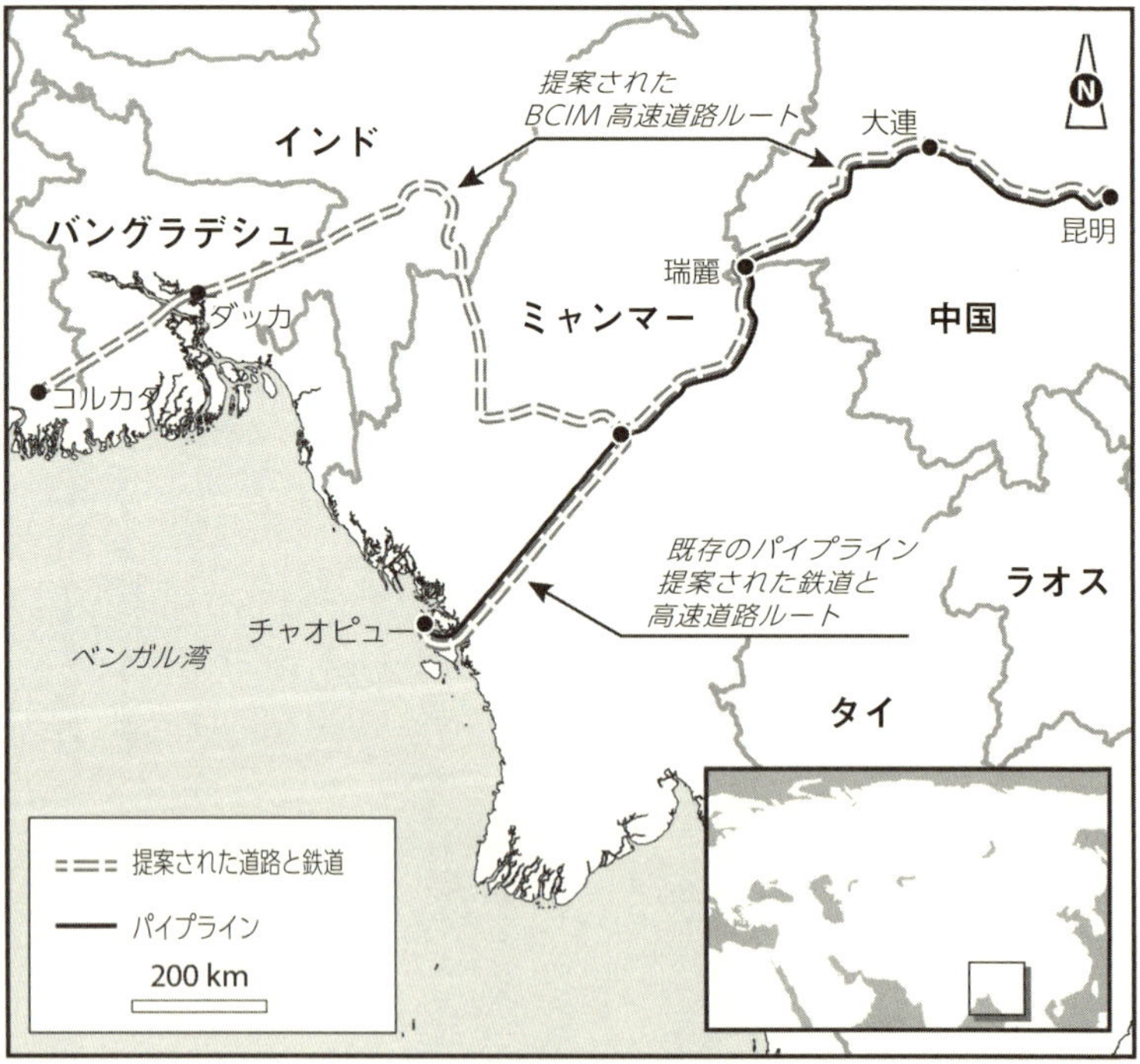
提案された
BCIM 高速道路ルート
インド
バングラデシュ
ダッカ
コルカタ
ミャンマー
大連
瑞麗
昆明
中国
N
既存のパイプライン
提案された鉄道と
高速道路ルート
ラオス
チャオピュー
ベンガル湾
タイ
提案された道路と鉄道
パイプライン
200 km

ベンガル湾への玄関口

ーを擁護した。スリランカのマヒンダ・ラージャパクサの残忍な政府を擁護したのと同じである。しかし、二〇一〇年の総選挙後に軍事政権が一連の自由化改革に乗り出すと、両国の関係は急速に悪化した。突然の驚くべきミャンマーの民主化は、国民に表現の自由の概念をもたらし、この美しくもむごたらしく荒れ果てた土地に、民族主義と反中国感情を解き放った。ミャンマーの新しい文民主体の政府は、中国への依存度を緩めようとして北京に背を向け、アメリカやヨーロッパとの関係の改善を求めた。新大統領が北部の総工費三六億ドル規模のミッソン・ダム建設計画を一時中断したとき、中国のアナリストたちは「ミャンマーの喪失」を表立って話し始めた。[4]

当時、中国はかつての同盟国がアメリカの庇護の下に入ることを恐れていた。北京のアナリストたちは、二〇一一年のヒラリー・クリントン国務長官、二〇一二年のオバマ大統領のミャンマー訪問で、民主党新政権の新しいイニシアチブであるアメリカの「アジア回帰」が、中国をその裏庭に封じ込めるために考案されたものだと確信した。[5]なかにはミャンマーの軍事独裁制から初期民主主義への移行が、実際には中国の桁外れの影響力を抑えつけるための策略だと論じる者さえいた。この主張には幾分かの真実が含まれる。ミャンマーの将軍たちは、もう中国に足かせをはめられることは望んでいなかった。しかし、彼らが改革プロセスを始めた決定的な理由は、アメリカに取り入ることではなく、国内での保身のためだった。どちらにしても中国は、国内南西部からベンガル湾までの重要な輸送ルートの建設が実現に近づいていたときに、特権的な立場を失った。西の海岸線を影響下に置き、ミャンマーを「中国のカリフォルニア」に変えることが、かねての野望だったのだ。[6]

現在、中国とミャンマーの両政府間の関係は冷え切っている。しかし、中国にとってのミャンマーの地政学的な重要性は変わっていない。[7]二〇一五年一一月の選挙で国民民主連盟（ＮＬＤ）が大勝し、五〇年ぶりに完全な文民政府が権力を握ったものの、中国にとっては大きな疑問がひとつ残る。もし元軍人たちが率いる政府との間で二〇年近くをかけて築いてきた関係がこれほど簡単に冷却化してしまうのなら、世界的に有名な民主化運動家であるアウンサンスーチーが率いる政府との間で、中国はどうしたら影響力を取り戻すことができるのか？

選挙前夜、中国の『グローバル・タイムズ』紙は警告射撃をした。「観測筋の間では、ミャンマーが完全にアメリカ寄りになるという見方はまったくない。そのような無謀な動きをとれば、ミャンマーは中国の友好政策から得られる戦略的スペースと資源を失うだろう」。論説ページにはそうあからさまに書かれていた。ミャンマーの中国との関係は、「特例から平常へ」と移行した、とも付け加えていた。[8]『グローバル・タイムズ』紙は、中国共産党機関紙『人民日報』の姉妹紙である。非常に国家主義的で、論争を引き起こすことを好むが、政府の公式な見解を反映しているわけではない。それでも中国政府は、当たり障りのない発言しかしない外交官にはできない主張をしているこの新聞が、味気ない中国外交の世界で「悪い警官」役を演じることを許している。選挙の勝利後の新華社とのインタビューで、アウンサンスーチーは率直に答えた。この中国の国営通信社に対して、彼女は自分の政府が中国を含むすべての国との友好的な外交政策を採用するだろうと語った。さらには習近平の「一帯一路構想」を称賛し、ミャンマーは中国からの投資を歓迎するとも付け加えた。[9]

こうした発言が実際の政策にどう反映されるかは、多くの要因に影響されるだろう。なかでもミャンマー国民が中国とその土木建築企業の存在を受け入れるかどうかだ。というのも、中国の星が東南アジアの上に昇るとともに、反中国感情が深まっているからだ。ミャンマー政府は、中国が地域での優位を確立するという「アジアの夢」を追求するにつれ、ミャンマーが中国という太陽系の中で、ラオスとカンボジアのような衛星国になっていくことを心配している。一般市民は地政学よりも、自分の土地や生活手段を中国の抜け目ない実業家に奪われることのほうを不安に思っている。彼らが人々に憎まれていた将軍たちと密接に協力していた中国を許すには、何世代もかかるだろう。中国政府としては、ミャンマーを失ったことは、外国で支持を失うことがいかに簡単であるかを証明する戒めとなった。[10]

＊

ミャンマーの反中国感情は最近になってからのものではない。両国の関係は古く、複雑で、兄弟同士の反目のような矛盾する感情に特徴づけられている。何世紀もの間、マンダレーのビルマの宮廷は中国の皇帝への朝貢を続け、ミャンマーは古くから中国を最も親密な同盟国であるとともに、最大の脅威とみなしてきた。

とくに一般国民には恐れを抱くもっともな理由がある。一九八八年にこの国の支配者が社会主義を捨てて縁故資本主義を選んだとき、中国は国民の生活をみじめにした軍の指導者たちと密接に協力した。ミャンマーの将軍たちは中国の賞金稼ぎたちが天然資源の調査のために川をせき止め、森林を伐採し、宝石の原石を採掘することを許した。中国企業はミャンマーの産業界を支配していた軍産複合体と協力して、農民を土地から追い出し、地方の資源を略奪した。一九九〇年代後半にアメリカとEUが投資に対する制裁を加えると、中国の実業家たちはほとんど競争に直面することはなくなったが、敵をつくることにもなった。ミャンマー人の多くが軍事政権を支援した中国を非難している。

中国政府の直接の統制下にある国有巨大企業を含む中国の投資家は、莫大な富をミャンマー国民の抑圧者たちの手に渡してきた。その最もひどい例が大規模なミッソン・ダムである。中国の国有開発企業である中国電力投資集団公司が、雲南省との国境近くにあるマリ川とンマイ川の合流点に建設予定の七か所のダムのうち、最大のものだ。うわさによれば、テイン・セイン大統領の文民政府の下で新議会のメンバーになった数人の将軍たちが、高さ一四〇メートルのこのダムを承認したことで、一人当たり二〇〇〇～三〇〇〇万ドルのキックバックを受け取ったとされる。二〇〇七年に建設工事が始まると、地元で抗議運動が起こった。このダムはその九〇パーセントの電力を中国に送るだけでなく、この国の多数派民族であるビルマ族が彼らの文明の揺籃地とみなしているイラワジ川流域の一部地域を水没させる。[11] 活動家は、このダムが歴史ある寺院やカチン族の教会を水に沈め、一万二〇〇〇人近くの住民の家を押し流すとも言っていた。[12]

二〇一一年まで、中国電力投資の重役たちはこうした不満の声を軽くあしらうだけだった。中国の役人たちもミャンマー国内に反中国の怒りの波が広がろうとしているのを無視していた。中国人にとって、年間発電量一〇〇〇億キロワット時という、三峡ダムにも匹敵する電力を生み出すダムの建設計画を中止するなど、ありえないことだった。しかし、文民政府が検閲を緩めたことで、ミッソン周辺では民衆の不満が目に見える形になっていった。抗議者たちは地元メディアの力を借りて人々の愛国感情に訴え、ダムを市民の抵抗のシンボルにした。遠く離れた、かつてはラングーンと呼ばれていたヤンゴンには、「われわれはイラワジを愛している」と書かれた車のステッカーが出回った。二〇一一年九月三〇日、テイン・セイン大統領が主要ダムの建設を一時中断することを発表し、これが純粋な転換点となった。この決定は、新しい文民政府が国民の抗議の声を無視せず、中国企業との腐敗した関係も許容しないという姿勢を示すものだった。現在、ダムの建設現場は人影もなく荒涼として、退屈そうな顔をした数人の警備員がいるだけだ。[13]

中国にとって、自由なメディアがこれほどすばやく、これだけの巨大プロジェクトを中止させられると知るのは衝撃的な出来事だった。その瞬間まで、ミャンマーの中国企業はつねに世論からは隔絶されていた。しかし、外国の地で民衆の不満に直面するのは、国の後押しを得た中国企業にとって新しい経験ではない。ガボンからパプアニューギニアまで、無責任なビジネス慣行が反中国の運動を引き起こしてきた。そうではあっても、中国が強い地政学的関心を持つ、地理的にも近いミャンマーでのつまずきは、はるかに深刻である。二〇一一年まで、中国はミャンマーをインド洋に出るための戦略的回廊とみなし、ASEANでの中国の代弁者と考えていた。西の海岸線への自由なアクセスを与えるミャンマーを実質的に中国の一部にするという夢は、今では幻想に思える。言論の自由に勇気づけられ、検閲を受けないメディアに後押しされるミャンマーの民衆は、中国の夢を実現させることはないだろう。

中国は、一度は特別待遇を得ていたミャンマーでの地位を揺るがそうとしている最大の脅威は、アメリカではなく世論の力だと気づかされた。ミッソン・ダムが唯一の例ではない。二〇一二年、市民の抗議は一一億ドル規模のレパダウン銅山開発にも向けられた。この銅山を所有するのは、中国の国有兵器メーカーであるノリンコ（中国兵器工業集団）の子会社だ。活動家と僧侶が数か月間この鉱山を占拠し、警察が催涙ガスと放水銃でようやく解散させた。怒りのデモ行進は、アウンサンスーチーが議長を務める審議会の開催を余儀なくした。スタンダードチャータード銀行の元チーフエコノミストでヤンゴンに住むウォン・イット・ファンは、こう述べた。「国民感情に変化が起こった。軍への怒りが和らぎ、中国が新たな標的になった」。国内で市民社会の経験をほとんど持たない中国企業の対応はぎこちないものだった。中国電力投資は利己的なプロパガンダを吐き出すウェブサイトを開設することで、ミッソンでの緊張をさらに高める結果になったのである。[14]

民衆の怒りは強まる一方だった。「ミャンマー人の大部分は中国人を憎んでいる」。憤慨する地元住民とのコミュニケーションのために中国企業に雇われた投資コンサルタントのキン・トゥンはそう語る。政府の役人の大部分はこの感情を共有していない。彼らはミャンマーにはすぐそばの超大国、そして言うまでもなくその大口投資家と貿易パートナーとの友好的な関係を維持するほかに選択肢はないとわかっている。しかし、タイのジャングルで何年もの国外逃亡生活を送ったのち、テイン・セイン大統領の顧問として舞い戻った元反体制派のひとりは、中国は軍政との協力によって自らミャンマー国内に生み出した反発に向き合わなければならない、と私に述べた。彼はさらに、ミャンマーはもうその外交政策を中国に独占させることは許さないだろう、と警告した。

中国は地政学的な体系が変化したことを理解しなければならない。ミャンマーは今も中国との友好的な関係を望んでいるが、アメリカとロシアを含め、他国との関係改善も望んでいる。多くの国の中からどこか一国を選ばなければならない理由はない。[15]

中国のアナリストたちは当初、「ミャンマーの喪失」をアメリカの陰謀とみなしていた。「中国の政策立案に携わる識者の多くは、アメリカとミャンマーの関係改善、ミャンマーの改革プロセス、そして現地で中国のプロジェクトが直面した問題を、アメリカによる中国封じ込めの策略の一部とみなしていた」と、イェール大学の中国・ミャンマー関係の専門家であるジョシュ・ゴードンは分析する。[16] しかし、中国はここ数年で、ミャンマーは中国という太陽の周りを回っているのではないと学んできた。「民主主義への移行は中国と何らかの関係があるという考えはナンセンスだ」と、前述の大統領顧問は言う。彼によれば、軍はつねに権力を国民に返そうと考えていたが、そのためには自分たちがさらに大きな権力を維持できる政治システムを考案する必要があった。二〇〇七年の僧侶による「サフラン革命」は失敗に終わったが、将軍たちは彼らが権力を握る体制がいつ終わってもおかしくないという現実を悟った。そのため、軍の存在感を保った上で文民政府へ移行するため、新たな憲法を急いで承認した。つまり、将軍たちは過激な革命がなくても体制はやがて崩壊するだろうと気づき、それならば自分たちの望む形での変化を自ら起こすことで、確実に生き残れる道を選ぼうと考えたのである。要するに、中国は重要な要因ではなかった。

その間に、中国政府もその強大な経済力と地政学的な野心が東南アジアの広範囲で脅威として見られることを理解し始めた。ミャンマーは中国の強大な吸引力から逃れようとする唯一の国ではは決してない。ミッソン・ダム建設の延期決定から二年後に立ち上げられた「一帯一路構想」の目的のひとつは、中国の計画に協力すれば相互に利益があると近隣諸国を説得することだった。中国政府は中国企業をうまく従わせる必要があることも認識している。企業側も、巨額の投資をすれば何の責任も問われることなく好き勝手に振る舞えると約束されるわけではなく、地元社会から協力をとりつける必要があることを理解し始めている。国有の大企業は社会的責任を果たすためのプログラムを強化し、世論に耳を傾けることでも前進が見られる。ミャンマーに在任していたイギリスの元上級外交官は、今では中国電力が、ミャンマーに進出した中国企業としてはこれまでで最も責任ある事業展開をしていると言っていた。[17]

重要なことは、中国がより積極的な外交的役割を演じようとしていることである。二〇一三年一月、ヤンゴンへ向かう飛行機の中で、私の数列前の1Aの座席に中国の外務次官で元イギリス大使の傅瑩《ふえい》が座っていた。白髪交じりの巻き毛が印象的で、高価な宝石を身に着けたエレガントなこの婦人を最初に見たとき、どこか見覚えがあると思った。私の前の席でこの旅のための準備資料を読んでいた使節の肩越しにこっそり眺めることで、彼女が誰かを確認できた。ヤンゴンに到着すると、彼女は胸に勲章をぶら下げた軍服姿の将軍たちの出迎えを受け、追い立てられるようにその場を去り、テイン・セイン大統領との二国間関係についての会合へと向かった。北東部のカチン州での少数民族武装組織と政府軍との衝突が大きな議題だった。この会談の一か月後、中国は元外務次官の王英凡を、ミャンマーに重点を置いた中国初のアジア問題担当特別使節に任命した。これは、中国政府がミャンマーとの外交を真剣にとらえている証拠である。

傅瑩の訪問は、中国がミャンマー政府とカチン独立軍（ＫＩＡ）の間の和平交渉を調整し、両者の間の熱心な仲介役を果たした直後のことだった。ブルッキングス研究所の非滞在型フェローであるスン・ユン氏は、「中国はそれまで他の主権国家の中央政府と地方の反体制組織との国内対立に、そのような公的な役割を担ったことはなかった」と指摘した。[18] 国境地域でのさまざまな紛争における中国の正確な役割はわからないが、中国政府はタカ派のアナリストたちの助言に反して、KIAを支援することでミャンマー政府への圧力をかけることは控えたように見える。二〇一五年に北東部で少数民族コーカン族の民族蜂起が勃発し、推定四万から五万の難民が国境を越えて中国に押し寄せたときには、中国政府は漢民族であるコーカンの人々を助けてほしいという中国国民の声を無視した。また、ミャンマー政府軍の戦闘機の爆弾が国境を越えて中国領内に着弾し、四人の中国人民間人が死亡したときでさえ、強く抗議しなかった。[19]

*

中国のミャンマーでの失策は誇張すべきではない。ここ最近、その星には陰りが見えるかもしれないが、それでも中国がミャンマーの最大の投資家で、重要な二国間パートナーであることは変わらない。中国企業は水力発電、鉱業、石油と天然ガス産業では圧倒的な存在感を維持し、しばしば電気通信設備や不動産分野でも先導的立場をとっている。中国は他国よりもミャンマーに深く根を下ろし、この国が必要としているもの——資金、インフラ、安い製品——の多くを提供できる。さらには、巨大で便利な輸出市場も提供している。欧米との通商禁止制裁の大部分が解かれ、経済の広範囲に外国資本が流入するようにはなったが、発電、石油・ガスのプロジェクト、製造、電気通信分野では、まだしばらくは中国の専門知識が必要とされるだろう。

私が二〇一三年初めにヤンゴンを訪れたとき、この以前の首都はうだるように暑く、最初のうちは中国からかけ離れているように感じられた。ここは、微笑みを絶やさないワインレッドの僧衣を着た僧侶や、道路脇でお茶をするサロン（ここではロンジーと呼ばれる）を腰に巻いた男性たち、樹皮から作られるチョークのような白粉「タナカ」を顔に塗った女性たちの姿が目立つ、魅力的な町だ。[20] しかし、ミャンマーには何世紀も前に定住した中国人のコミュニティがあり、ヤンゴンは文化のるつぼである。町には中国の寺院、黄金に輝くパゴダ、ヒンドゥー教の神殿、イスラム教のモスク、ラジ時代の崩れかけた建造物などが交じり合う。二〇世紀初めのイギリス統治の時代、当時はラングーンと呼ばれていたこの町は世界で第一位の移民の目的地であり、ニューヨークや上海よりもその数は多かった。数百万のインド人に加えて、広東や福建などの海岸省からボートでやってくる中国人が、この地を新たな故郷にした。

このような背景から中国のこの国への影響は長い歴史を持つが、つねに緊張があった。一九六〇年代には、軍の冷酷な指導者ネ・ウィンが、多くの中国人住民を含め、外国人が土地を所有すること、商業ライセンスを得ることを禁止し、意図的に人種間の敵対感情をあおった。一九六七年にラングーンで反中国暴動が発生したときには、中国人の店が略奪され火を放たれた。さらには、恐ろしいことに中国系学校の少女たちが生きたまま焼かれた。二国間関係が崩壊したあと、中国はあからさまにミャンマーの内戦に干渉した。差別と反中国の暴動は一九七〇年代に入っても続き、政府も陰でそれを支援していた。一九八二年には中国人がミャンマー国籍を得ることを制限する新たな法律が成立し、中国系住民の出国が加速した。

一九八八年の反体制派の将軍たちによるクーデターで最初の軍事政権が追放されると、状況は劇的に改善した。新しい軍事政権が自らの呼称とした「国家法秩序回復評議会」は、経済への締めつけを緩め、民間部門の成長と外国投資を奨励した。これにより、中国人のビジネスが繁栄する。現在のヤンゴンやマンダレーを見て回れば、目に映るものの多くは中国とのつながりを持つ実業家が所有するものだ。地元住民は、中国系の起業家たちの支配が強まっていると不平をもらす。「チャイナタウンは以前の境界線よりはるかに広がっている」と、ヤンゴンで貿易会社を営むジュディ・コーは言った。「中国人実業家が町中で、市場の区画、飲食店、薬局を乗っ取っている」。二世、三世の中国系ミャンマー人の親類が、中国や台湾からなだれ込むようにやってくるという。「彼らは入国管理局の役人を買収したり、現地住民と結婚したりして、合法的に不動産を購入できるようにしている。中国人投資家の流入はばかげたレベルに物価を押し上げ、地元住民を市場から追い出している」。彼女はそう不満を口にした。この話が誇張されたものであったとしても、中国人とその資金が流入しているという認識は広範に及んでいる。

実際に、中国からの投資は公式な数字では二〇一五年に累積一五〇億ドルとなった。年間投資額は二〇一一年以降は急減しているものの、これは中国からの投資全体からしてみれば氷山の一角にすぎない。[21] 名目上は「ミャンマーの」企業とされている多くが、実際には中国本土のペーパーカンパニー経由で資金を得ているもので、ときにはワ族の麻薬密売人の利益を代表していることもある。また、古くからの中国人移民に属する企業もある。ミャンマー最大の複合企業で評判の悪いアジア・ワールドは、ヘロインの密輸で有罪判決を受けたロー・シンハンが設立した。アジア・ワールドは中国との国境近くの土地を実効支配しているワ州連合軍（ＵＷＳＡ）とも関係が深く、また、中国電力のミッソン・ダム計画で地元合弁企業に参加している一社でもある。

中国系ミャンマー人の大部分はミャンマー生まれで、東南アジアの他の国に移民した同胞たちと同様に「中国人」としての民族性を維持している。民族的な絆は東南アジア全域でそうであるように、ミャンマーの商業の歯車を回す潤滑油になる。しかし、この地で暮らす中国系の人たちと本土の投資家の間にはかなりの文化的な違いがある。その点を、他のミャンマー人はおそらく十分に理解していない。ヤンゴンでは中国系住民の多くが中国ミャンマー商工会議所に所属している。会議所の責任者は私に言った。「われわれは一〇〇年前からここにいる。中国からやってくる部外者との接触はない。われわれは中国の伝統や習慣を守っているが、ミャンマー語を話すミャンマー人だ」

文化的には、ヤンゴンに住む中国系ミャンマー人は、中国本土よりも東南アジアの同胞たちにより近い。そして、新しい中国人移民の波を歓迎しているかどうかは疑わしい。しかし、中国系コミュニティ内部での民族的な絆は深い。この中国商工会議所はヤンゴン川の埠頭を見渡せる大きな埃っぽい建物に事務所を構えているが、その壁に寄付者の名前が掲げられている。リストの中で目立つのはアジア・ワールドで、二〇一〇年に五〇〇万元（当時の価値で七五万ドル相当）を寄付した。経営者がどこの出身であるかにかかわらず、わがもの顔の中国系企業に対するミャンマー人の反発は、容易に理解できる。

緊張が高まり始めたのは、一九八八年に中国との陸路での貿易が再開されたときだった。中国資本の流入への不安は、北部、とくに中国と国境で接する地域に顕著に見られる。ある推定によれば、一九九〇年代だけでも三〇万人が雲南省からマンダレーに移住した。中国人はこの町の人口のおよそ三分の一を占める。それでも、この町の中国人会によれば、人口はちょうど五〇〇〇世帯、五万人近くで安定しているという。実際にマンダレーにどれだけ多くの中国人が住んでいるのかを把握するのは不可能だ。何より通婚によって、「中国人」を定義するのがむずかしくなっている。よく目にする推定数字はほぼ間違いなく誇張されている、と投資コンサルタントのローマン・カイロードは言う。彼は国境での通商と北部ミャンマーへの移住を調査してきた人物だ。

マンダレーは、ミャンマーの人口の三分の二を占めるビルマ族の文化的故郷である。地元住民はこの町に中国人移民がどんどん押し寄せていると不満を口にする。さらには、中国からやってきた商売人たちのせいで市場が粗悪な商品ばかりになったと話し、中国の投資家が自分たちの土地を略奪していると非難する。マンダレーは「中国の町」になってしまった、と彼らは嘆く。地元フォークシンガーのリンリンはこの問題を彼の一番の人気曲『マンダレーの死』で訴え、ユーチューブでの再生数が一〇万を超えた。ギターをかき鳴らしながら、彼はこう歌う。「この町にいる彼らは何者だ？／北東からやってきた隣人だ／僕は恥ずかしさのあまり両耳を覆う／よそ者に荒らされた／愛するマンダレーの死[22]」

三〇年前のマンダレーは、伝統的な木造家屋、曲がりくねった裏道、黄金に輝く仏塔で有名だった。中国の投資が始まってから二〇年たった現在は、典型的な中国の町のように見える。広い道路と醜いコンクリートの家が単調な碁盤目の区画に並ぶ。かつては文化が感じられた通りは、クラクションをけたたましく鳴らすトラックで渋滞し、排気ガスで窒息しそうになる。しかし、東南アジアで最も貧しい国にある町としては、マンダレーは驚くほど栄えている。二〇一二年の調査によれば、平均的な世帯でスクーターかオートバイを三台所有していた。以前はアルコール類を飲む人はほとんどいなかったが、今はどの街角にも「ビール・ステーション」がある。夜遅くになると、ミャンマー・ビールやグランド・ロイヤルウイスキーのボトルが散乱するテーブルで男たちが酔いつぶれている。

人口約一〇〇万人のマンダレーは、ヤンゴンの五分の一の大きさだが、私が訪れたときにはヤンゴンよりもかなり豊かに感じられた。道路を走る車の多くは新しく、商店街にもにぎわいがある。マンダレーの富の理由はシンプルそのもの。中国との貿易である。この町は、国境を越えて運ばれてくる品物の主要物流センターになっている国境の町、木姐と瑞麗からビルマロードを下ること一〇時間の場所にある。二国間の貿易は二〇一五～一六年度の最初の一〇カ月に九〇億ドルを上回った。中国の統計によれば、その大部分は陸路を使ったものだ[23]。しかし、本当の貿易高はこれよりかなり大きい。多くの品物が――違法のヒスイ、材木、ケシ、メタンフェタミンを含めて――国境を越えて密輸されるものだからだ。

ロンドンの環境監視団体グローバル・ウィットネスの推定では、ミャンマーのヒスイの貿易高は二〇一四年だけで三一〇億ドルという信じられない数字だった。この国のGDPのほぼ半分に相当する。「ヒスイは中央政府とカチン独立軍／カチン独立機構との間のミャンマーで最も深刻な武力対立の大きな要因になっている」と、同団体はその報告書で結論した。[24] この貿易収入は国をほんの少ししか潤しておらず、その代わりに軍のエリートと麻薬王たちのポケットに収まっている。鉱山では頻繁に死亡事故が起こり、麻薬と売春が貿易の資金になっている。鉱山労働者たちの側に立つ者は、土地を奪われたり、銃を突きつけられて脅されたりする。

ミャンマーの一般国民は確かに中国との商取引から利益を得ているが、彼らは中国への経済的依存があまりに大きいことを腹立たしく思っている。マンダレーでもヤンゴンでも、よく耳にする不満のひとつは中国の輸出品ががらくたばかりということである。まがいものの薬品、汚染された食品、すぐにばらばらに壊れる製品などだ。欧米の貿易制裁が解除されるまで、まともなものはほとんど手に入らなかった。しかし、マンダレーの店舗や市場には今も安い中国製品が山積みになっている。通りで見かけるブランド名の多くは中国のものだ。中連重科（Zoomlion）の建設機材、宗申（Zongshen）のオートバイ、海馬汽車（Haima）の自動車、美的集団（Midea）の白物家電、華為（Huawei）の携帯電話、海爾（Haier）の冷蔵庫。交通量の多い交差点には、国境の向こうの瑞麗の整形外科医、ドクター・ユンの広告看板も立っている。

中国の侵略への反発は強い。ダウンタウンのホテルの支配人ティン・ソエは、客のほとんどが中国本土人だと話した。中国石油天然気集団（ＣＮＰＣ）の石油・天然ガスパイプライン建設工事の現場監督たちもいる。マンダレー地域を通って中国国境まで延びるパイプラインだ。ヒスイの採掘現場の担当者もいる。マンダレーは宝石市場が有名で、このホテルは投資機会を探るための便利な拠点になる。「われわれミャンマー人は中国人が好きではない。顔は微笑んでいても、心がねじ曲がっている」。中国人移民が町を乗っ取ろうとしている、と支配人は悲しげに付け加えた。「瑞麗の中国人貿易業者が移民局の役人を買収して、ミャンマー側の国境の町ムセに定住できるようにしている。そこでミャンマー国籍を得ると、ビルマロードを下ってマンダレーの不動産を買いあさる」

中国系の人々はミャンマーの人口の四パーセントを占めるにすぎない。およそ五二〇〇万の総人口のうち、せいぜい二〇〇万人である。地元住民が古くからここに住む中国系ミャンマー人と新たにやってくる移民たちを区別できないことも、状況を複雑にしている。厳密にいえば中国人ではない人たちも同じくくりに入れられる。一九九〇年代には、少数民族のワ族やコーカン族の出身で麻薬とヒスイの取引を牛耳る大物たちが、不正手段で得た利益をマンダレーに投資し、高級別荘やショッピングセンターを建設していた。コーカン族は（ワ族とは違って）民族的には漢民族だが、何世紀も前からミャンマーに暮らしてきた。それでも、ミャンマー人の多くは国境地域からやってくる少数民族はすべて「中国人」と考える。

雲南省からの中国人移民が最初にミャンマー北部に定住したのは一九世紀末のことだ。次の波は、日本軍が雲南省に侵攻した一九三〇年代と、中国国民党の軍隊が共産党から逃れてやってきた一九四〇年代。この時代から長くミャンマーに暮らす移民たちは今でも多くの中国の習慣を保ち、結束する傾向がある。マンダレーのチャイナタウンでは、中国系ミャンマー人の家族が一九五三年に建てられた雲南展示場と中国寺院に集まる。ひさしの上に黄金の龍が載る伝統的な門は、雲南省政府からの資金で修復されてきた。古くからの絆は今も変わらず残っている。しかし、これらの中国系住民は一般には地元コミュニティに溶け込み、この地方の言語を話す。

それでも、中国との陸路による通商が再開されてからというもの、彼らの存在はその影響力を増してきた。マンダレーの中国人家庭が明らかに裕福であることが、他の住民の反感を掻き立てている。「私たちの多くがミャンマー人より裕福なのは事実です」。ダウンタウンの家族経営の真珠店で働く中国系の少女はそう認めた。「でも、私たちは懸命に働いて今の生活を得たのです。私の祖父母は七〇年前に無一文でここにやってきました」。彼女は南部なまりの抑揚のある中国語でそう言った。中国系ミャンマー人はその富をあえて誇示しようとする。日本製のＳＵＶ車で雲南料理の高級レストランへ行き、豪華な結婚披露宴に数百人、ときには数千人の客を招く。私が訪れたのは中国の旧正月の二週間前で、町の立派な住宅の多くが玄関の上に縁起物の札を貼りつけていた。その家の持ち主が間違いなく中国系だとわかる。

この富の大部分は、ミャンマーでの投資を考える中国本土人を助けることで得たものだ。彼らは言葉の壁を克服しなければならず、たとえ正しい相手に賄賂を贈ることで面倒な手続きを避けられたとしても、投資に関する規制は厳しい。そこで、中国系ミャンマー人が仲介役となり、会合を設定し、非公式の資金の流れを管理する。中国中心部の湖南省からやってきた鉛採掘業者のロン氏も、ミャンマーでのビジネスは中国系ミャンマー人の仲介なしでは不可能だ、と話した。「投資をしたいと思えば、彼らを通さなければならない。彼らは現地でのあらゆるコネを持ち、通訳もしてくれる」。雲南省のヒスイ採掘業者も同意した。「ここでは何をするにも地元の人間と一緒に進めなければならない。地元民の協力を得るには、中国系ミャンマー人の助けが不可欠だ」

貿易は本土人ではなく、地元の中国人家族が支配している。遠く広東省や福建省からのトラックが瑞麗に到着するが、国境を越えるには、ここですべての荷をミャンマーで登録されたトラックに積み替えなければならない。国境の両側にいる少数民族、たとえばカチン族（中国ではチンポー族）やシャン族（中国ではタイ族）の貿易業者なら、容易に国境を越えることができる。しかし、一般の中国人貿易業者に対しては規制がもっと厳しい。機械、ヒスイ、繊維製品を輸入している瑞麗のシャオという貿易商は、彼のビザでは国境を越えることはできるが、戻ってくることができない、と教えてくれた。帰国するにはマンダレーから飛行機で昆明に飛び、そこから瑞麗まで戻るという、長くて費用がかかる遠回りをしなければならない。「生計を立てるために、必要なことは何でもしていますよ」。彼は目をキラリと光らせて言った。

ミャンマーでは、死亡したミャンマー人の身分証明書を偽造したものを中国人移民が買い上げ、帰化しているという話をよく聞く。間違いなく、この習慣はこれからも続くだろう。しかし、本土の貿易商の中には、ただビジネスを円滑に行ない、国境越えの移動を楽にするためだけにミャンマーの市民権カードを闇市場で買っている人たちもいる。彼らにはミャンマーに定住するつもりはまったくない。伐採業、鉱業、農業への投資家は、ミャンマーと昆明の間を飛行機で行き来するのが一般的で、この路線の便は毎日ある。私が旧正月の一〇日前にマンダレー発の便に乗ったときには、休暇のために家に戻る中国人ビジネスマンでいっぱいだった。

＊

ミャンマー北部で「中国の侵略」の証拠が見つかる場所がひとつあるとすれば、それはラシオだろう。マンダレーと瑞麗の間では最大の町で、有名なビルマロードの起点となる。イギリス統治の時代にミャンマー人と中国人の労働者の手で建設されたビルマロードは、一九三七年から四五年の日本との戦争の初期には、中国政府への物資、武器、食料の供給路として役立った。最近では、取引される品物の大部分は反対方向に流れる。瑞麗から国境を越えて一〇〇キロの場所に位置するラシオは、中国から運ばれる物資の最初の主要中継地となる。また、国境の貿易商たちにとっては、近代的なビルマロードを使って品物を双方向に輸送するための便利な拠点となるのも明らかだ。

ラシオの人口はイングランドのエクスターとほぼ同じ約一三万人で、多様な民族が入り混じる。住民の三分の一ほどが中国系で、ほぼ完全に隣の雲南省出身者だ。しかし、町には生粋のミャンマー人と、タイ族（ミャンマーではシャン族、雲南省では傣族とも呼ばれる）の大きなコミュニティもある。インドのシーク教徒、イスラム教徒、ヒンドゥー教徒も少数派を形成し、大きなモスクが町の中心にそびえている。さまざまな山岳部族――ミャンマー政府が承認している一三五の少数民族のどれかに属する――が、毎日ラシオまで歩いてきて、道路脇で豆やトマトを売っている。

ラシオを支配するのは巨大なコンクリートの市場で、周辺の道路や路地にまで商品があふれている。商人たちが竹竿に結びつけられたナイロンの防水シートの下に座り、じつにさまざまな果物、野菜、干し魚、チリ、謎めいた粉末、薬、洗面用品、衣類、靴、鞄のほか、金、ヒスイ、ダイヤモンドなども売っている。中国の旧正月が近づくと、きらびやかな赤と金の飾りを売る店が現れ、繁栄を願う「福」などの漢字が書かれた提灯、戸口に貼って客に幸運をもたらす札、新年に鳴らし悪霊を追い払うための爆竹などが並ぶ。

ラシオの中国系住民は、雲南語から派生した独自の方言のほかに、ミャンマー語と標準中国語も話すのが一般的だ。たいていは地方語のシャン語も理解する。市場の店主の何人かは、騰衝出身の家系だと言った。騰衝は国境の中国側にある雲南省の町で、かつての「南の」シルクロード上に位置し、独自の民族混在の歴史を持つ。ラシオの中国系住民は古くから国境での通商に携わり、それが複雑で多層的なアイデンティティを生み出してきた。

多くの住民が歴史の犠牲者としてラシオにやってきた。伝統的な中国の薬として乾燥トカゲや鹿の角を売る七〇歳のチョン氏は、まだ二歳だった一九四九年に雲南省の大理からやってきた。父親は国民党軍とともに戦い、共産党が圧倒的な勝利で政権を掌握したときに、家族とともに逃れてきた。縁起のよい金魚二匹を描いた中国の提灯を売っているドゥアン氏は、チョン氏より二〇年遅く、赤ん坊のころに文化大革命を逃れて両親とともにやってきた。ほかの人たちについてははっきりしない。「私たちはもう長くここにいる」。なんとか通用する中国語で、ひとりの店主が説明した。「少なくとも一〇〇年前から、もしかしたら三〇〇年前からかもしれない。誰もはっきりしたことは知らない」

ヤンゴンやマンダレーでは、中国人移住者がミャンマー北部に洪水のごとく押し寄せている、という不満をさんざん耳にしたが、最近やってきたという人たちを見つけるのはむずかしかった。実際のところラシオでは、取引される商品そのものは別として、最近の中国からの影響と明らかなものはほとんど見当たらない。中国語の看板やラベルはどれも古い伝統的な漢字が使われている。一九五〇年代と六〇年代に共産党が導入した簡略化した漢字ではない。ビルマロードが再開した一九八〇年代後半以降に本土からの移民の大きな流入があったとしたら、その人たちは間違いなく新しい文字体系を持ち込んでいただろう。中国の食べ物もほとんど見かけなかった。目にするのはミャンマーのものばかりだ。網焼きした肉と野菜に、調理済みの怪しげな脂っぽいシチュー。油の中に具材が浮かび、生野菜とインド風のピクルスが添えられている。中国人が本当に町を乗っ取ったのなら、町のレストランと通りの屋台には麺類があるだろう。ラシオへの投資の大部分が中国からのものであることは間違いないが、中国の侵略の証拠はほとんど見つからない。

マンダレーとミャンマー北部への中国の経済的進出に対する反発が、本土からやってくるビジネスマンと、彼らのために働き、ますます裕福になる中国系ミャンマー人の混同につながっている。国境を越えて押し寄せてくる中国人投資家がマンダレーを「乗っ取り」、ビルマロード沿いの町々を中国の前哨地にしているという不安は、かなり誇張されたものだ。マンダレーではまだ十分にミャンマーを感じられる。通りの標識はミャンマー語か英語で書かれ、レストランや屋台はミャンマーの食べ物を売っている。多くの住民はビルマ族だ。マンダレーは移民人口の多い先進国の多くの町に比べれば、「外国度」はずっと低い。

ミャンマーが中国人に乗っ取られると恐れる必要はない、というのが本当のところだが、中国の資本については不安を持つべきかもしれない。ミャンマーにとっての問題は、外国人が流入し占領することよりも、やってきた外国人が望むものを手に入れて、再び去っていくことだ。中国本土人の大半はビジネスのためにミャンマーにやってくるのであって、この異質な国に定住するためではない。ミャンマーの民主化が進み、世論が国内政治に与える影響が大きくなれば、怒りは古くからこの地に住む移民たちに向けられるべきではないと理解されるだろう。怒りの矛先は中国人投資家が地元住民を犠牲にして、この国の天然資源を略奪することを許している、腐敗したミャンマーのエリート層に向けられなければならない。

ベンガル湾への玄関口

数年前、そうした反発が向けられた対象のひとつが、ミャンマー西海岸のチャオピューの港から、マンダレーとラシオを通って雲南省の国境の町、瑞麗まで続く一対の石油・天然ガスパイプラインだった。CNPCは土地を失った農民に補償金を支払ったが、もう穀物を育てる場所がどこにもないと不満をもらす者もいれば、CNPCが環境を破壊していると訴える者もいる。武装民族グループがパイプラインを守るために送られた政府軍と戦い、人々は家を追われた。

二〇一三年にパイプラインが完成したあとは、抗議行動は徐々に衰えていった。この年、ビルマロード沿いにパイプラインを探していた私は、まだ掘られたばかりの細長い農地に、白い杭の標識がいくつか立っているのを見かけた。赤黒い地面の下に、光沢のある鋼鉄製の双子のパイプが横たわる。それぞれ直径一メートルほどだ。この総工費二五億ドルのプロジェクトのミャンマー国内の区画は、長さ八〇〇キロ近くに及び、そこから雲南省までさらに一六〇〇キロ延びている。雲南省の省都昆明からは別のパイプラインに接続し、東の貴州省や広西壮族自治区にガスを送っている。さらに、北の重慶に石油を送る別のラインもできる予定だ。三〇〇〇万の人口がある重慶に、中国は第二の精製所を建設している。

ＣＮＰＣは二〇一三年に、ミャンマーのオフショアガス田シュエから天然ガスを送り始めた。三〇年期限の購入契約で、ミャンマー政府にとっては数百億ドルの歳入になる。このパイプラインの年間処理能力は一二〇億立方メートルだが、二〇一四年と二〇一五年の実際の輸送量はそれよりはるかに少なかったと報じられている。二〇一五年にはじめて試験的に石油がくみ上げられたときには、チャオピューのマダイ島に新しく開かれた深海港に、三〇万トンの超大型タンカーがやってきた。パイプラインがフル稼働状態になれば、年間二二〇〇万トンの原油をくみ出すことができる。これは二〇一五年の中国の原油需要の約四パーセントに相当する。[25] 中国―ミャンマー間のパイプラインは、カザフスタンとトルクメニスタンからのパイプラインと合流し、陸路でのエネルギー供給に貢献している。中国政府はこれを中国のエネルギー安全保障に不可欠とみなしている。

北京の戦略家にとって、西の沿岸地域の獲得は大きな夢である。石油と天然ガスのパイプラインはアフリカや中東からのタンカー輸送に頼らないエネルギーの輸入を可能にする。タンカーはインドネシアとマレーシアの間の狭くて海賊が出没する航路――悪名高いマラッカ海峡――を通らなければならず、中国は戦時にはアメリカ海軍がこの海峡を封鎖するかもしれないと危惧している。マラッカ海峡を通って輸送される石油はスエズ運河を通るものの三倍の量で、中国の石油輸入のおよそ八〇パーセントも含まれる。ミャンマーのパイプラインの現在の輸送能力は、中国の莫大なエネルギー需要と比べれば小さなものだが、中国政府はいわゆる「マラッカのジレンマ」の解決にいくらかの助けになると考えている。

マダイ島の中国の港は、ベンガル湾から中国への輸送路を開発する大きな計画の一部である。チャオピューからの効率的な輸送路ができれば、中国は他の原料を直接輸入し、数千キロの距離を輸送する手間を省くことができる。さらに、そこに貿易ハブを築けば、中国南西部の企業が安くすばやく、インドやバングラデシュ、さらに遠方まで製品を輸出することができるだろう。中国はこの計画を「バングラデシュ―中国―インド―ミャンマー経済回廊」（ＢＣＩＭ）と呼んでいる。「一帯一路構想」より早く考案されたものだが、今では新しい構想の一部とみなしてほぼ間違いない。この経済回廊は中国にとりわけ大きな戦略的恩恵を与える。その影響圏をインド洋まで広げられる機会である。[26]

ＢＣＩＭ計画では、南西部の雲南省からの新しい輸送ルートが想定されている。提案された回廊は昆明を起点、コルカタを終点とするもので、古代にミャンマーとバングラデシュを結んでいた茶馬古道のルートとやや似通っている。この古い通商路はかつて「南のシルクロード」として知られていた。中国政府には瑞麗からチャオピューまで並行して走る高速道路と鉄道を建設するという壮大な計画があり、それをミャンマー北部を経由してインド北東部の州とバングラデシュまでの別の道路と結びつけたいと考えている。計画の支持者は、これが実現すれば、古くから部族の反乱に悩まされてきたアジアの最も後進的な地域に、貿易と投資を促進することになるだろうと言っている。

二〇一三年以降、昆明は「中国―南アジア博覧会」の開催地として、この回廊沿いの貿易の促進に努めてきた。私が二〇一四年に訪ねたときには、会場はアフガニスタンのカーペット、パキスタンの手工芸品、インドとバングラデシュの絹と布地、スリランカの宝石を取り囲んで値段交渉をする買い物客であふれていた。会場の隣では、歴史の長い「昆明フェア」も開催されていた。人気のあるにぎやかなイベントで、二〇年前から続いている。展示ホール内の店舗は地元の生産物であふれ、ミャンマーのヒスイとプーアール茶からヤクの骨で作った宝飾品、チベットのヒョウ皮まで、あらゆるものを売っていた。雲南省のさまざまな少数民族に属するしなやかな女性たちが、熟成した乾燥ハムや怪しげな食用キノコの袋を買うように、熱心に客にすすめていた。

古い昆明フェアのアップグレードは、中国の前線地域の開発を進めたいと考える政府の青写真の一部である。新疆と広西の自治区は、雲南省と同じように大勢の少数民族にとっての故郷であり、彼らは国境をまたいだ民族的な絆を維持し、中央アジアや東南アジアの同胞たちと同じ民族的行事を行なっている。中国政府は国境地域での協力を深めることが、新しい市場を育成し、中国の地域的影響力を強化する助けになると考えている。二〇一一年、中国国務院は雲南省を南・東南アジア諸国との「橋頭堡」にすることを目指す政策文書を発表した。「南西部の門戸開放」と呼ばれる計画である。その目標は、人口約四〇〇万の昆明を玄関口として、雲南省の四〇〇〇キロに及ぶ国境沿いで投資と貿易の流れを活性化することである。[27]

二〇一三年、ＢＣＩＭプロジェクトを構成する四か国が昆明で会談を行ない、この計画を広範に推し進めることで合意し、現実的で実行可能なインフラ整備計画を具体化することを約束した。最終的には、新しい鉄道、電力供給網、電気通信ネットワークを辺境の山岳地帯や密林地帯にまで延ばすことも計画に含まれるかもしれない。しかし、当初の焦点は昆明からコルカタまでの全長二八〇〇キロの高速道路で、瑞麗、マンダレー、ダッカを経由地として蛇行しながら進む。原則的には二〇一二年に四か国すべてがこの計画を承認した。二〇一四年には、中国―南アジア博覧会の開会式で、中国の汪洋副首相がプロジェクトの進行をスピードアップするように要請した。

昆明の計画立案者は一九九〇年代から地域内の通商ルートの建設について話し合ってきたが、ＢＣＩＭ計画が国全体の最優先課題になるのは二〇一四年になってからだった。この年、李克《りこっ》強《きょう》首相が全国人民代表大会の年次演説でこの計画について言及した。計画には大きな障害がいくつかあり、なかでも地形学的な課題は大きいが、それでも進展が見られる。中国運輸省は昆明とチャオピュー間の高速道路の建設計画を完成しており、この道路はマンダレーで分岐して、インド北東部から計画段階のＢＣＩＭルートへと連絡する。ダッカの政府はこの高速道路のバングラデシュ区間の建設について、中国の建設会社との覚書に署名する準備ができている。その区画には首都と港町チッタゴンを結ぶ高架高速道路も含まれ、チッタゴンでは中国企業がコンテナ港を運営している。

もっとも、計画はすべて中国の思いどおりに進んでいるわけではない。二〇〇九年と二〇一一年に、中国とミャンマーは中国の国有複合企業であるCITICグループの管理下で、チャオピューに新しい経済特別区を開発する覚書を交わした。これは、深海港を拡大し、工業地区と物流ターミナルを開発して、総工費二〇〇億ドルの鉄道路線で結ぶことを想定したものだった。ところが、地元からの強い抗議に直面し、ミャンマー政府はこのプロジェクトを中断した。二〇一四年に合意期限が切れると、この鉄道建設計画は先に進めないことが決定された。これは中国にとって大きな打撃だった。すでに昆明から瑞麗までの新しい路線を建設済みだったからだ。しかし、現在の冷え切った二国間関係を考えれば、二〇〇億ドルのプロジェクトへの投資は無謀すぎる。

それでも、新しい希望の芽が膨らみつつある。二〇一五年一二月、何年もの棚上げを経て、ミャンマー議会がついに深海港と工業地域の開発について、CITICグループとの契約を承認した。[28] この一四〇億ドルのプロジェクトは中国に、チャオピューと瑞麗を結ぶ高速道路の建設がついに実現するかもしれないという希望を与えることになった。ミャンマー政府は二〇一四年に、提案された道路建設のための中国からの二〇億ドルの融資を断っていた。この建設は地元企業との建設・運営・譲渡方式でのジョイントベンチャーにすべきだと考えたからだ。しかし、おそらく解決策は見つかるだろう。ミャンマーのような貧困にあえぐ国が、中国からのインフラ投資を永遠にはねつけられるとは思えない。

ＢＣＩＭプロジェクトの多国籍事業という性質が、民心への配慮というむずかしい水域を中国がうまく泳ぎ切るのを助けてくれるかもしれない。「石油と天然ガスのパイプラインは、ミッソン・ダムやレパダウン銅山ほど、ミャンマー国内での批判を受けなかった。韓国やその他の国と協力して進めたからだろう」。雲南大学東南アジア研究所長のルー・グアンシェン教授はそう分析する。[29] 中国の天然ガスはシュエ田で操業する大宇グループ率いる合弁企業によって供給され、この事業にはインドも投資している。したがって純粋に中国のプロジェクトとはみなされていない。その多国籍という傘が、ミッソンとレパダウンで経験したような現地住民の激しい怒りと大規模な抗議運動から、中国を守ってくれた。

もしＢＣＩＭの高速道路計画が前進すれば、最大の勝者は国境に位置する瑞麗かもしれない。北京から三〇〇〇キロも離れた辺境のジャングルにある町である。一〇年少し前、瑞麗はまさに中国の「シン・シティ（罪深き町）」で、ミャンマーとのヒスイ貿易とヘロインの密輸で利益を上げていた。中国人観光客は国境を越えてミャンマーに入り、カジノで遊んだり、ニューハーフたちのけばけばしいショーを眺めたりして、二、三時間過ごして戻ってくる。麻薬中毒の売春婦が通りで注射を打ち、町に多数ある性感染症のクリニックでＨＩＶ陽性の診断を受ける。「国境にはフェンスもなければ、正式の検問所もなかった。道路脇で堂々と白い粉を売っていたものだ」。古くからの町の住民はそう話していた。[30]

その光景は二〇〇五年を境に様変わりする。地方政府は観光客が国境を越えることを禁止し、売春の取り締まりも始めた。現在の瑞麗はまあまあ落ち着きのある中堅の町に成長した。わずかながら今もやってくる観光客は、にせものの胸をみせびらかす女装の男たちを眺めるよりは、ゴルフが目的であることが多い。町は悪の巣窟というよりは、巨大な小売市場である。経済の大部分は国境の向こうにある産地で採掘される「緑色の金」、ヒスイの取引が占めるが、町は東部の製造業の中心地からの製品の輸出拠点ともなっている。中国のミャンマーとの正規の貿易の半分近くが、瑞麗経由の陸路で移動する。しかし、国境は穴だらけで、実際にどれだけの取引量があるかは誰にもわからない。

すでに石油と天然ガスのパイプラインの起点となっている瑞麗は、東南アジアとインド洋への雲南の玄関口として変革されつつある。計画立案者たちは貿易手続き、物流、保管のための施設を備えた新しい「実験区」が、昆明からコルカタへの輸送ルート上に位置する国際的な貿易ハブとなることを期待している。私が二〇一四年に訪れたときには、新しい特区はすでに計画された以上の投資額を受け取っていた。何エーカーもの土地に新しい倉庫が並んでいるが、そのほとんどはまだ空っぽだ。地元の役人は国境に三〇万都市を建設し、中国南西部の「新しい成長の柱」にしたいと考えている。そのために税関手続きを簡素化し、国境をまたいだ取引を促進する計画も立てている。瑞麗からシュウェリ川を渡った先の、まさにミャンマーとの国境にある指の爪ほどの免税の飛び地、姐告の成功がその土台になるはずだ。

姐告に到着するトラックを出迎える巨大な屋外広告看板の上で、習近平国家主席が英語でこう宣言している。「改革は立ち止まることなく、開放は止まらない」[31]。中国全土から集まってきたトラックが、輸出用の製品をここで荷降ろしする。私は重慶から平箱包装されて運ばれてきたオートバイがここで組み立てられ、国境を越えてミャンマーに走っていくのを目にした。姐告の店では電気工具、機械、携帯電話、電子製品、さらにはイスラムのヘッドスカーフまで売っている。最大の市場はここでもやはり、ヒスイを扱う「ジェムストーン・シティ」である。ミャンマー人の貿易商たちは雲南省の政府から小さな緑色の「一時滞在許可証」を発行されるが、多くは中国にほぼ永住しているに等しい。

姐告の一部は完全にミャンマーの町のように感じられた。ロンジーを腰に巻いた浅黒い肌の男たちが、明るい色に塗装したトラックに中国製の電子製品を積み込んでいる。商店主は丸っこいミャンマー語の文字で書かれた新聞を読んでいる。舗道にはビンロウの実の赤い染みがつき、仕事をする若い女性たちは白いタナカの白粉を頬に塗っている。ここからはほんの数秒で国境を越えられる。二〇一四年に正規のルートで姐告を通過した外国人は一二〇〇万人を超えた。許可証を持たない者は、両国を分ける薄っぺらな鉄条網の穴を通り抜けるだけでいい。数秒間だけ、私は片足を中国に、片足をミャンマーに置いてみた。地元住民は勝手気ままに国境を行き来する。国境警備は驚くほど緩い。

瑞麗に暮らす中国人とミャンマー人は、うまくやっているように見える。しかし、表面には見えない緊張がくすぶっている。「ミャンマー人はわれわれ中国人とは違う」と、中年の漢族の女性は言った。「野蛮で、通りでけんかをするし、ときには人を殺しさえする。中国のようなしっかりした政府もない」。彼女はとりとめのない話を続けた。漢族のある男性がミャンマーの村長と一緒にビジネスを始めようとして、それまで働いて蓄えた全財産を炭鉱に投資した。ビジネスは大成功を収めたが、ある日、そのミャンマー人のパートナーが、自分だけのビジネスにしたいと考えた。「彼は中国人のパートナーと彼の妻を殺して、娘をレイプした」。彼女はそう悪態をついた。「ミャンマー人っていうのは、次に何をするかわからない。天気みたいに気分がころころ変わる」

＊

瑞麗で巨額の投資をするには、中国―ミャンマー関係の実り豊かな将来を信じて大きな賭けをしなければならない。その将来を大きく左右するのが新しいＮＬＤ政府と、実質的にこの政府を率いるアウンサンスーチーの「国家最高顧問」としての力量だ。このポジションは彼女のために特別に用意されたもので、ミャンマー憲法は外国人の家族を持つ者が大統領職に就くことを認めていない。アウンサンスーチーの亡夫と子どもふたりはイギリス人である。それでも、彼女の新しいポジションがおそらく公式の大統領より大きな権限を持つだろうことは、世界中が認めている。いずれにしても、彼女は外相を兼務しているので、ミャンマーの外交政策に責任を持つ。そして、その外交においては中国との関係ほど重要なものはない。

これは興味深い状況といえる。中国政府はアウンサンスーチーが軟禁状態にあった長い期間を通して、ミャンマーの軍事政権の後ろ盾になっていた。名目上は彼女の指揮下にある民主派勢力と関わることにはまったく関心を持たなかった。それでも、アウンサンスーチーの新政府と協力する必要があることはわかっていて、彼女のほうでも中国と友好的な関係を築く必要があるとわかっている。結局のところ、隣人を選ぶことはできない。NLDが地滑り的勝利を収める半年前の二〇一五年夏、中国政府はアウンサンスーチーのために赤いカーペットを広げた。中国への初訪問中、彼女は習近平国家主席と会談し、国家元首のような待遇を受けた。人権活動家たちは、彼女が劉暁波の一件を話題にしてくれることを期待していた。ノーベル賞受賞者の劉暁波は、政治犯として一一年の禁固刑で服役中である。しかし、イデオローグとしての評判にかかわらず、彼女は慎重を期し、中国を怒らせるような行動は避けることにした。二〇一六年四月には、中国の外相が外国政府高官としてははじめてネピドーの新政府を訪問した。

釈放後のアウンサンスーチーは、実利的な政治家として自分を位置づけようと懸命に努力し、そのために多くの理想主義の支持者を怒らせた。中国からの投資についても、結局、彼女は驚くほど協調的だった。前政権がレパダウン銅山をめぐる紛争の調査のために設立した調査委員会の委員長を彼女に任せたときには、プロジェクトを続行すべきだと進言した。その姿勢は厳しい批判を浴びた（前与党が彼女をだましてこの調査に巻き込んだと信じるアナリストもいる。何を助言しても悪い印象を与えることがわかっていたからだ）。中国の懸案の石油・天然ガスのパイプラインについてはほとんど何も意見を述べなかったが、習近平の「一帯一路構想」は称賛した。そうしたことから、中国政府はミャンマーの新しいリーダーが一緒に仕事ができそうな相手だと希望を持っている。

アウンサンスーチーは外相として、中国からのふたつの大きな投資にゴーサインを出すべきかどうかを決めなければならない。行き詰まったミッソン・ダム建設とＣＩＴＩＣグループのチャオピュー経済特別区に関する利権である。中国政府はミッソン・ダムの建設作業再開への希望をしきりに訴えてきたが、中国電力投資集団はといえば、もっと小さなプロジェクトに先に集中しなければならないと非公式ながら受け入れてきた。前政権が二〇一五年末にＣＩＴＩＣと交わした契約を精査することについては、国民の支持もある。道路と電力インフラの欠如で成長が遅れているミャンマーが、中国の投資をはねつけられないことはアウンサンスーチーも理解している。彼女にとってのさじ加減のむずかしい課題は、責任ある投資であれば歓迎すると中国に念を押す一方で、国民の反中国感情にも対処しなければならないことである。

アウンサンスーチーは国内の心もとない和平プロセスを確かなものにするためにも、中国の力を借りなければならない。中国は二〇一一年に一〇を超える武装グループとの和平交渉のオブザーバーとなり、翌年には中央政府とカチン独立軍との間の交渉をまとめるうえで重要な役割を果たした。それにもかかわらず、（ミャンマーの前政権を含め）一部には、中国が国境地域の状況を悪化させ、ワ族とコーカン族の反体制派に武器を供給していると非難する意見もある。[32] もし本当なら、これは間違いなく中国を交渉に引き入れるさらなる理由になる。前政権は二〇一五年一〇月に七武装民族グループとの休戦に合意した。しかし、それを持続させるための具体的な方策は取り入れていない。中国政府は政府との休戦に応じた組織、とくに中国―ミャンマー国境を拠点とする好戦的組織との間の対話を支援する公式の役割を担う準備があるとほのめかしてきた。

もし中国と中国企業が責任ある行動をとれば、アウンサンスーチー指揮下のNLD政権が、テイン・セインの後進的な政権よりも問題が少ないとわかる可能性が十分にある。それでも、現在の中国政府が二〇一〇年に予想していたものよりも、はるかに弱い立場に置かれているという事実は変わらない。当時の中国はミャンマーを中国の歩兵にできると考えていた。現在は正常な外交関係の回復を願うことしかできない。世論の足かせが解かれた今、中国と中国企業はミャンマー国民の信頼を勝ち取るために懸命に努力しなければならない。それができれば二国間貿易は成長し、さらなる経済統合も可能になるだろう。それがアジア最大の経済国と隣り合って暮らすことの自然な結果といえる。そして、もし中国が賢明な投資をすれば、ミャンマー国民の生活が向上する大きな可能性がある。ミャンマーの人々は確かに迫りくる中国を恐れるもっともな理由を持つ。それでも、中国とともに成長する道を見つけなければならない。

第五章　真珠の首飾り――インド洋における恐怖と嫌悪

二〇一四年九月、人民解放軍（ＰＬＡ）海軍の潜水艦がスリランカに中国が所有するコンテナ港に停泊したとき、インドに広まっていた中国の戦略的野心への不安が現実になったかのように見えた。ニューデリーのタカ派の軍事アナリストは、中国政府がインド洋で計画的に海軍施設を次々と建設し、インドの裏庭で戦略的支配を奪い取ろうとしているのだと考えた。母なるインドの周りで海上の包囲網を狭めようとするこの卑劣な策略のことを、彼らは「真珠の首飾り」という華やかな名前で呼んだ。[1]

中国のその潜水艦は宋級ディーゼル電気推進式で、支援船が脇を守っていた。船が入港したコロンボ国際コンテナターミナルは、中国国有企業の招商局集団（チャイナ・マーチャンツ・グループ）の子会社が管理する商業港で、この子会社は香港で上場している。スリランカに中国の潜水艦が存在することは「受け入れられない」というインド政府からの警告を無視し、数週間後に船は再びコロンボに戻ってきた。[2]インドの「安全保障上の懸念」への反応として、スリランカ政

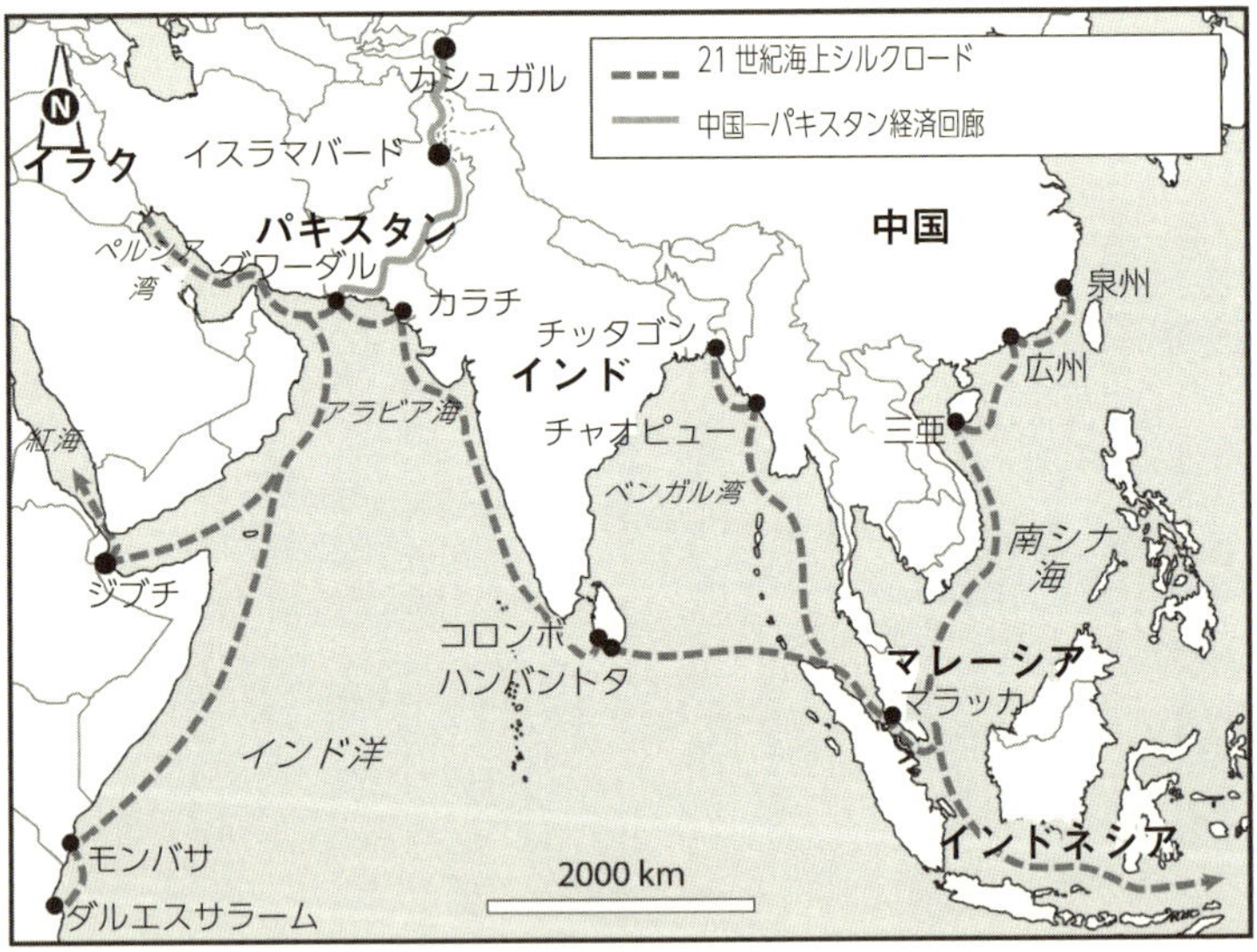
21世紀海上シルクロード
中国ーパキスタン経済回廊
カシュガル
イスラマバード
イラク
パキスタン
ペルシア湾
グワーダル
カラチ
中国
泉州
広州
チッタゴン
インド
チャオピュー
三亜
アラビア海
紅海
ベンガル湾
南シナ海
ジブチ
コロンボ
ハンバントタ
マレーシア
マラッカ
インド洋
インドネシア
モンバサ
2000 km
ダルエスサラーム

インド洋

府は国際船が燃料補給と休暇のためにコロンボに入港するのは一般的な習慣だと言った。中国政府も、潜水艦はアデン湾での「海賊に対するエスコート任務」についていたと付け加えた。アデン湾は中国海軍がインド軍や米軍との協力体制をとっている場所で、停泊は「通常の寄港」にすぎないという説明だ。[3]

その説明はもっともではあったものの、潜水艦が対海賊の任務に就くことはめずらしく、また人民解放軍海軍がコロンボに寄港したのははじめてで、日常的なこととは呼べない。スリランカに中国の潜水艦がやってきたことは、インド海軍にとっては不意打ちで、インド議会での厳しい追及とメディアでの騒ぎを引き起こした。のちに中国の国防相がインド洋には093型商級攻撃型原子力潜水艦も配備していたと認めたときには、インドのニュース専門チャンネルNDTVは、潜水艦戦略の「グレート・ゲーム」の始まりだと言い立てた。「グレート・ゲーム」はかつて中央アジアの覇権を争ったイギリスとロシアの戦略的競争に対して使われた言葉である。NDTVは匿名の情報源の言葉として、潜水艦の配備はソマリア沖の対海賊任務を援助するためだという中国側の主張を、インド海軍の高官たちは受け入れなかったと報じた。本当は「この地域への軍事的影響力を拡大するための、注意深く計画された演習」の一部というのが、インド海軍の見方だった。[4]

NDTVの報道は、中国がパキスタンへの投資に四六〇億ドルという巨額の融資を約束した二、三週間後のことだった。おもにアラビア海と新疆を結ぶ三〇〇〇キロの「経済回廊」の建設資金を意図したものである。このルートはインドとの国境に近いパキスタンの海岸線で中国が管理するグワーダル港が起点となる予定だ。インドの安全保障の専門家は、中国海軍がこの港をインド洋の戦略基地にするのではないかと恐れている。ペルシア湾に出入りするための主要航路にも近いこの深海港は、習近平自慢の「二一世紀海上シルクロード」の重要なリンクになる。中国政府は、この構想がアジアとヨーロッパの連絡性を改善し、貴重な新しい通商ルートを切り開き、地域の発展を促進すると主張している。しかし、インド洋への中国の拡大はニューデリーとワシントンの両方に緊張を与えている。

これらの不安は、二〇一五年三月に米海軍高官がデリーのメディアに対して行なったオフレコのブリーフィングにもはっきり表れていた。「中国との関係改善でわが国の利益になることはない。結局のところ、中国とアメリカはうまくやっていけない。この関係には中身がない。わが国にとって最も効果があるのはインドとの協力である」。忍び寄るPLA海軍からインド洋を守るためであれば、インド軍が必要とするものは戦闘機から航空母艦の建造技術まで、アメリカは何でも提供する、と彼は約束した。ブリーフィングに出席していた誰かが、彼のメッセージは「協力して中国をたたきつぶそう」という言葉に要約できる、とまとめた。[5]

インド洋

中国に対するインドの不信は、一九六二年の中印国境戦争での屈辱的な敗北にさかのぼる。一九五〇年代後半に始まったヒマラヤ国境をめぐる一連の紛争のあとに勃発したものだ。中国は同時に、インドが領有権を主張するアクサイチンに対しても攻撃を始めた。新疆、チベット、ラダックにはさまれた山間の砂漠地帯で、現在はチベットおよびブータンと国境で接するアルナーチャル・プラデシュという北東部の州である。戦闘は激しく、その大部分は高度四〇〇〇メートル以上の高地で戦われ、インド軍ははるかに優れた中国軍に大敗した。三〇〇〇人以上のインド軍兵士が殺されるか行方不明になり、四〇〇〇人が捕虜になった。「これらの犠牲は現代の戦争の基準に照らし合わせれば小さなものだ。しかし、この戦争はインド人の心の中ではひどい敗北として記憶されている」。歴史家のラマチャンドラ・グハは著書『ガンディー後のインド India After Gandhi』にそう書いている。[6]

一九四七年の独立後しばらくの間、インドのジャワハルラル・ネルー首相はインドと中国の友好関係が「アジア再起」の基礎になると話していた。両国の外交的な絆の深まりは、ヒンディー語の気取ったキャッチフレーズまで生み出した。ヒンディ・チニ・バイ・バイ――「インドと中国は兄弟」という意味である。そのため、中国の侵略は動揺とともに衝撃を与えるものだった。「インド人の間での最も強い感情は、裏切られたという思い、つまり世間知らずにも信頼と支援を与えていた隣人から欺かれたという思いである」と、グハは書いている。遅きに失したが、ネルーは中国の共産主義が何にもまして国家主義の好戦的な形態であることに気づいた。それから五〇年以上が過ぎても、インドは中国に与えられた屈辱――と裏切り――をまだ忘れてはいなかった。

国境紛争は未解決のままで、中印関係の火種として長年くすぶり続けている。インドはチベット南西部の三万八〇〇〇平方キロの山間部の領有権を主張し、それに対して中国はアルナーチャル・プラデシュの九万平方キロほどの土地の領有権を主張し、ここを「南チベット」と呼んでいる。一九七五年以降は軍事衝突が起こっていないものの、状況をさらに悪化させているのが、頻繁に繰り返される中国の実効支配線を越えての侵入である。中国がインドの近隣国――スリランカ、バングラデシュ、ネパール、ミャンマー、モルディブ、なかでもインドの最大の敵であるパキスタン――との協力を深めていることが、インド政府にさらなる不安を与えている。中国がインド包囲網を築き、インドが大国としての地位を獲得するのを妨害するという古くからのゲームを再び始めようとしているのではないか、と考えているのである。その歴史は中国とインドの間の緩衝地帯となっていたチベットに中国が一九五〇年に侵略したことから始まり、今もまだ、インドが国連安全保障理事会の常任理事国になることについて、中国が支援を拒否するという形で続いている。

「真珠の首飾り」という言葉が最初に使われたのは、ブーズ・アレン・ハミルトン（かつて内部告発者のエドワード・スノーデンを雇っていたことで有名なコンサルティング会社）が、アメリカ国防総省のために作成したエネルギー安全保障についての報告書だった。その中で、中国が輸入する石油の大部分が輸送される海上路、とくにマラッカ海峡やホルムズ海峡などの難所を守るというもっともな理由のため、中国がどのように港のネットワークを構築しているかが説明されていた。[7] この説を支持するインド人は、「真珠の首飾り」の比喩を大いに活用して、中国がインドの防衛力を封じ込めるための包囲政策を進めている様子を表現した。彼らはＰＬＡ海軍が使用できるインド洋上の多くの中国の港湾施設の存在を指摘する。時計回りに、バングラデシュのチッタゴン近くのソナディアに提案中の深海港、ミャンマーのチャオピューに新しくできた深海港（中国雲南省への石油パイプラインが通る）、スリランカのハンバントタとコロンボのコンテナ港、そして、パキスタンのカラチとグワーダルの港である。

習近平が「海上シルクロード」建設の壮大なプランを発表したことで、インドは「真珠の首飾り」説をますます信じるようになった。二〇一三年一〇月のインドネシア議会での演説で、習近平は海上協力の強化と近隣諸国との「運命の共有」について語った。二〇一五年三月に中国政府が発表した政策文書では、新港のインフラ建設と、内陸部の輸送ネットワークの必要を訴えた。つまり、国際海上航路の数の増加、物流、とくに情報技術を駆使した物流の改善、貿易・投資の障害の排除、そして金融統合の強化とそのための、人民元の使用の奨励などである。[8] 中国政府は「海上シルクロード」が相互利益をもたらすと言っているが、ニューデリーの安全保障の専門家は、中国のインド洋への進出の本当の目的は、インドの犠牲のもとに、その海軍力の及ぶ範囲を遠方まで広げることなのだと分析している。
中国をとくに激しく非難しているひとりが、ニューデリーの独立系シンクタンク「インド政策研究センター」のブラーマ・チェラニー教授で、彼はインド国家安全保障会議の元顧問でもある。インド―中国関係を研究している別の専門家は、この元ハーヴァード大学教授のことを「認知症の心神喪失者」と表現しているが、チェラニーの言葉は耳を傾けるだけの価値がある。彼は多くのインド人が中国に感じている否定的感情を雄弁に語っている。[9]

私はデリーの高級感あふれるタージマハル・ホテルでチェラニーと夕食をともにした。[10] 彼は世間話には興味を示さず、料理が運ばれてくるのを待たずに、いきなり本題に入った。「私には中国という権威主義的な国への不信感が深く根づいている。中国はその政治的信条として究極のナショナリズムに頼る政治システムが発達している。漢族の国が彼らのものだったことのない土地の領有権を主張している」。習近平の「一帯一路構想」は、この考え方が最も新しく表現されたものだ、と彼は言った。中国はその経済力を漢民族の国の力を国境の先まで広げるために使っている。「彼らは戦略的前進を勝ち取ってきたすべての国で、土木建築企業を国際活動の先陣として送り出してきた」。チェラニーはそう説明した。

商業的な進出は政治的浸透、さらには経済的・軍事的統合の先駆けとなる。まず土木建築会社がプロジェクトを考案する。次に労働者を送り込む。そして、外交的影響力を増す。最後に戦略的な利益を手にする。

チェラニーは中国のインド洋への投資の隠れた目的については疑いを持たなかった。「海上シルクロードは、中国が長年追い求めてきたものの隠れ蓑にすぎない。それが『真珠の首飾り』だ」。彼はきっぱりそう言った。中国は一〇年前に「平和的台頭」を外交の原則として強調するのをやめて、新たな「積極外交」政策に移行したが、それは間違いなく失敗に終わる、と彼は信じている。「中国はアジア情勢を徐々に変えつつある。そのやり方は、サラミの薄切りと呼ばれている」

しかし、中国のやり方は武力侵略を奨励する。もし中国が成長を続ければ、一〇年後には中国の力の行使を抑制するために、別の大国が息を吹き返すだろう。中国の行動はアジア全域で世論を刺激してきた。インドでも、中国の力の誇示と国境を越えた侵入によって、ムードが変わってきている。

カーネギー国際平和財団インド代表理事で、『乳海攪拌――インド太平洋における中印対立 Samudra Manthan: Sino-Indian Rivalry in the Indo-Pacific』の著書があるC・ラジャ・モハンは、「真珠の首飾り」が現実になるのも時間の問題だ、と語る。[11]「もし中国の軍隊が民間の施設を使うことができるとしたら、その施設はまだ民間のものだろうか、それとも軍事施設になるのだろうか？　いずれにしても彼らの船はどこかに入港しなければならない」。彼はコロンボへの中国の潜水艦の入港に触れ、そう語った。[12] 彼が言いたいのは、中国はその戦艦や潜水艦を友好的に受け入れてくれる商業港があれば、国外に軍事基地を建設する必要がない、ということだ。アメリカ海軍の船は定期的に同盟国の港に停泊する。たとえばシンガポールは一年に平均一五〇回、アメリカの軍用船を受け入れる。中国海軍が同盟国と呼べる国はもっと限られているが、その関係性を利用することはめったになかった。だからこそ、コロンボへの入港はインド政府への警鐘となったのである。

一部で言われている中身のないスローガンどころか、モハン博士は「一帯一路構想」がアジアの地政学における根本的な変化の始まりを告げるものと考えている。「中国がやってくるのは間違いない。あとは、いつどのように、だけの問題だ」。博士は年に二か月滞在するというシンガポール国立大学の自分の部屋で私に語った。

中国は世界に目を向け、世界のあらゆる場所に触手を伸ばしている。かつて例がないほどの規模と野心で。そして今、アジア内陸部を切り開くという歴史的な取り組みを完了させつつある。これは画期的なことだ。資本主義を中央アジアまで広めている。唯一比較ができるとすれば、かつてのイギリス領インド帝国だろう。中国はそれをアメリカの帝国主義よりも洗練された方法で行なっている。これは間違いなく現実のものになる。したがって、他の国はインド洋地域での協力体制に基づいた戦略が必要になる。

モハンは、「バングラデシュ―中国―インド―ミャンマー経済回廊」（ＢＣＩＭ）のようにインドにとって利益が見込めるときには、中国と協力すべきだと考えている。しかし、インド政府は決断できずにいる。その大きな理由は、提案された高速道路が係争地である国境地帯のアルナーチャル・プラデシュ州の近くを通ることになるからだ。インドはＰＬＡがその道を通って南下してくるかもしれないと恐れるとともに、国境が開放されれば、北東地域で戦闘を続けている武装勢力の制御がむずかしくなるかもしれないと不安に感じている。それでも、ＢＣＩＭ計画に有益な面があることも認めている。貧困にあえぐ北東部州は新しい経済的機会をのどから手が出るほど必要としている。地元政府は以前から雲南省との通商の拡大を求めてきた。また、国境をまたぐ通商はアルナーチャル・プラデシュの情勢を安定させることにつながるかもしれない。モハンはこう語る。「ＢＣＩＭでは中国と協力すべきだ。もしこの計画に中国を引き込むことができるのなら、絶対にそうしたほうがいい」

海上シルクロードと同じように、ＢＣＩＭ計画の背景には地政学的な野心だけでなく、商業的な動機もある。しかし、中国のあらゆる動きを警戒するアナリストたちは現実を大げさにとらえている。中国政府は新しい帝国を建設することよりも、エネルギー輸入のための代替ルートを確保することと、海上の商用交通路を守ることのほうにはるかに大きな関心を持つ。中国がインド洋に軍事的関心を持つのは明らかだが、緊密な協力関係を強化しているアメリカ、インド、日本、オーストラリアの海軍力に挑むことはできないとわかっている。いずれにしても、海上シルクロードを建設している中国企業にとっては、国の戦略的野心に役立つことよりも、利益を得ることのほうが重要だ。習近平主席の壮大な構想も実のところは、軍事力ではなく、おもに経済的発展を通して中国の権益を促進できるように考案されている。

私自身、コロンボ港の南コンテナターミナルを訪ねたときに、その証拠を目にした。二〇一四年に中国の潜水艦が二度やってきた港である。中国に批判的な人たちは中国企業を国の手先だと思い込んでいるが、ほとんどの中国の対外投資は少なくとも部分的には——しばしば全面的に——商業的性質のものである。コロンボ港・南コンテナターミナルは香港で上場している招商局国際という複合企業が八五パーセントを所有している。この企業はヨーロッパの八港を含め、一三か国で三五のターミナルを操業する。親会社は国有複合企業なので、中国政府がその活動にある程度の影響を及ぼしはするだろう。しかし、その上場企業自体は経験豊富な港湾管理会社であり、スリランカに進出した目的はただひとつ、増大するインド洋経由の貿易から利益を得ることである。

招商局集団が五億五〇〇〇万ドルをかけて建設したコロンボ港の施設は、この町の商業地区に近いゴール・フェイスと呼ばれる緑地公園から歩いてすぐの場所にある。公園では地元住民が凧をあげたり、遊歩道をそぞろ歩いたり、浜辺の売店で何か食べたりしている。一万九〇〇〇のコンテナを積載する大型船も停泊できる世界クラスのターミナルは、コロンボに古くからあるターミナルの二倍の収容力で、高さ七〇メートルのガントリークレーンの設備を持つ世界でも数少ない港のひとつである。ここはインドからヨーロッパ、中国、アメリカへ運ばれる貨物の積み替えセンターだ。長距離の海上貨物輸送は超大型船に限り費用対効果が高くなるが、インドにはそのための施設がほとんどない。インドの南三〇〇キロのコロンボで積み替えをすれば、時間と資金の両方を節約できる。「これは純粋に商業的プロジェクトであり、政府からの支援を受けていない。われわれは世界的なターミナル管理会社だ」。副港湾長のランス・ツオは、中国のほか、デンマーク、台湾、韓国、フランスの船会社の名前が入ったコンテナを指さして言った。

ターミナルの経営者たちは、二〇一八年までに二四〇万の標準コンテナを扱うことを目指し、南アジアで最も忙しいコンテナ港にしたいと考えている。このターミナルは七五〇〇人の現地人を雇っており、創業から三五年後には所有権がスリランカ港湾局に完全に譲渡される。したがって、たとえこの商業港が偽装した軍事基地であったとしても、長期的な戦略的価値はない。美しい輝きを放ちながらも脅威を与える「真珠」どころか、コロンボ港・南コンテナターミナルは、中国政府が海上シルクロードの目的として語っているものが、そのまま具体的な形となった優れた例だ。つまり、インフラを建設し、輸送の効率性を増し、新しい通商路を開発するという目的である。「海上シルクロード構想は、それがより多くの物流インフラを意味するのであれば、非常によいものだ」。スリランカのラヴィ・カルナナヤケ財相は、スリランカ国内での中国の他の事業の多くを批判しながらも、私にそう語った。[13]

中国の商業的関心が拡大すれば、中国政府がその海外資産を守ろうとするのも完全に理にかなったことだ。中国の軍用船が友好国の港に停泊することそれ自体に、脅威を与える性格はない。米軍もこの数十年間、同じことをしてきた。「中国はインド洋の国ではないが、この地域に大きな関心を持つ正当な理由があることをインドは理解すべきだ」。中国の元駐コルカタ総領事で、中印関係の専門家であるマオ・シウェイは、潜水艦入港の一件のあと、自分のブログにそう書いた。そして、厳しい調子でこう付け加えもした。「同時に、中国は資金があるからというだけで権力を振りかざすべきではない。この地域を支配しているのはインドなのだから[14]」

パキスタン

インドはスリランカが中国の影響圏に引き込まれるのを見るのは好まないが、それよりもはるかに、中国のパキスタンに対する「全天候型」の友好的態度のほうを心配している。インド洋では、この不安はコロンボから三〇〇〇キロ北西のグワーダルに向けられる。一九五八年にオマーンがまだ独立して日が浅いパキスタンに、マクラン海岸の西のはずれにある土地を割譲したとき、グワーダルは小さな漁村にすぎなかった。一九六〇年代になって、パキスタンの軍事政権がこの砂漠の前哨地に空・海軍基地を建設し、インド国境に近いカラチに代わる軍事拠点にする計画を立てた。その後、一九八〇年代にはソ連の戦略家がグワーダルを中央アジアから石油と天然ガスを輸出するための連絡拠点に変えることを夢見た。しかし、アフガニスタンからのソ連軍の撤退とその後の混乱に続き、ソ連自体が解体したため、この計画は頓挫した。[15]

二〇〇〇年、パキスタンの新しい指導者パルヴェーズ・ムシャラフ将軍がグワーダルに深海港を建設するための資金援助を中国に求めたとき、その夢は中国のものになった。アラビア海岸から中国まで石油と天然ガスを送るパイプラインの建設を思い描き、中国政府は了承した。新しい深海港の開発第一段階に中国は二億ドルを注ぎ込み、港は二〇〇七年一月に開港、シンガポール港湾庁（ＰＳＡ）が四〇年間の管理契約を結んだ。このころ、アメリカのジャーナリストで地政学の第一人者でもあるロバート・カプランが、著書『インド洋圏が、世界を動かす』（奥山真司・関根光宏訳、インターシフト、二〇一二年）のリサーチのためにグワーダルを訪れた。「パレスチナのヤッファやレバノンのティルスの一九世紀のリトグラフを思い起こす」。彼は歌い上げるように書いている。「白く湿った霧から現れるダウ船に積まれた銀色の魚を、漁師たちが岸へ放り投げる。彼らは汚れたターバンを巻き、民族衣装のシャルワール・カミーズを着て、ポケットからは数珠が垂れ下がっていた」。第二のドバイの建設のために押し流される以前の古いグワーダルを目にできた自分の幸運を、カプランはそう表現した。[16]

開発の第二段階では、グワーダルの活気ある港を商業ハブにして、新しい高速道路で国内の他の地域と結ぶことを目指した。具体的には、ＰＳＡの管理下で新たに四つのコンテナ積み下ろし場、ばら積み貨物ターミナル、ふたつの石油ターミナル、石油精製所、ロールオン・ロールオフ船ターミナル、穀物ターミナルの建設が計画された。新しい高速道路はバロチスタン州の州都クエッタに通じ、既存の道路網と接続する。しかし、第二段階はほとんど実現しなかった。船はほとんど入港せず、新しい施設はほとんど建設されず、グワーダルは孤立したままだった。二〇一二年、この町の八万の人口のうち二万人が干ばつのために離れていった。港の操業のために割り当てられた土地をめぐり、その引き渡しを拒否したパキスタン海軍との論争に巻き込まれたPSAは、この不採算部門から撤退した。そのため、中国建築工程総公司の子会社である中国海外控股集団が港湾管理権を引き継いだ。

グワーダルが実質的に中国の港になった二〇一三年には、アラビア海への通り道を切り開くという夢はまだ幻想のように見えた。しかし、同じ年に発表された「一帯一路構想」が、このプロジェクトに新たな勢いを与えた。二〇一五年四月、習近平のパキスタンへの公式訪問中に、中国はパキスタン全土の総額四六〇億ドルのプロジェクトへの資金援助に合意した。その中にはグワーダル港の改修と新しい道路と鉄道建設のための一一〇億ドルも含まれた。[17]「中国―パキスタン経済回廊」はグワーダルを起点に、中国との国境を成す標高四七〇〇メートル以上のクンジェラブ峠を越え、新疆地方のカシュガルに至る。エネルギー計画にさらなる三四〇億ドルの資金が配分され、これにはおそらく拡張されたカラコルム・ハイウェイ沿いの石油とガスのパイプラインの建設も含まれた。中国の測量技師がすぐさまパキスタンにやってきて、この厳しい条件の土地にどうしたらインフラを建設できるかを検討した。

土木技術面での課題は山積みだった。一九七九年に完成した（一般に開放されたのは一九八六年）最初のカラコルム・ハイウェイの建設にかかった二〇年の間に、一〇〇〇人以上の建設作業員が命を落としていた。この山間の道路の危険性は二〇一〇年一月に世の中の注目を集めた。中国国境から一五〇キロ南の美しいフンザ渓谷で大きな地滑りが起こり、湖ができて高速道路の二二キロが水に沈んだのだ。中国路橋公司が高速道路の二区間を再びつなげるため、五か所の新しいトンネルと八〇の橋を完成させたのは、二〇一五年九月のことだった。[18]

中国にとって、この経済回廊はふたつの目的を持つ。中東からの石油輸入のための代替ルートを開くことと、国境を越えて浸透している武装過激派組織をもっと厳しく取り締まるようにパキスタンを説得することである。これに関しては、商業的利益ではなく戦略的な要因が動機づけになっている。二〇一〇年の地滑り以前から、中国のパキスタンとの貿易のうち、新疆からの陸の国境を越えて行なわれるのは一〇パーセントにも満たなかった。経済的に堅実どころか、「この巨大投資は実際には賄賂の一種だ」と、北京で活動している専門家は話す。[19]一帯一路プロジェクトに携わる政府の役人たちは、パキスタンへの投資金の八〇パーセントは失うことになるだろうとひそかに認めている。彼らは他の国でも同様の戦略的な計算をしてきた。ミャンマーでは投資の五〇パーセント、中央アジアでは三〇パーセントを失うだろうと推定している。[20]その裏にある論理は、もし中国がそれで地政学的影響力を拡大できるのであれば、そのくらいの投資金は捨てることになってもかまわない、というものだ。

パキスタンにおける最大の脅威は安全保障のもろさである。ここ一五年ほどの間に、数十人の中国人作業員や技術者がタリバンをはじめとする武装勢力の標的になってきた。一部の武装組織は外国人を、パキスタン政府との戦いを有利にするための格好の標的とみなしている。あるいは、中国とパキスタンの関係に緊張をもたらそうとして攻撃をしかける組織もある。「湾岸への玄関口になるどころか、パキスタンは国外に居住する中国人にとって最も危険な国になってきた。誘拐や殺人が恐ろしいほどの頻度で起こっている」。中央アジアの研究者アンドリュー・スモールは、著書『中国とパキスタンの枢軸 The China-Pakistan Axis』でそう述べている。[21] パキスタン政府は中国人労働者を守るために、一万二〇〇〇人の警備員から成る特別警備部隊の設立と、グワーダルを取り巻くフェンスの建設を検討しているという。しかし、攻撃は防げそうもない。

武装勢力の攻撃は回廊の両側、とくにグワーダルのあるバロチスタン州で頻繁に発生する。この州は一九四七年のパキスタン建国以来、五度の反乱を経験してきた。現地住民は外国人の移住と、政府による天然ガスや鉱物資源の開発に反対している（この点で、バロチスタン住民は新疆のウイグル人と不満を共有する）。二〇〇四年には、グワーダルへ向かう中国人技術者たちを乗せていたバスをバルチ解放軍が爆破し、三人が死亡し、九人が負傷した。ロケット弾の攻撃を受けたホテルで生き延びた人たちもいた。「グワーダルをドバイに変えようとどれほど努力しても うまくはいかない」。バルチ福祉協会のニサル・バルチ事務局長は、カプランにそう語った。「必ず抵抗がある。中国と結ぶ将来のパイプラインは安全ではない。バロチスタン州内を通ることになるだろうから、それによって私たちの権利が侵害されるのであれば、何であれ安全は保証できない」[22]

それでも、中国政府はパキスタンに何十億ドルもの資金をつぎ込むことに戦略的な価値があると信じて疑わない。もっとも、実際に約束する投資は新聞の見出しを飾る天文学的な数字と同じではなさそうだ。エネルギー安全保障に関していえば、ミャンマーに対するものと同じ論理で資金投入は意味を成す。マラッカ海峡が封鎖される可能性を考えれば、中国は代替輸送ルートを必要とするということだ。中東から中国まで石油一バレルをグワーダル経由で送るコストは、上海までタンカー輸送するコストより何倍も高くなるのは間違いない。しかし、グワーダルを経由するパイプラインは、正規のルートが利用できなくなった場合の裏ルートとして戦略的に使うことができる。この点で、グワーダルはベンガル湾のチャオピューと同様の役割を果たす。どちらの港も「マラッカのジレンマ」を解決することはないが、インド洋と南シナ海の間の狭い航路を通る輸送船に全面的に依存する危険を軽減する。

グワーダルは同じくらい貴重なもうひとつのものを提供する。ペルシア湾とアフリカ東部の海上路に近いインド洋に、永続的な海洋基地が持てることである。たとえ「経済回廊」が実現できなかったとしても――実際にその可能性が高いのだが――グワーダルはPLA海軍にとって戦略的価値がある。中国は雲南省と陸続きのチャオピューに海からもアクセスできれば利用価値が大きくなると期待している。しかし、ミャンマー政府との厄介な関係を考えれば、実現はむずかしそうに思える。中国にとってパキスタンとの緊密な関係は、グワーダルに特別な重要性を与える。港そのものが公式な中国の海軍基地になることは決してないだろうが、重要なのは海軍がアクセスできるかどうかである。

その状況でグワーダルがインドにとっての脅威になるかどうかは、専門家の間でも意見が分かれる。中印関係の専門家でシンガポールのリー・クアン・ユー公共政策大学院で教えるカンティ・バジパイ教授は、「中国はなぜグワーダルに海軍資産を築こうとするのか。インド海軍の格好の標的になるだけだろう」と指摘する。[23] しかし、アラビア海での中国の選択肢は増えている。二〇一五年五月、習近平主席のパキスタン訪問の直後に、中国の元級潜水艦がカラチの海岸に停泊した。中国の潜水艦がパキスタンに寄港するのははじめてのことだった。それからまもなく、パキスタン政府は中国からディーゼル電気推進型の攻撃型潜水艦八隻を推定五〇億ドルで購入することに合意した。重要なのは、そのうち四隻がカラチで建造されることだ。つまり、パキスタンがその技術を獲得できるだけでなく、中国もインド洋に自国の潜水艦用の管理施設を用意できる。[24]

インドにとってこの最新の中国―パキスタン枢軸は、うんざりするほどなじみのあるものだ。中国は公式には同盟国を持たないが、パキスタンとの友好関係は多くの公式の同盟関係より緊密といえる。外交専門家はこの二国間関係を「深い海よりも深く」「高い山よりも高く」「はちみつよりも甘い」とおどけた表現で言い表す。一九八二年、中国はパキスタンの核科学者に原子爆弾ふたつを製造するのに十分な濃縮ウランを提供することで、その熱意を証明した。しかし、これは実際にはパキスタンへの好意というよりも、インドという共通の敵の存在に動機づけされたものだ。中国とパキスタンは以前から互いへの感情を巧みに操ってインドを揺るがすために利用してきた。

したがって、インド政府から見れば、中国がパキスタンとインド洋に積極的に投資していることに疑いを持つのは、完全に的を射た反応だ。しかし、これらの施設がインドの封じ込めという一貫した戦略の一部になるかどうかは、まったく別の問題である。実際には、中国の海洋進出の野心に対するインドの疑念は、現実をかなり誇張している。中国はインド洋はもとより、南シナ海でさえまだ支配していない。インド海軍は「真珠の首飾り」についての不安をあおるデマをうまく利用し、国家予算からさらなる軍事費をしぼり取ろうとしている。それでも、「中国の脅威」のうわさ話は意図しない結果を招いていたかもしれない。バジパイ教授はこう語った。「真珠の首飾りは実際には存在しない。しかし、インド海軍は本当にあると信じている。それがリスクを現実のものにしかねない。もしインドがそのための海軍戦略を採用すれば、中国もそれに対抗し、結果として現実の対立を引き起こすだろう[25]」

インド

インドと中国の相互不信と競争意識は、経済に明らかな影響を与える。両国の関係は一九六〇年代から七〇年代の最悪の時期と比べれば、大きく改善した。どちらもこの一五年間は多くの分野で協力し、二国間貿易は二〇〇〇年の二〇億ドルから二〇一四年には六五〇億ドルへと急成長してきた。しかし、通商関係はまだ十分に開発されていない。中国とインドを合わせた人口は二七億で、世界人口の四〇パーセントに近づきつつある。GDPは合わせて一三兆ドルを超える。両国は四〇〇〇キロ近くにわたって国境を接する。それでも中国のこの最大の隣国との貿易高は、タイと同じ程度でしかない。北京とバンコク間の航空便は北京とデリー間に比べて八倍も多い。アジアの二大国間の頼りない絆は、世界の貿易と投資にとってとてつもない機会の喪失を意味する。[26]

中国の温家宝首相がインドを訪問した二〇一〇年には、どちらの国も緊張した関係をより友好的なものに変えようとしていた。両国は二国間貿易を二〇一五年までに一〇〇〇億ドルまで増加させるという野心的な目標を掲げるとともに、インドの対中国貿易赤字を削減することでも合意した。両国の関係を批判するインド人は、中国がインドに莫大な量の消費財や資本財を輸出しているのに対し、インドはほんのわずかの鉄しか輸出していないと指摘する。インドは薬品やITサービスの輸出増加を望んでいるのだが、関税の壁に阻まれているという。温家宝首相の訪問から四年間に、インドの中国への輸出は五分の一ほど落ち込んだ。その間も中国からの輸入は四〇パーセント増え、インドの貿易赤字は約四〇〇億ドルと倍に膨らんだ。

二〇一四年五月にナレンドラ・モディが首相に就任すると、両国の関係が改善するのではないかと再び楽観的な空気が広がった。モディは故郷グジャラート州の州首相時代に、投資を呼び込む目的で四度中国を訪れたことがあった。彼の実務的で現実的なアプローチに、中国政府はビジネスの話ができる相手だと感じとった。その年のうちに、習近平主席はインドに大人数の貿易代表団を送った。彼らはグジャラート州を訪ね、インドの伝説に残るほどのインフラの欠陥を正す支援をすると約束した。「インフラ建設と製造業での豊かな経験を持つ中国は、インドにおけるこれらの分野の開発を支援する用意がある」。習近平はモディにそう告げた。[27] ニューデリーでの会談の終わりには、中国がインドの老朽化した鉄道を近代化し、環境にやさしい「スマートシティ」の建設に協力し、西海岸のグジャラート州とマハラシュトラ州に経済特別区をつくることで合意した。習近平はインドからの薬品や農産物などの輸出品に対して、市場をもっと開放することも約束した。

しかし、残念ながら、習主席の訪問は山岳部のラダック地方での国境をはさんだ対立でケチがついた。インド政府は中国の兵士がインド領内で道路を建設していると非難した。モディは国境線をめぐる論争の早期解決を求め、「両国の実りある関係」は、「政府間と国境での和平」が成立するまでは実現しないだろうと釘を刺した。[28] インドの外交官はこの事態に衝撃を受けるとともに困惑し、中国が意図的に交渉を阻害して両国関係の改善を妨げようとしているのではないかと疑った。しかし、本当のところをいえば、国境の侵害は中国政府が計画的に行なったものでも、軍と連携していたわけでもなかった。関係者の話では、インド軍が新しい監視所を設立したときに、PLAがインド領に入ってそれを破壊したのだという。彼らは当然の任務としてそう行動したのであり、北京に報告はせず、外交上の悪影響を与えるとも考えていなかった。[29] 習近平は結局、二〇〇億ドルの投資を約束してインドを離れた。事前に大げさに宣伝していた一〇〇〇億ドルよりはるかに少ない額だった。

二〇一五年五月、ナレンドラ・モディの首相としての中国初訪問に先立ち、私はモディ政権の顧問役を務める実業家で著述家でもあるガーチャラン・ダスと昼食をともにした。引退して専業の著述家になる前は、彼はインドと東南アジアでプロクター・アンド・ギャンブル社のCEOを務め、その後、同社の世界戦略立案部門を率いた。私たちはデリーのタージマハル・ホテルにある、涙が出るほど高級な「わさび」という日本料理店で会った。「中国は私がインドへの理解を深めるのを助けてくれる」。東京の築地魚市場からその日の朝に空輸された一切れ一五ドルの刺身を食べながら、ダスは話の口火を切った。「中国はつねに強い国家と弱い社会を持つ国だった。インドはその反対で、強い社会を持つ弱い国だった。要は、私たちはそのどちらも必要としているということだ。強い国家は世の中を動かし、強い社会は国にその責任を持たせる。中国は政治を正さなければならず、インドは政府を正さなければならない[30]」

もっと密接に協力し合うことがどちらの国にとっても利益になるだろう、と彼は続けた。そして、インドを製造大国に変革するというモディの計画に話を移した。「インドはさらに拡大し、中国の貿易ネットワークの一部にならなければならない。インドは中国の輸入品に公平な競争の場を与えてこなかった。われわれはもっと自信を持って市場を開放する必要がある」。ダスは冷酒をすすりながら言った。「中国がインドの製造業に投資してくれるのなら申し分ない。そうすれば、インドが必要とするものを国内で製造することができる。これがモディの夢だ。中国の投資は官僚主義的な手続きと防衛上の不安のために後退している。われわれはその点についても、もっと自信を持たなければならない」。彼は国境問題についても触れた。

自由貿易の恩恵は保護主義を凌駕する。しかし、安全保障上の不安がこれまで投資に影を投げかけてきた。インドは何としてでも国境問題を解決し、経済関係を打ち立てる必要がある。インドはアルナーチャル・プラデシュをめぐる紛争を終わらせたいと考えている。

結局、モディの中国訪問はたくさんの笑顔の写真をもたらしたが、実益はほとんどなかった。習近平がモディを陝西省の自宅に招いたことは、どちらの側にも過去の恨みを忘れたいという思いがあったことを意味する。中国の指導者が外国の首脳を北京以外の地方に招くことはめずらしい。しかし、それでもまだインドは、モディが力を入れる「メイク・イン・インディア」の製造業促進政策――東アジアの開発モデルの一部を手本にした政策――に必要なインフラ建設を、中国にまかせる覚悟はできていないようだ。もっとも、いくらかの前進は見られる。インドはBCIMの中国とコルカタを結ぶ新しい高速道路の建設に、警戒しながらもゴーサインを出した。また、中国鉄路総公司はデリーからチェンナイまでインド南東部の海岸沿いに全長二二〇〇キロの高速鉄道を建設した際の採算性を調査している。しかし、これらのプロジェクトが実現するかどうかは疑わしい。中国とインドの関係を強化するはずの経済的な開発は、安全保障上の懸念が両国関係に影を投げかけているかぎりは、実行に至らないだろう。

これらの懸念が、インドが中国の周辺国との関係を強化する動きの一因となっている。二〇一五年、モディはインドの首相として二七年ぶりにスリランカを訪問した。また、日本、アメリカ、オーストラリア、ベトナム、モンゴル、韓国との関係改善にも意欲を見せてきた。日本との関係はとくに注目に値する。モディは日本の安倍晋三首相との相性がよいらしく、ムンバイからアーメダバードまで総工費一五〇億ドルの新たな高速鉄道建設の契約を取り交わした。これは中国と日本が激しく競い合っている経済外交分野である。モディは中国のアジア海域への拡大に反対する協調体制を築こうとする安倍首相の考えに賛意を示し、アジアの大国たるインドと日本は、中国の「拡大主義の攻勢」を押しとどめなければならないと発言した。[31]

中国は、インドとアメリカの間に戦略的同盟が芽生えつつあることも警戒している。すでに二〇一〇年の段階で、オバマ大統領はインド議会に対して、世界で最も人口の多い民主国家である両国の関係は「二一世紀を決定づける提携関係のひとつ」になるだろうと語っていた。[32] 中国の台頭はアメリカとインドを互いに近づける役割を果たしている。アメリカはアジアでの優位を維持するためにインドを必要とし、インドは地域大国としての地位を強化するためにアメリカを必要とする。アメリカ政府はインドをその安全保障ネットワークに取り込むことが不可欠だと考えている。その国土の大きさだけでも、中国の拡大主義に対する自然の防波堤になるからだ。地理的にペルシア湾とアフリカ海岸部に近いことも、中国が輸入する石油と天然ガスを輸送する海路に戦略的アクセスを与える。インドとの関係を強化することで、アメリカはアジア全域を掌中に収め、西太平洋から東南アジアを横断してインド洋地域まで、弧を描くようにその影響力を拡大することができる。二〇一五年、インドはアメリカとの「共同戦略的ビジョン」に署名した。海洋での安全保障上の協力とインド洋と西太平洋上の自由な航行を約束するもので、明らかに中国に対する牽制を意図したものだ。

もっとも、インド政府は極端なアメリカ寄りの姿勢をとらないように用心深く行動するだろう。モディは中国とのより緊密な経済協力を強く望んでいるからだ。とはいえ、残念ながら中印関係改善の突破口を見いだす望みは少ない。インドの外交関係者の間では、中国は国境をめぐる対立で歩み寄る意欲を見せているとささやかれているものの、それはまだ現実にはありそうもない。ブラーマ・チェラニー教授は私に、「中国は繰り返しインドをクワの茂みに追い込んでいるだけだ」

と言った。中国政府はインドをむずかしい立場に置く現状に満足している。つまり、インドは西ではパキスタンの動きに目を光らせなければならず、同時に東の情勢からも目を離すことができない。ヒンドゥー・ナショナリズムを掲げて権力の座についたモディは、国家のプライドという感情がからんだ面では妥協することができない。

スリランカ

二〇一五年三月のナレンドラ・モディの二日間のスリランカ訪問は、インドとその南の隣国との関係改善の突破口となった。一九八〇年代後半にインドがスリランカ内戦に介入し失敗したことで、両国関係は傷を負った状態だった。私がモディより一日早くコロンボに到着したときには、空港からの道路にはインドの三色旗がはためき、迷彩色の軍服姿の兵士たちがライフルを抱えて並んでいた。モディのポスターも、「スリランカへようこそ」の歓迎の言葉で飾られていた。

インドの首相としてのモディの訪問は、一九八七年に当時のラジーヴ・ガンディー首相がインド・スリランカ和平協定の調印のためにコロンボを訪れて以来のことだった。一時的休戦協定の下で、スリランカ軍は島の北部から撤退し、代わりにインドの平和維持軍が到着して、「タミル・イーラム解放のトラ」（ＬＴＴＥ）など過激派組織の武装解除に当たった。しかし、平和維持軍はすぐに欧米では「タミル・タイガー」の名でも知られるこの武装組織との戦闘に巻き込まれていく。とくに陰惨だったある戦闘で、インド軍兵士がジャフナの教育病院で七〇人もの民間人を虐殺したとして非難された。インド軍の存在への民族主義的な敵意が高まり、スリランカ政府は平和維持軍の撤退を要求した。それまでに、一〇〇〇人を超えるインド人兵士が死亡していた。一年後の一九九一年、ラジーヴ・ガンディーがＬＴＴＥの自爆テロで暗殺された。二国間関係は行き詰まり、中国がスリランカに進出する好機を与えた。

二〇一五年一月に生まれたスリランカの新連立政権は、モディに議会で演説する機会を提供した。インドの首相としてははじめてのことだ。モディは両国の共通の遺産を強調し、ふたつの国は「あらゆる点で最も親密な隣人である」と言い、さらに「一二億五〇〇〇万人の友、そしてスリランカクリケットの数百万のファンからの親善の気持ち」を携えてきた、と宣言した。文化を共有するインドとスリランカは、最も親しい経済的パートナーになるのが自然だろうと彼は言った。「理想的な隣人同士として、私が思い描くのは、貿易、投資、技術、アイデアと人々が国境を越えて自由に行き来する関係である。この広大な地域を陸と海で結ぶことで、ふたつの国は地域全体の繁栄の原動力になれる」。最後には、インド洋地域の安全を強調した。「両国の安全を別々に考えることはできない。同様に、近隣海洋地域に対して責任を共有する必要があることも明らかである[33]」

これらの耳に心地よい言葉の裏には、決して口にはされないものの、迫りくる中国の影があった。隣国同士として、インドとスリランカは実際に自然な経済的パートナーである。しかし、現実を見れば、中国のスリランカへの経済的影響力はインドより何倍も大きい。モディにとって、これはスリランカに到着した瞬間から明らかだっただろう。空港から彼を乗せたリムジンは、コロンボ市内まで完璧に舗装された高速道路をスムーズに走り、その道路には通行料の自動徴収システムが整っていた。インドにはこれほど近代的で立派な道路はひとつもない。[34] 滞在したホテルのインド洋に臨むスイートルームからは、コロンボ港・南コンテナターミナルの巨大なクレーンが、世界最大級のコンテナ船にコンテナを積み込んでいるのも目にしたことだろう。空港からの高速道路もコンテナターミナルも、中国企業が出資し建設したものだ。

これらはまさに、中国のリーダーたちが「グローバル進出」や「ウィンウィン外交」を詩的に語るときに思い描いている種類のプロジェクトである。モディのコロンボ訪問のちょうど一週間前、李克強首相が全国人民代表大会への報告の中で、国外でのインフラ投資プロジェクトにさらに多くの中国企業の参加を呼びかける政府の計画について発表した。政府は機械と設備分野、とくに電力、通信、輸送産業での世界市場における中国のシェアを増すために努力する。また、中国の外貨準備高を中国企業への支援と諸外国の製造能力向上のための援助の両方に利用する経路を広げることを約束した。[35]

中国の経済外交はその絶頂期にあり、約束した相互利益を実際に引き出せる能力がある。それでも、スリランカの経験は中国の対外事業の醜い側面も明らかにする。二〇〇九年から二〇一四年にかけて、中国はスリランカで総額五〇億ドル近いプロジェクトに融資した。[36] 道路と港のほかに、中国企業は橋、鉄道、石炭火力発電所、国際空港を建設してきた。これらのプロジェクトは、マヒンダ・ラージャパクサ前政権の下で取り決めがなされたものだ。強引なことで知られた前大統領は、二〇一五年一月の選挙で権力の座から引きずり降ろされた。彼の失墜の原因のひとつは、中国との腐敗した関係といわれる。選挙運動中、反対陣営のマニフェストは、中国によるスリランカの新たな植民地計画について間接的に触れていた。「白人が軍事力によって乗っ取った島を、今度は一部の有力者に身代金を支払うことで、外国人が獲得しようとしている[37]」

ラージャパクサの中国との蜜月には、政治的ななれそめがある。中国政府は二六年に及ぶスリランカ内戦を終結させるため、二〇〇九年にスリランカ政府が使用した武器の大半を提供した。その結果、四万人のタミル人の民間人が犠牲になった。虐殺の非難にもかかわらず、中国はこの件が国連安全保障理事会や人権委員会の議題に上がるのを防いだ。「ラージャパクサ政権は中国をスリランカの究極の友人にして救世主とみなしていた」。調査研究団体「代替政策センター」のパイキアソシー・サラワナムットゥ代表にコロンボでコーヒーを飲みながら話を聞いたとき、彼はそう言った。「国際的には、スリランカにとって中国との関係は、戦争犯罪の非難に抵抗するための保険だった。中国は欧米の諸大国とインドという巨人に対して、グローバル・サウス（南の発展途上国）の推進者であり保護者である[38]」

私は新しい連立政権の行政・民主統治担当大臣を務めるカル・ジャヤスリヤに、中国のビジネス取引はラージャパクサ政権ではどう扱われていたのか質問してみた。私たちはコロンボ南部にあるエレガントな彼の自宅で会った。二〇世紀を代表するアジアの建築家であるジェフリー・バワが設計したものだ。流れるような白いローブ姿で現れた学者風の物腰のジャヤスリヤは、スリランカの中国との貿易関係は六〇年以上前の「ラバー・ライス協定」（ゴムと米の交換）にさかのぼると説明した。実業家でもあるジャヤスリヤは、自身も中国と密接に協力したという。一九七〇年代後半に中国が世界に門戸を開き始めると、彼は石鹼工場をつくって中国に輸出した。その後、一九八〇年代には、海南島へゴムの種一〇〇万個を無料で送ったことがある。それ以前にマレーシア、タイ、スリランカがその協力を拒否していた。「中国はとても感謝していた」と彼は言う。[39]

両国の友好的な関係は続いた。「内戦後、私たちは他の国からは十分な融資を得ることができなかった。そのため中国に頼るしかなかった」。彼はそう説明した。中国企業は政府にプロジェクトを求めた。ラージャパクサの政府はわざわざ競争的な入札を行なったりはせず、中国の銀行から資金を借り、無駄に贅沢なプロジェクトを中国企業に委託していたという。銀行は高い金利を課し、企業がラージャパクサの取り巻きたちにたっぷりのキックバックを支払えるようにした。ある推定によれば、この時期のスリランカのインフラ計画の七〇パーセント近くは、中国の資金で中国が建設したものだ。そのためスリランカの対外債務は二〇一〇年のGDP三六パーセントから、二〇一五年には九〇パーセント以上になった。[40] 政府の支出の大部分は中国への債務の返済にあてられた。

ラージャパクサと中国の契約企業とのなれ合いの取引による経済的影響は、相次ぎ生まれる無用の長物でしかない建造物だ。ラージャパクサの故郷である小さなハンバントタの町に建設された新空港は、乗客不足で扉を閉ざしている。町には不必要なコンテナ港の開発第二段階は延期された。ハンバントタの新しいクリケット競技場と会議センターはほとんど使われていない。中国でよく見かける無駄なプロジェクトとまったく同じである。「ラージャパクサはまだ存命中から、すべての建築物に自分の名前をつけていた」。ジャヤスリヤはそう声を荒らげて、あきれたように首を振った。この島が本当に必要としていた高速道路と発電所でさえ、必要以上の資金を使って建設されている。コストは当初の契約価格から四〇〜六〇パーセント上乗せされるのが当たり前で、そのかなりの部分は貪欲な政治家たちの懐に入っている。「中国企業も契約をとるためにその不正に加担している」

中国の銀行は通常よりもはるかに高い金利を課した融資で利益を得ていた。アフリカやその他の発展途上地域では、中国が意図的に操作した低コストのソフトローンをばらまいているという評判がある。中国のアジアインフラ投資銀行設立の提案にアメリカ政府が当初反対した理由のひとつは、中国の銀行が安い無担保ローンで他国の銀行を出し抜くことを恐れたからだ。それでも、スリランカのラージャパクサ政権は中国の銀行がこの島国を「金を生む乳牛」とみなして、もうけをしぼり取ることを許した。

高い金利は新政府と中国政府の間の大きな不和の種のひとつとなっている。「中国人は贈り物を渡さない」。胸板ががっしりして早口で話すスリランカのラヴィ・カルナナヤケ財相は、コロンボの自宅で私にそう語った。漆喰仕上げの柱が並ぶ大きな邸宅は、高い金属製のゲートに守られている。「中国は非常に営利的な条件で私たちに五〇億ドルの資金を融資した。ローンの大部分は金利六パーセントだが、高いものには八・八パーセントのものもある」[41]。比較をするなら、他の国際金融機関は二パーセント以下の金利が一般的だ。「この高コストは腐敗した関係からくるものに違いないが、過去の腐敗した体制による決定のために、納税者の負担を増やしたくはない」と、彼は続けた。座っているデスクの正面には、にこやかな笑みを見せるビル・クリントンと握手している写真があった。

新政府の選挙に続き、スリランカを中国のかぎ爪から自由にするための闘いの最大のシンボルは、コロンボ・ポート・シティと呼ばれる総工費一五億ドルの贅沢な不動産プロジェクトだった。開発業者の中国交通建設は、コロンボ湾の二三三ヘクタールの埋め立て地の不動産開発を計画していた。契約条件には、中国国有企業だが香港で上場しているこの開発業者が八八ヘクタールの土地を九九年間借り受け、それ以外にスリランカの領土である二〇ヘクタールをすぐに所有することが含まれていた。習近平主席は二〇一四年九月に自らこのプロジェクトの着工式に出席した。笑顔のラージャパクサ大統領と一緒に赤いテープをカットしたあと、ふたりは浚渫船が埋め立て作業を始めるため、弧を描くように海面に砂を吐き出すのを眺めた[42]。

二〇一五年一月の選挙で圧勝し、権力の座についたスリランカ新政権は、中国が援助するプロジェクトを見直すことを誓った。同年三月には、コロンボ・ポート・シティの建設作業が中断された。土地の所有権についての法的問題に加えて、プロジェクトの財政面と環境への影響についても疑念が持たれたからだ。この開発で最終的には三〇万の人々に住む家を与えることが可能だが、水源、下水道、あるいは交通への影響についてわざわざ調査しようという者はいなかった。同じ月に私が訪ねたときには、港から延びる巨大な人工の砂州のところどころに掘削機が固定されていた。境界フェンスに結びつけられた看板には、このプロジェクトは「政府関連団体からの承認」を得るまで再開されないと書いてあった。

コロンボ・ポート・シティの契約は適切な手順を踏まずに、トップレベルの決定と支援により結ばれた。これは中国の驚くような対外投資・建設プロジェクトへのアプローチとして、よく見られる典型的なものだ。中国の実業家、外交官、銀行家は、外国のエリートたち、とくに欧米の投資家や国際金融機関からは敬遠される、政治的に疑わしい体制に属する者たちをもてなし、おだてることを得意とする。他国への内政不干渉という中国の政策は多くの商業的機会を運んでくるが、それは中国企業が取引相手である腐敗した体制との関係を強化することも意味する。その状況が、こうした企業を世論の変化や相手国の政治情勢の変化に対して極端にもろくする。

中国企業にとってのスリランカの環境は、新政権の樹立後に劇的に変化した。「私たちは中国企業に明瞭で透明性のある、優れたガバナンスを求める」。カルナナヤケは力強い口調で私に言った。「おそらく中国企業は過去には不正に手を染めなければならなかっただろう。もし現在もそうであれば、この国でビジネスをする資格はない」。スリランカ政府は中国の銀行への莫大なローンの返済について、その大部分を再交渉するつもりだという。「私たちは中国にこう言おうとしている。私たちは困難な状況にある。だから、債務を減らすことで助けてほしい」。二〇一五年初め、あるスリランカの大臣が記者たちに、中国の債権者、おそらくは中国輸出入銀行が、二パーセントの金利で巨額の貸付をすることに合意し、スリランカはそれまでのローンを六・九パーセントの金利で返済できることになった、と報告した。[43] 中国政府は明らかに、スリランカの新政府と距離をとるのは得策ではないと気づいていた。何といっても、この島国の戦略的重要性は大きいからだ。

しかし、スリランカの楽観的な新政府は、中国のかぎ爪から自由になることがどれほどむずかしいかも学んだ。二〇一五年末、外貨準備高の減少と国際収支の引き締めに直面し、政府はIMFに緊急融資を要請した。そして、再び中国にも助けを求めることになった。コロンボ・ポート・シティの建設工事の再開が発表され、さらには中国企業による海港と空港建設に加え、中国の投資家がハンバントタに経済特別区を建設する計画について交渉を始めた。中国はそこでの造船計画も検討しており、それが実現すれば、間違いなくインドに警鐘を鳴らすだろう。しかも、スリランカの防衛関係者によれば、スリランカへの中国海軍船の入港禁止が再検討されるかもしれない。「中国に対する態度は完全に変化した」と、内閣広報官のラジタ・セナラトネがロイター通信に語っている。「欧米の経済が厳しい状況にある今、ほかの誰が私たちに資金を提供してくれるだろうか？」[44]

資金はものをいう。そして中国はどの国よりも資金が潤沢だ。二〇一五～一六年に自国通貨の価値が下がり、外国為替では大損失を被ったあとでさえ、それは変わらない。スリランカの新政府は中国企業に対してルールに従うことを要求しつつ、貴重な投資源を失わないために注意深く綱渡りをしている。二〇一五年に北京を訪問したマイトリーパーナ・シリセーナ新大統領は、中国企業が直面している問題は「中国サイドの問題ではない」と強調し、代わりにラージャパクサ体制を非難した。[45]「わが国が中国に求めているのは、将来的な貿易につながる投資だ」。カルナナヤケ財相は私にそう説明した。「これまでのところ、中国からの投資はほとんどないに等しい。あるのはローンだけだ。そのすべてが建設プロジェクトに向けられている。私たちは中国にインフラ、物流、輸出用の産業製品に投資してほしいと思っている」[46]

これこそまさに中国の「一帯一路構想」が約束する種類の投資である。しかし、中国はスリランカのような民主国家ではどう動くのが賢いのかを見極める必要がある。どれだけ短期間でも、そこでの苦い経験は、外国への投資が政治的潮流の変化にどれほどもろいかを示している。中国はスリランカへの影響力を維持しているが、かつてのような揺るぎない立場を取り戻すことはありそうもない。ミャンマーを再び牛耳ることに苦労しているのと状況はよく似ている。スリランカは中国の投資を歓迎するかもしれないが、インド、日本、アメリカ、ヨーロッパの企業との協力も積極的に進めようとしている。

中国にとってスリランカは、外国の政治の変わりやすさに政府や企業がどれだけ機敏に反応すべきかを知るテストケースになっている。「中国人は民主国家との付き合い方をきちんと理解していない。この国がそうだったように、民主主義の国ではいつ政治体制の劇的な変化が起こってもおかしくない」。代替政策センターでサラワナムットゥが、ダンヒルのたばこをスパスパと吸いながら言った。「中国は腐敗した独裁政権を相手にしたほうが、何の心配もなくいられるのだろう」[47]。しかし、これは中国の外国でのビジネス取引が政治的に不安定な国で挫折した最初の例では決してない。そして、どこかの時点で、中国政府も腐敗したエリートたちと協力する方針はそろそろ見直したほうがいいと気づくだろう。

中国が「アジアの夢」を実現させるには、相互に利益のある発展を生み出すという約束を守らなければならない。中国政府が誇らしげに宣伝してきた「ウィンウィン」外交が本当は中国にとっての二重の勝利ではないのか——そして、共通の商業的利益という友好的な言葉が、本当はもっと利己的な目的をうまく隠すものではないのか——という疑念が残っているかぎりは、隣人たちの信頼を獲得することに失敗するだろう。

第六章　たぎりたつ海──南シナ海の地図

二〇一四年五月二三日の早朝、レ・チ・トゥエット・マイはタクシーに乗り、ホーチミン市の統一会堂の正面ゲートへ向かった。一九七五年四月三〇日にベトナム戦争が終結したその場所で、彼女はガソリンをかぶって焼身自殺した。統一会堂の警備員が二、三分で火を消したものの、六七歳の女性はすでに死亡していた。警察は彼女の焼死体のそばに、中国の南シナ海での行動を非難するスローガンが手書きされたプラカードを見つけた。その一枚には「中国の侵略の陰謀をたたきつぶすために団結を」と書かれていた。[1]

レ・チ・トゥエット・マイが自殺したのは、反中国の抗議と暴動がベトナム中に広まった一週間後のことだった。看板に漢字が書かれた工場は襲撃され、略奪にあい、破壊されて放火された。台湾の企業が所有する工場も多かった。数百人の中国人と台湾人が命の危険を感じて国外に逃れた。[2]この怒りの抗議は、中国海洋石油総公司（ＣＮＯＯＣ）がベトナム沿岸から一二〇カイリの海域に石油掘削装置（リグ）を設置したことに向けられたものだ。中国とベトナム双方が領有権

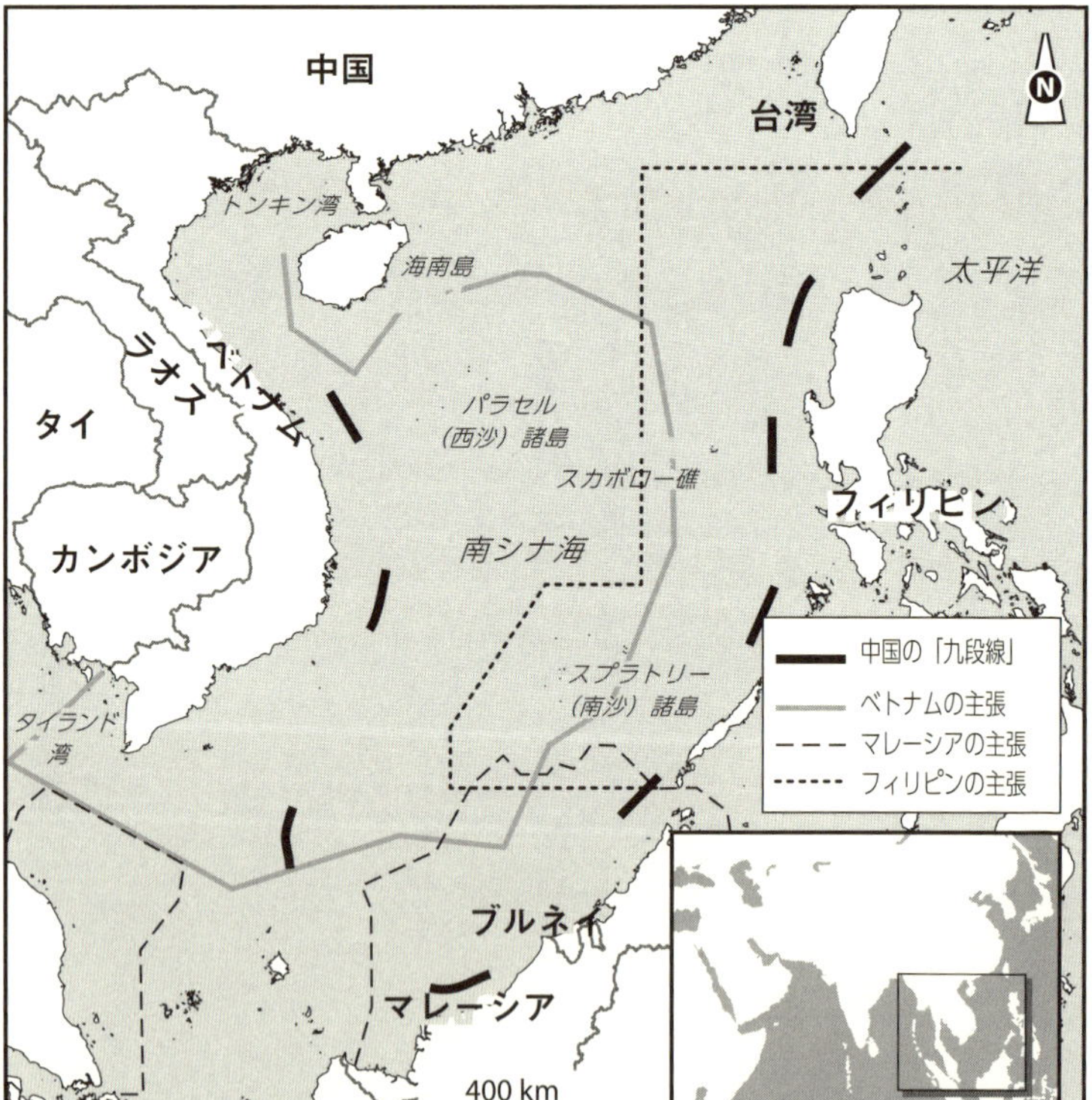

南シナ海におけるおもな領有権の主張

を主張している海域である。ＣＮＯＯＣはその一〇億ドル相当の「海洋石油９８１」リグの周囲に排他的水域を設け、五月二日に掘削を開始した。その操業を阻止しようとベトナムが送った船団は、中国船に衝突された。中国とベトナムの領土紛争は歴史が長いが、これはベトナム人兵士七〇人が犠牲になった一九八八年のスプラトリー諸島（南沙諸島）海戦以来の最も深刻な事態となった。ベトナムの通りでは、くすぶっていた反中国感情が一気に爆発した。

その石油掘削リグの場所は、中国とベトナムの海岸線からほぼ同距離にあるパラセル諸島（西沙諸島）の南西の端から一七カイリに位置した。パラセル諸島は北アイルランドやコネティカット州の面積ほどの海域に、一三〇のサンゴ礁の島、岩礁、砂州が散らばる。中国、台湾、ベトナムがそれぞれ領有権を主張しているが、一九七四年の海戦で中国が南ベトナム軍を破ってからは、中国が実効支配してきた。中国海軍の潜水艦の主要基地である海南島からは南東に三五〇キロの場所にあり、中国は一九八〇年代から、この諸島の領有権を確かなものにするために資金を投入してきた。群島の中で面積が最大のウッディ島には、大きな人工の埠頭と、戦闘機や小型の旅客機が離着陸できる滑走路を建設した。二〇一二年七月以降、この島は正式に海南省三沙市——地級市と呼ばれる省と県の中間の行政単位——の行政中心地として機能し、南シナ海での中国の主権主張に関する業務を管理している。島の住民は一〇〇〇人ほどで、店舗、オフィス、ホステル、簡易食堂、郵便局、銀行、学校、病院がある。中国政府はこのかつては無人だった島を完全な中国の領土にするために、最善を尽くしてきた。[3]

公正な観察者として見るなら、中国のパラセル諸島に対する主張にそれなりの説得力があることを――ベトナムの主張と大差ないことは明らかだが――否定はできないだろう。しかし、そこから数百キロ南のスプラトリー（南沙）諸島に対する中国の領有権の主張はきわめて疑わしい。スプラトリー諸島はベトナム南部、マレーシア、フィリピンの沖合に位置し、七五〇以上の島、小島、岩礁、環礁から成る群島である。これらの土地の一部またはすべてについて、六か国がその領有権を主張している。中国が「わが国の最南端の領土」と主張するジェームズ礁の例を見ると、そうした主張がどれほど茶番であったかがわかる。ジェームズ礁は純粋な陸地の形を成すどころか、実際には砂州にすぎず、最も高い場所でも海面から二二メートルは下にある。この礁はまた、他国も中国南端の領土と認める海南島から一五〇〇キロ以上離れた場所にある。それと比べれば、マレーシアの海岸からは八〇キロしか離れていない。それでも中国は歴史が地理より優先される、と言い張っている。

アメリカ国防総省によれば、中国は二〇一四年以降、南シナ海に面積にして三〇〇〇エーカー［一エーカー＝約四千平方メートル］を超える人工の島を造成してきた。[4] 最も集中的な埋め立てを実施してきたのがスプラトリー諸島で、二〇一四年と二〇一五年だけでも七つの小島をつくった。ベトナム、マレーシア、フィリピン、台湾もそれより早くから埋め立てを始めていたが、中国のほうがはるかに規模が大きかった。二〇一五年にワシントンD.C.の戦略国際問題研究所が公表した衛星写真を見ると、中国の浚渫船が海底の堆積物を吸い上げて、以前は海水に沈んでいた砂州の上に積み重ねているのがわかる。[5] スプラトリー諸島で中国がとくに戦略的に重視しているファイアリークロス礁には、港湾施設、レーダー装置、そして大型の輸送機が着陸できる長さのある滑走路を建設した。中国政府はほとんどが民間用のものと言っているが、海・空軍力の強化を意図していることは明らかだ。スプラトリー諸島は中国本土から離れているため、より強い防衛能力が必要であると認めさえした。[6]

東南アジア諸国にとって、南シナ海での中国の行動は明らかな拡大主義政策にほかならない。ここでは、習近平の高らかに宣言された「チャイニーズ・ドリーム」は悪夢のように見える。二〇一六年二月、アメリカ国防総省は中国がウッディ島に新型地対空ミサイルを配備したことを確認した。スプラトリー諸島にもミサイルを配備したとしても、驚く観察者はほとんどいないだろう。[7] 南シナ海のさらなる軍事化を恐れ、アメリカ政府はこの領有権の問題では中国以外の国の側についている。中国に対してはたびたび「攻撃的な」行動を控えるように警告し、係争水域にある諸島周辺に戦艦を送った。フィリピンのベニグノ・アキノ元大統領は中国の地域的拡大主義を何度も一九三〇年代のナチスドイツにたとえていた。[8] アメリカ国防総省にも助言している安全保障アナリストで著述家のロバート・カプランはこう警告する。「ドイツの国土が冷戦の最前線になったように、南シナ海の海域が今後数十年の軍事的最前線になるかもしれない」[9]

＊

一九七五年、鄧小平はベトナムのレ・ズアン共産党書記長に、南シナ海の島々は「古代から中国に属する」と言った。それ以来、その言葉は東南アジア諸国の領海の奥深くにまで入り込む海域について、その領有権の主張を支持する数え切れない公式資料に使われてきた。[10]中国政府は九から一〇本の短い境界線から成るU字型のライン（「牛の舌」にたとえられることもある）を書き込んだ地図で、その主張を強化している。ベトナムの海岸線を南に下り、マレーシアとボルネオ島の海岸線に沿って東へ向かい、フィリピン諸島沿いに再び北上して、台湾までをつなぐラインである。中国はその地図が南シナ海のほぼ全域を中国が領有してきた歴史を表すものだと言うが、これまで歴史的根拠をきちんと説明したことは一度もない。実のところ、古代に南シナ海を領有していたという中国の主張は、ほとんど作り話でしかない。

二〇〇〇年近くの間、南シナ海と東南アジアの沿岸部は通商や物々交換を行なう多言語の社会だった。陸の境界線は固定されておらず、海の境界線は存在しなかった。中国の船が南シナ海を横切って通商のための航海を行なったという考古学的な証拠は一〇世紀以降のもので、ミンナンの王国の貿易業者が現在の福建省の泉州の港から出航した。中国の商業船団が東南アジアの貿易業者の船団を数でしのぐのは一六世紀後半のことである。しかし、彼らの船が通過した島々が中国に「属した」ことはない。明の朝廷は一五世紀初めに偉大な武将、鄭和が指揮をとる海洋探検隊を南シナ海からさらに遠方への航海に送り出した。しかし、この積極的な海洋進出の時期は三〇年しか続かなかった。明の皇帝の関心が国内に移ると、鄭和の地図は燃やされ、彼の船は放置されたまま朽ちていった。ジャーナリストのビル・ヘイトンはこの地域に関する優れた歴史書の中で、こう書いている。「中国は南シナ海の島々まで到達できる軍艦を持っていなかった。五〇〇年後にアメリカから一隻与えられるまでは[11]」

一八世紀に中国の商人や労働者が東南アジアで運試しを始めると、南シナ海のへりに沿って「非公式の帝国」が発達していった。何千という中国人移民がプランテーションを開いたり、鉱山で働いたりして、この地域にコミュニティを築いた。しかし、これらの移民たちも、清の政府も、海岸線を越えた広大な青い海原に注意を向けることはあまりなかった。中国人商人たちは一般に、陸地に近いところしか航行しなかった。インドシナ沖の群島がそれより遠くの海洋への航海を阻むという伝説があったからだ。これは一八二一年になってようやく、イギリス東インド会社の水路測量技師によって誤りであることが証明された。彼が発行した最初の南シナ海の海図には、パラセル諸島とスプラトリー諸島のほぼ正確な地図も含まれていた。しかし、中国はこのあたりの地理的知識が乏しかった。作家の汪文泰は一八四三年にスプラトリー諸島についてこう書いている。「大きな岩があるが、それらについては何もわからない[12]」

南シナ海の現在の境界線の基礎は、一九世紀に東南アジアの大部分を植民地化したヨーロッパ列強によって決められた。各国の領土が画定され、ウェストファリア体制に従って国境線が引かれた。しかし、これはこの地域の国々にとってはまったく異質な概念だった。伝統的な支配者たちの権威は、王国の中心部から放射線状に延びるのが一般的で、距離が遠くなるほど影響力は小さくなる。国土の境界線はいつもあいまいで、海の境界線はそれ以上にあいまいだった。現在の政治的境界線は西洋諸国が領土を分割したときにできたものにすぎず、その境界線を海まで延ばしただけだった。中国では、近代的な主権国家の概念が根づくのに長い年月を必要とした。中国の新しい共和制政府が清帝国の崩壊後に製作した最初の地図には、国境がまったく描かれていなかった。

一九一四年、中国のある地図製作者が、一七三五年に清の乾隆帝が皇位に就いたときの中国の領域を表すと思われる地図を発行した。それを見ると、南シナ海における境界線はベトナム海岸の中央から一五度北までしか引かれておらず、その境界内にある諸島は台湾の南西にあるプラタス諸島（東沙諸島）とパラセル諸島だけだった。しかし、一九三三年、フランス政府がその一〇〇〇キロほど南にあるスプラトリー諸島を併合すると発表したときには、中国政府は反論した。軍事評議会の極秘報告書には次のように記されていた。「わが国の地理学者すべてが、「パラセル諸島にある」トリトン島はわが国最南端の領土であると認めている。しかし、「スプラトリー諸島の」九島が過去にはわが国の領土だったという証拠も見つかるかもしれない」[13]。この年、中国は陸海地図評価委員会を設立した。一九三五年には、同委員会が中国への帰属が正当とされる島々のリストを発表し、その中にスプラトリー諸島の九六島も含まれていた。

一年後、中国地理学会の設立メンバーのひとりが、さらに一歩踏み込んだ。白眉初は筋金入りの民族主義者で、それ以前にも「中国の国家的屈辱」を表す地図を発表していた。ヨーロッパ列強と日本の帝国主義者の手によって中国から奪われた領土を表したものである。中国の「正当な」領土の境界線を記した彼の『中国建設新図』には、南シナ海のほぼ全域、南はジェームズ礁までを含むU字型のラインが引かれていた。中国国民党政府も一九四七年に、一一の境界線（一一段線）から成るU字型を書き込んだ同様の地図を発行した。[14] 一九四九年の中華人民共和国建国後、新しい共産党政府はこの地図を採用して一部を修正し、「九段線」に引き直した。

その地図はそれ以来、中国が南シナ海のおよそ八五パーセントの「主権的権利」を主張する根拠として使われてきた。二〇〇九年五月、中国が国連大陸棚限界委員会に提出した地図には、中国の「南シナ海とその周辺海域に位置する諸島に対する明白な主権」を示す「九段線」が引かれていた。[15] これは、「九段線」が国際的な背景で使われた最初の事例となったが、現在は中国の公式地図すべてに使われている。

当然のことながら、東南アジアの隣人たちは憤慨した。この地図の発行が引き金となって、それまでの二〇年間に大きく改善されていた地域関係が急速に悪化する。南シナ海の島々は「古代」から中国の領土だったと発言したにもかかわらず、鄧小平は中国の領有権の主張を南シナ海にまで広げることには慎重な姿勢をとり、経済協力を強調することを優先した。実際に、鄧小平は自分が最も誇らしく思う外交政策上の成果は、アメリカとの完全な国交正常化ではなく、東南アジア諸国との関係の改善だったとよく話していた。かつては恐ろしい敵だった中国が、パートナー候補に変わったのだ。[16]

しかし、二〇〇九年、そうした抜け目ない外交に徹した年月が終わりに向かい始めた。国連に地図を提出したのち、中国は南シナ海における領有権をそれまで以上に強く主張するようになる。エクソンモービルやBPにはベトナム沖の探査を中止するように警告し、他国の漁船への嫌がらせも始めた。そして、中国にとってこの三五〇万平方キロの海洋は、チベットや台湾と並ぶ「中核的利益」だとはじめて表現した。これがアメリカの介入を招くことになった。当時のヒラリー・クリントン国務長官は、南シナ海は世界の商船貨物の半分以上が通る航路であり、南シナ海の航行の自由はアメリカの「国益」に関わると強く主張した。この発言が今度は、二〇一〇年七月にハノイでASEAN（東南アジア諸国連合）の年次総会に出席していた当時の楊潔篪外相からの怒りに満ちた反応を引き起こした。「中国は大国で、他国は小国である。それはただの事実にすぎない」と、彼は声を荒らげた。[17]

中国の目的は南シナ海に適用される枠組みをつくり、それに近隣の小国を押し込むことだ。ASEANでは最大の大国であるインドネシアは、ASEAN諸国の団結を呼びかけるという形で反応した。民族主義的な立場をとる中国の『環球時報』は、ASEANが引き下がらないかぎり、「砲弾の音」を聞くことになるだろうと警告した。[18] しかし、中国政府の好戦的な態度は逆効果だった。ミャンマーとカンボジアにASEAN内で中国の利益になる行動をとるように圧力をかけると、タイとシンガポールはインドネシアとベトナム側につき、めったに見られない結束の強さを見せた。さらに悪いことに、ASEANは東南アジア諸国に再びアメリカに歩み寄るように説得した。それこそがそもそも中国政府を最初に憤慨させていた状況だ。二〇一二年、「アジア回帰」の一環として、アメリカは世界の海洋への海軍の配備を見直し、二〇二〇年までに太平洋へ六〇パーセントを集中させるという計画を発表した。[19] 中国とASEANとの関係は、フィリピンに近いスカボロー礁沖の海域での漁を禁止するため海軍船を使ったことでさらに悪化し、これに対して二〇一三年一月に、フィリピンは国連の仲裁裁判所に訴えるという対抗策に出た。[20]

＊

これが、習近平国家主席と李克強首相が二〇一三年三月に中国の指導者としての地位を引き継いだときの波立った状況だった。当初、彼らはより強固な足場を築くための関係改善に努めようとしているかに見えた。東南アジアを駆けめぐり、貿易・投資交渉を矢継ぎ早に行なった李克強首相は、相互利益の拡大に基づいた新しい「政治的合意」を提案し、「善隣友好」条約を結んだ。[21] それに続いて習近平主席もインドネシア、マレーシア両国と包括的戦略パートナーシップを結び、安全保障上の協力の強化と経済関係の改善に合意した。この新たな外交の締めくくりとして、習近平は二〇一三年一〇月のジャカルタでの発表を皮切りに、「二一世紀海洋シルクロード」の建設に乗り出した。

しかし、友好的な笑顔はすぐに消え去り、中国政府の新しい「積極」外交は牙をむき出す。その攻撃的なアプローチの最初の徴候として、同年一一月、中国は東シナ海に「防空識別圏」(ADIZ)を設定した。そこには論争の的になっている尖閣諸島(中国では釣魚群島と呼ばれる)の上空も含まれていた。一八九五年に日本が中国から奪い取ったと中国政府が主張している諸島である。東シナ海上空を飛ぶ航空機はすべて、その飛行経路を報告し、中国軍からの質問に答えなければならない。中国の日本との論争の背景には、過去の戦争犯罪行為に対する反感があり、東南アジアの事情とは異なるが、それでも多くの軍事アナリストは、中国が第二のADIZを南シナ海に設けるのではないかと予測している。

二〇一四年初め、中国は注意を南に向け、「九段線」内側の海洋全域での漁業を制限する権利を再び主張し、土地の埋め立て計画を大幅に増した。その後、相互開発協力の話などなかったかのように、「海洋石油981リグ」をベトナム海岸沖での石油掘削のために送った。それが激しい反中国の抗議運動を引き起こし、前述したレ・チ・トゥエット・マイの焼身自殺につながる。友好的な姿勢は短期間だけで終わり、中国の東南アジア海域での外交政策は大きく揺れ戻してあからさまな挑発へと変わり、地域全体に不安と困惑の種をまいた。

二〇一四年以降、中国の南シナ海における政策ははっきりとした拡大主義に変わった。この地域に軍を配備することはないと何度も約束したにもかかわらず、まさにそのとおりの行動をとっている。新型地対空ミサイルを埋め立てでできた島に配備することが中国の主張するように軍事化でないなら、何を軍事化と呼べばよいのだろうか。[22] 一見したところ、中国の強硬な姿勢は大きな戦略的誤りのように見える。長年の友好的な外交の成果を、なぜこれほど小さな利益のために帳消しにしようとするのか。

第一に、新たな炭化水素資源を確保するためでないことは間違いない。専門家は、南シナ海には石油や天然ガスが比較的少なく、その少ない資源も採掘するのはむずかしいと考えている。地質が厄介なうえ、この地域は夏には強大な台風の被害を受ける。米国エネルギー情報局が二〇一三年二月に発表した報告書によれば、南シナ海の商業利用できる石油埋蔵量は一一〇億バレルと推定される。開発するだけの価値はもちろんあるが、石油大手企業を興奮させるほどではない。[23] 比較するなら、ベネズエラには三〇〇〇億バレル近くの石油埋蔵量があるとわかっている。もっとはっきり言えば、南シナ海の石油の大部分はどこかの国の海岸に近い排他的経済水域にある。問題となっているU字型の内側にはほんのわずかしかない。中国は二〇一五年に三億三六〇〇万トンの原油を輸入した。これは二五億バレルほどに相当する。[24] つまり、たとえ南シナ海の海底に眠る石油すべてを確保したとしても、ほんの二、三年分の需要しか満たすことができないだろう。南シナ海はその下にある石油よりも、石油の輸送ルートとしてのほうがはるかに重要ということである。

中国の南シナ海における本当の目的は、海路を戦略的に支配することだ。南シナ海には世界の海上交通の三分の一が集まる。中国の輸出品のほとんどや、中国が輸入する石油の八〇パーセント以上もここを通る。もっともなことながら、中国政府はこの海域に軍事的プレゼンスを築くことで、エネルギー供給路を守ろうとしている。現在その役割を果たしているのが、地政学的なライバルといえるアメリカだ。また、これも理解できることだが、中国政府は自国の裏庭の安全を確保しようと決意している。こうした中国の思惑について、アメリカが一九世紀にヨーロッパ諸国をカリブ海から追い払ったときと同じことをしているだけだと論じるアナリストもいる。[25] 政治学者のジョン・ミアシャイマーはこう分析する。「中国からすれば、南シナ海を巨大な中国の湖にすることは十分に意味を成す。中国は南シナ海全体を支配したいと思っているだろう。アメリカがカリブ海全体を支配したいと思っているように」[26]。彼の見方によれば、中国が「アメリカが西半球を支配しているように、アジアを支配したいと望む」のはごく当然の論理だという。その手始めが、力の弱い小さな国がひしめく近隣の海となる。

これは現実政治としては非常にわかりやすい。それでも、中国政府はその行動を正当化するため、法的原則を都合よく引き合いに出すことで自らの立場を強化しようとしている。中国は「海洋法に関する国際連合条約」（UNCLOS）の署名国であり、この条約は海洋上の権利の主張に対する法的根拠の提供を意図している。この条約の下では、居住可能な島から二〇〇カイリまでの水域を排他的経済水域（EEZ）に設定できる。パラセル諸島はベトナムと中国の排他的経済水域が重なり合うところに位置するが、中国は南シナ海の南東の端にある岩礁群については自国の領土と主張する正当な法的根拠を持たない。その多くはいずれにしても、居住できる自然環境にはない。それにもかかわらず、中国の公式の地図にはスプラトリー諸島とスカボロー礁――フィリピンの海岸から一二〇カイリにある三角形を成す岩礁群――をその領土としてはっきり記している。中国は歴史的前例を引き合いにしてこの主張を正当化している。

中国政府はこの領海論争への国連の仲裁を拒否してきた。領海の画定を含むＵＮＣＬＯＳが定めるいくつかの紛争分類での強制的な解決手続きには従わず、フィリピンがハーグの常設仲裁裁判所に仲裁を求めたときにも、中国はその手続きへの参加を拒否した。それどころか、「法の乱用による裁定」は違法であると非難するプロパガンダキャンペーンを始めた[27]。しかし、仲裁裁判所はフィリピン政府の一五件の申し立てのうち七件については司法権限があると判断した。二〇一六年七月に発表された全会一致による裁定は、予想以上に厳しいものだった。中国が「九段線」の内側の海域について歴史的権利を持つという主張には法的根拠がないと判断し、スカボロー礁は海岸線から一二カイリだけが領海として認められる岩とし、スプラトリー諸島の陸地部分はいずれもＥＥＺが適用される島としては認められないという考えを示した。境界線を定めることも小島自体の主権を裁定することもなかったが、島を取り巻く海域への中国の主張の正当性は認めなかった。したがって、中国が領有権を主張した海域は実際にはフィリピンの既存のＥＥＺ内にあり、中国のスカボロー礁の占領はフィリピンの主権を侵害するものであると宣言したことになる[28]。中国政府はその裁定を「無効」と訴えたが、ＵＮＣＬＯＳ署名国として裁定に従う義務がある。

中国政府はこの仲裁裁判所にはＵＮＣＬＯＳの下で裁定を下す権限がないと断言している。ＵＮＣＬＯＳに対してはこの海洋条約には口先だけでも賛同しておくことが重要だと考えている。自国の目的に役立つときには喜んで利用するつもりがあるからだ。たとえば、二〇一四年六月に国連に提出した意見書で、中国外務省はベトナムが「海洋石油９８１リグ」による掘削を妨害しようとしたことは、「中国の主権への深刻な侵害」であり、「ＵＮＣＬＯＳを含む国際法への憂慮すべき違反」であると訴えた。その近くのパラセル諸島を中国が実効支配していることにより、すべての領有権に関する論争は意味をなくす、とこの文書は主張していた。「中国の領土により近いので、このリグは中国の海域にある」[29]。しかし、それこそがフィリピンのスカボロー礁についての主張の根拠となるもので、この礁は中国の領土のどこよりもフィリピンの海岸線から近い距離にある。中国はまた、パラセル諸島の実効支配をベトナムとの法的論争が存在することを否定するためにも利用している。これは尖閣諸島を一三〇年間実効支配してきた日本のアプローチとまったく同じものだ。驚くことではないが、中国政府は日本に、尖閣の領有権についてはまだ係争中であることを認めさせようとしている。中国の訴えについて唯一言えることは、この国の主張がつねに矛盾しているということである。

国際的なルールに従おうとしない中国の姿勢が、その政治的立場を弱くしている。二〇〇二年、中国とＡＳＥＡＮ諸国は「南シナ海における行動に関する関係各国共同宣言」に署名し、海洋上の緊張をエスカレートさせることなく平和的手段で領土紛争を解決すること、ＵＮＣＬＯＳを含む国際法の原則を順守することに合意した。[30] さらに二〇一一年にはベトナムとも海洋関連の紛争を「友好的な交渉と協議を通して」解決することに合意し、二〇一二年にはフィリピンとの間で、スカボロー礁からの船の引き揚げに合意した。こうした合意を尊重するどころか、中国はただ領有権に関する立場が強化できると判断した行動を一方的にとっていただけだった。ハーグの裁判所の裁定を受け入れることを拒否したのは、たびたび繰り返されるパターンのひどい例のひとつにすぎない。安全保障と主権のことになると、中国は欧米が定めたルールをためらうことなく軽視する。国際法は、どの国もそれを守ろうとしないのなら意味を持たなくなる。

要するに、中国政府はその主張を支持する議論であれば参加するが、それらに縛られることは拒否する。仰々しい原則を引き合いに出すが、自らに有利になると判断した政策をとことん追求する。紛争は二国間で解決するべきだと主張するが、そのほうがよいと思えば国連に働きかけたり勝手に行動したりする。平和的手段での紛争解決について責任を果たすと口では言いながら、その行動は一方的で攻撃的だ。中国のこうしたやり方をベトナム人は「舌先三寸（talk and take)」と呼んでいる。[31] 中国の王毅外相は、中国の外交政策を動かしているこの矛盾した衝動を、二〇一四年の全国人民代表大会の年次総会中に記者会見で次のように説明した。「われわれは近隣諸国からの声に耳を傾け、中国の近隣政策についての彼らの疑いに対処する用意がある」。至極もっともなこの発言のあとで、彼は強い口調でこう付け加えた。「しかし、わが国に帰属する領土はどこであろうと隅々まで守り抜く[32]」

中国の南シナ海での段階的な拡大は、サラミを薄切りしていくさまにもたとえられる。そぎ取っていく新たな領土の断片それぞれは小さくとどめ、戦争を引き起こすには至らないように注意深く計算している。しかし、時間をかけて積み重ねていくと、権力バランスを劇的に変える。[33] これまでのところ、この政策はそれなりの成功を収めてきた。中国の南シナ海における立場は一〇年前よりもはるかに強くなっている。しかし、その行動は長く保たれてきた外交原則を危険にさらしている。外交政策は内政目的を支えるものでなければならない、という原則である。中国外務省は二〇一一年の白書でこの見解を確認した。「中国の外交の中核的な目標は、その発展のために平和で安定した国際環境を創出することである」[34]。習近平自身も、中国の積極外交は近隣地域における「平和と安定を守ること」を目的にしなければならない、と発言している。[35] しかし、南シナ海が現在ほど安定を欠いていると感じられたことはない。

＊

中国が絶え間なく小刻みに続ける拡張政策は裏目に出るかもしれない。近隣諸国に不安を与え続ければ、これらの国々を中国の唯一の戦略的ライバルであるアメリカの腕の中へと追いやることになる。二〇一六年二月、オバマ大統領はカリフォルニア州の保養地サニーランズにＡＳＥＡＮ諸国のリーダーたちを招き、首脳会談を開いた。公式な共同宣言によれば、この年は「ＡＳＥＡＮにとっても、アメリカとＡＳＥＡＮのますます緊密になる戦略的パートナーシップにとっても、転機の年になった」とされる。参加国はそれぞれの「主権、領土の保全、平等、政治的独立」を尊重し合うことを再確認し、「地域の平和、安全、安定を維持する」努力を共有すること、「海洋上の安全」もそこに含まれることを約束した。[36]アメリカ政府はその後、南シナ海における海軍力と沿岸警備能力を増すために二億五〇〇〇万ドルを支出すると発表し、連邦下院は海の安全を強化するため、ブルネイ、インドネシア、マレーシア、フィリピン、シンガポール、台湾、ベトナムへの援助を承認した。

中国政府はこれを、アメリカが日本、オーストラリア、インドにASEAN諸国も加えて、反中国の同盟を形成しようとしている明らかな証拠と考えている。アメリカの指導者は、南シナ海における「干拓、建設、軍事化」を中止するように繰り返し要求してきた。その要求を後押しするために、たびたび軍事的な示威活動も行なってきた。二〇一五年五月には、アメリカ海軍の偵察機がスプラトリー諸島上空から立ち去るようにという中国の警告を無視した。これに対し北京の『環球時報』は、アメリカが引き下がらないかぎり、「南シナ海での米中戦争は避けられない」と挑発的な宣言をした。[37]二〇一五年一〇月、アメリカはスプラトリー諸島で中国が埋め立てを行なっていた島々の近くに駆逐艦を派遣し、オーストラリア、日本、フィリピンから公式の称賛を浴びた。さらに二〇一六年二月には、中国が新型地対空ミサイルをウッディ島に配備したとの報告を受けて、別の駆逐艦を派遣し、パラセル諸島のトリトン島から一二カイリ以内をパトロールした。

なぜアメリカは中国の南シナ海への進出をこれほど心配するのだろうか？　無視できない問題のひとつは台湾だ。中国が南シナ海での立場を強化しようとしている多くの理由のひとつに、「反乱地域」に軍事的圧力をかけることがある。あるいは将来の封鎖または侵略を容易にしようとすら考えているかもしれない。アメリカの戦略的見解からすると、台湾は少なくともフィリピンと同程度の重要性を持つ。政治的にはもっと重要だ。連邦下院の議員連盟「台湾連線《コーカス》」は、二〇一六年には二〇五人の議員で構成され、連邦議会で最大の国別コーカスとなっていた。[38] そして、議会で最も活動的な特別利益団体のひとつでもある。アメリカの中国戦略は、かねて台湾を守ることを重視してきた。一九七八年にジミー・カーター大統領が中国との国交正常化を果たした直後、下院はバランスを保つために「台湾関係法」を成立させた。この法律は、中国が台湾を攻撃または侵略した際には、アメリカは軍事介入しなければならないと定めている。一九七〇年代のヘンリー・キッシンジャーをはじめとするアメリカ外交政策の超現実主義者たちは、中国政府との満足できる和解に達するためなら、台湾を犠牲にしてもかまわないと考えるだろう。しかし、議会が台湾を支持しているかぎりは、そのような解決は政治的に不可能だ。[39]

それでも、まだ大きな不安はある。中国の南シナ海への拡大主義は、アジアの支配勢力としてアメリカに取って代わろうという壮大な戦略の一部であるという見方だ。アメリカはアジア太平洋地域の覇権国家として七〇年間その揺るぎない地位を保ってきた。その強大な軍事的プレゼンスが平和と安定をこの地域にもたらす一因だった。それが、シンガポールのリー・シェンロン首相が二〇一五年のアジア安全保障会議（シャングリラ・ダイアローグ）の基調演説で強調したポイントでもあった。[40] アメリカはアジアのリーダーの座を簡単に手放すつもりはないだろう。純粋に経済的側面から考えても、アメリカの貿易品の多くは南シナ海経由で運ばれ、その地域を監視することは明らかに国益となる。アメリカ政府がその利益を守るために注意深く同盟体制を築いているのも、それが理由のひとつであり、アメリカの覇権を支える「ルールに基づいた秩序」を守る決意は固い。二〇一六年のアジア安全保障会議で、アシュトン・カーター国防長官が「すべての者が同じルールでプレイしなければならない」と念を押した。彼は要点をあらためて力説し、中国がルールに従わなければ、「自ら孤立するための万里の長城を建設することになりかねない」と警告した。[41]

中国から見れば、「ルールに基づいた秩序」は中国の合法的な台頭を封じ込め、アメリカの覇権を維持するための不正な策略にほかならない。「アジア回帰」については、中国が近隣地域へ影響圏を広げることをアメリカが妨害しようとしている証拠とみなしている。オバマ政権の環太平洋パートナーシップ協定（ＴＰＰ）への支持も同様で、中国政府は当初これをアメリカが中国を犠牲にしてアジア太平洋地域への影響力を強化するための策略と考えていた。中国はこの協定に参加するための基準を満たしていなかったが、同じ条件のベトナムは参加を果たした。「ＴＰＰの成立は私にとってもう一隻の空母を持つのと同じ重要性がある」[42]という二〇一五年四月のカーター国防長官の発言は、この解釈の正しさを裏付けたかのように思える。オバマ大統領もその年の一一月、「もしこの協定を成立させられなければ――もしアメリカがルール作りをしなければ――中国のような国がルールを作るだろう」とはっきり述べた[43]。

この状況はどこに私たちを導くのだろうか？　二〇一五年七月に発表された中国の軍事戦略に関する白書は、中国の軍隊は攻撃されれば反撃すると明記していた[44]。つまり、この地域でのアメリカの軍事行動はどんなものでも中国から戦争行為として受け取られる危険がある。民族主義的な感情が高まっているときに、戦争の可能性をすぐさま否定するのは愚かなことだが、南シナ海で実際に戦争が起こるとは今はまだ思えない。中国は国内の成長と繁栄のために地域の安定を求めている。アメリカとの対立は大きな戦略的誤りになるだろう。せっかくの経済的成長を損なうことになるからだ。アメリカはアジア太平洋地域に三六万五〇〇〇の兵力を配置している。安全保障同盟は強固で、世界最強の軍事力を誇る。中国はアジアにおける長期的目標の達成には、不安定ながらも平和を維持し、「海洋上の既成事実」を辛抱強く築いていくことが最善の形であると考えている。したがって、中国はアメリカの意図を探り続けるだろうが、アメリカを挑発して軍事行動を起こさせることは得策ではないとわかっている。たとえば、埋め立て計画が国際輸送を阻害しないように注意している。

南シナ海が沸騰寸前の大鍋になることを恐れる気持ちがおそらくは見当違いだといえるのは、こうした理由からだ。中国は東アジアの覇権国としての歴史的地位を取り戻そうと決意を固めているが、アメリカに行動を起こさせたくはない。この地域で中国の最大のライバルである日本が安全保障上でより大きな役割を果たすようになっている現在、このことはとくに重要になってきた。二〇一二年に政権を握った安倍晋三首相は、戦後の平和憲法に含まれる日本の軍事力行使の制限に関する条文を修正することを公約に掲げて当選した。アメリカの揺るぎない同盟国として、米中対決が生じた場合には日本は間違いなくアメリカ側につくだろう。したがって現在の南シナ海における中国の行動はシャドーボクシングのようなものかもしれない。中国は力でこの地域を支配するほど強大な軍事力を持たない。だから長期戦で臨むほかに選択肢はない。

現時点で最も重要な疑問は、ドナルド・トランプ政権が中国からの挑発にどう反応するかである。中国政府はオバマ政権を臆病だとみなし、その東南アジア政策は苛立たしいがそれほど効果はないと考えていた。ワシントンD.C.では、オバマ大統領のアジアチームは第二次世界大戦以降では最も弱腰で、一貫した中国戦略を編み出すことにほとんど関心がないと批判されてきた。強硬派は、アメリカ政府は中国を封じ込め、南シナ海でのアメリカの軍事的プレゼンスを増強するための首尾一貫した政策を打ち出すべきだと論じている。しかし、中国の台頭を防ぐための協調的な努力は、本当に危険なレベルまで緊張を増す恐れがある。結局のところ、アメリカは中国がその裏庭でより大きな役割を演じることを受け入れなければならないだろう。そして、すべての国の利益となるような新しい地域秩序への道を見つけなければならない。

ベトナム[45]

ハノイのフレンチクォーターにあるベトナム国立歴史博物館は、かつてはエコール・フランセーズ・デクストレム・オリオン（フランス極東学院）という異国情緒あふれる名前で呼ばれていた。[46] フランス人建築家エルネスト・エブラールの設計で一九二五年から三二年にかけて建てられたもので、からし色の壁とテラコッタの屋根、そして八角形の塔が特徴だ。斬新なこの建物は、伝統的なベトナム建築とフランス建築を組み合わせることにある程度成功している。装飾を凝らした庭には仏像や古代の石碑が配置され、見学者は熱帯のつる植物がからむ巨木の木陰で、ハノイの強い日差しを避けることができる。

博物館は、新石器時代の道具、鍋、宝石、釉薬のかかった陶器、青銅の太鼓、葬送品などを所蔵する。とくに価値ある宝のひとつに、チャンパ王国時代の一連の優美な影像がある。チャンパ王国はベトナムの中央海岸部に一〇〇〇年前に栄えたヒンドゥー文明である。しかし、この歴史博物館がその展示物を通して本当に誇ろうとしているのは、ベトナムの二〇〇〇年に及ぶ、侵略する中国軍への抵抗と独立を求める闘争である。西暦四〇年から九三八年まで（漢から唐の時代に当たる）のガラスの展示ケースには、抑圧的な占領者に対して立ち上がったベトナムの英雄たちの説明が続く。そのひとつにはこう書いてある。「漢帝国がベトナムを支配していた一〇〇〇年の間、ベトナム人は中国人による文化的同化のあらゆる試みに抵抗した」。別の展示物の説明によれば、中国の束縛がようやく解かれてからさらに一〇〇〇年間、ベトナム人は北からの相次ぐ侵略を撃退し続けた。

一〇七六年から七七年にかけて宋が侵略したときの有名な勝利の物語によれば、李常傑（リー・トゥオン・キエット）将軍が歩兵一〇〇万、馬一〇万頭、労働者二〇〇万から成る中国軍を撃破したという。正史の記述には、中国軍は二万三四〇〇人の兵士と三一七四頭の馬だけで撤退したと書かれている。「宋の軍隊はこの戦争で五一九万オンスの金を無駄にした」。侵略した中国の兵士に切りつけるために使われた古代の剣と短刀の展示の横にある説明書きにはそう書いてある。国家のアイデンティティは中国の侵略者と戦うことで醸成された、とその説明は強調する。しかし、李常傑将軍が勝利を祝福したときのものとされる四行の詩は、古代の中国語で書かれている。当時のベトナムは中国化が進んだ土地で、国民にとって軽蔑の対象でしかない中国の人々と密接な文化的なつながりを持っていた。ベトナムの勝利を記念して建てられた石碑には、中国語の文字が刻まれており、中国全土に見られる同様の石碑とまったく同じ形式のものだ。

この博物館で最大の石碑は高さ四メートル、幅は二メートル近くあり、一五世紀初期に明の占領軍に抵抗した藍山《ラムソン》蜂起を記念するものである。貴族の黎利（レ・ロイ）の指揮の下、ベトナム軍は一〇年を費やして中国軍と粘り強く戦い、勝利を得た。一四二八年、黎利は黎王朝を樹立し、現在はベトナムのすべての都市に彼の名をつけた通りがある。しかし、彼の有名な勝利を祝福するために選ばれた記念碑は、その発想とデザインは完全に中国風のものだった。古代中国語の文字とうねるような中国の龍で飾られた巨大な石碑は、笑っている巨大亀の上に立っている。これも中国の神話で長寿と幸運のシンボルとされているものである。北からの侵略者に対するベトナムの長く続いた、流血の、誇らしい抵抗の歴史にもかかわらず、中国の文化が生活のあらゆる側面、言語や料理、芸術や礼拝の作法にまでしみ込んでいた。今日でも、ベトナム人は中国語からの借用語をたくさん使っており、北からの文化的影響がはっきり見てとれる。

歴史博物館はベトナム人の独立闘争への賛歌を具体的な形にしたものだ。この博物館が投影する歴史は、ベトナム人の国民性を中国人とは対照的なものとして描いている。しかし、現実はもっと複雑だ。ジャーナリストで歴史家のビル・ヘイトンが書いているところによれば、この民族主義的な歴史物語の大部分は、「時代錯誤の神話」にすぎない。「中国人」との英雄的な闘争は、実際には同じ言語を話す地域の支配者同士の争いであることが多かったという。[47]「真実を明かせば、どれだけわれわれが中国人を憎もうとも、基本的には彼らと同じなのだ」。ホーチミン市で出会った驚くほどざっくばらんな人物が、コーヒーを飲みながら私にそう話した。「ベトナム人はまず中国の揚子江の南の土地へやってきて、その後、さらに南の現在のベトナムに移り住んだ[48]」。ベトナムの伝説によれば、九九の「越」の氏族が統合して中国に同化した。そして、南越族だけがそのアイデンティティを守り抜いたという。現在は中国とベトナムとして知られるふたつの国の間に最初の戦争が起こったのは一九七九年のことで、ベトナムは侵攻した数万の人民解放軍兵士と戦った。

現在の両国の関係で際立っているのは、ほとんどのベトナム人が今も中国を永遠の敵とみなしていることである。ベトナムに戻ってくるアメリカの退役軍人たちは、ベトナム戦争では共産主義勢力と戦ったにもかかわらず、つねに温かい歓迎を受ける。それに対し、中国人ビジネスマンや観光客はよそよそしい扱いを受ける。石油掘削リグをめぐる論争以来、中国に対する世論はさらに厳しくなった。二〇一五年にピュー・リサーチセンターが実施したグローバル意識調査によれば、ベトナム人は中国に対して圧倒的に否定的な印象を持っていた。回答者の七四パーセントが中国を「好ましくなく」感じると答えた。これは、日本を除くすべての国よりも高い数字だった。[49]ベトナムでは、「生まれたときから反中国感情が血の中に流れている」という話をよく耳にする。一般のベトナム人の多くが北の隣人に対して持つ敵意は、理屈では説明できないものかもしれない。

政治に関して言えば、こうした感情はベトナム共産党（CPV）の中国共産党に対する負い目のためにさらに複雑になる。ベトナム人が「対アメリカ抵抗戦争」と呼んでいた戦争で、南北に分かれて激しい戦闘を繰り広げていた間、中国共産党は共産主義の北ベトナムに米とロケットを供給していた。しかし、その関係性は一九七〇年代後半になって悪化する。ベトナム政治局は、国境のベトナムの村を攻撃していた隣国カンボジアのクメール・ルージュは中国の傀儡であると結論した。緊張はベトナムが中国の天敵であるソ連と近づいたことでさらに高まる。ベトナムが一九七八年にカンボジアに侵攻し占領すると、翌一九七九年には中国とベトナムが短期間ながら国境地帯で戦った。その後、一九八八年にもスプラトリー諸島のジョンソン南礁をめぐって海戦が勃発した。

ソ連の解体が始まると、中国はこの小さな共産主義の兄弟国を再び影響下に置こうと試みる。一九九〇年に四川省成都で両国の共産党指導者による秘密会談が行なわれ、国交の正常化が実現した。その後、ハノイへの中国共産党の政治的影響力は一九九〇年代に入って急速に高まり、それが現在まで続いている。一般のベトナム人は、政府や軍には中国のスパイが大勢入り込んでいると信じている。愛国心からくる反中国感情には、中国政府と近づきすぎているとみなされているベトナム共産党への批判も暗に含まれる。

中国の政治的影響力を最も激しく非難しているひとりが、ベトナム社会科学院の元学院長で、ふたりの元首相の顧問も務めたトゥオン・ライ氏だ。『ニューヨーク・タイムズ』紙の論説ページにもたびたび寄稿しているトゥオン・ライは、ベトナムのさらなる経済改革とアメリカとの関係強化を支持している。[50] この点で、彼は政治改革を推進する反体制派の代表である。二〇一三年、彼は共産党のグエン・フー・チョン書記長に「真の権力が人民に属するように」憲法の修正を求める公開書簡の執筆を手伝った。[51] 普通なら、彼のように自分の意見を歯に衣着せずに口にすればただではすまないだろうが、トゥオン・ライはあまりに人脈が広いため（おそらく高齢でもあるため）、刑務所に送られることはなさそうだ。

ある暑い五月の朝、私はホーチミン市で通訳のスクーターの後部に飛び乗り、ラッシュアワーのものすごい混雑の中を三〇分走って、町の南側にあるトゥオン・ライの自宅に向かった。すさまじい数のオートバイが怒ったミツバチの大群のようにブンブンうなりを上げる。マングローブの沼やサイゴン川の古い港の朽ちかけた倉庫の横を通り過ぎ、目的地に着くと、白髪交じりのトゥオン・ライが、ストライプのポロシャツというカジュアルないでたちで、私たちを出迎えた。広々としたモダンなアパートに飾られている額は、伝統的な中国の文字で書かれたベトナムの古い詩のポスターだった。竹のカップに注いだ緑茶を飲みながら、彼はベトナムと中国の長くて複雑な歴史について話し始めた。「拡張主義の中国との戦いは、ベトナムの指導層の内部にいる敵との戦いでもある。中国のイデオロギーに従っている者たちだ。中国はますます南シナ海で攻撃的になっている。これはベトナムの主権にとって大きな脅威となる」。中国の海洋上での挑発的な行動に対して、グエン・フー・チョン書記長が二〇一五年の北京訪問の際に苦情を申し入れなかったのは「裏切り行為」だと、人差し指を振りながら語気を強めて言った[52]。

勢いづいた彼は、中国はアジアのリーダーになるために意図的にアメリカに挑戦している、と説明を始めた。「南シナ海での中国の現在の拡大政策は、首尾一貫した政策に基づいたものだ」

鄧小平の「身を潜める」政策は、中国の力を国外で示す適当な時期を見計らうための戦術にすぎなかった。二一世紀の安全保障環境は複雑になりすぎ、アメリカ政府は世界中で多くの難題に直面し、とくに中東とロシアからは目が離せない。中国の指導部はこの状況を見て、アプローチを変える好機だと気がついた。

彼はこう結論した。中国が目指しているのは、この二〇〇〇年間の努力の総仕上げをすることだ。「中国はベトナムを属国にしたがっている。超大国になろうとする中国の壮大な計画の中で、南シナ海がその戦略の核となる」

ベトナム政府の公式の見解はこれほど挑発的ではない。まとめれば次のようになるだろう。「好きか嫌いかにかかわらず、中国がわれわれの大きな隣人であることは変わらない。これは地理が与える試練だ。だからわれわれは中国とできるかぎり協力し、意図的に怒らせることのないようにすべきである[53]」

しかし、ベトナム共産党内の親中国派の間でさえ、この姿勢に疑念が持たれ始めている。組織的な絆はふたつの共産党の間に今も存在するが、ほころびが目立つ。二〇一三年にベトナムの政治局が承認した外交政策の枠組みの下では、ベトナムは中国を経済的、思想的にはパートナーとして扱い、南シナ海では敵とみなしている。しかし、二〇一四年の石油掘削リグの一件は、中国がベトナムの主権と国際法の両方を軽視していることを明らかにし、それによって親中国派は立場を弱くしたように見える。「ベトナムはつねに中国との和平と友情を望んできた」。その年、グエン・タン・ズン首相はそう発言した。「しかし、とらえどころのない平和やどんな形であれ依存関係と、わが国の神聖な独立と主権を引き換えにすることはできない[54]」

習近平の二〇一五年一一月のベトナム訪問は、中国の主席としては一〇年ぶりのことで、欧米のメディアはこれを、失われた影響力を取り戻そうという中国の試みだと書き立てた。この訪問は、二〇一六年一月に予定されていたベトナムの第一二回共産党大会に先立つように慎重にタイミングを計ったものだった。これは共産党の指導部が集まり、次の五年を誰が率いるかを決定する重要な大会である。習近平の訪問はハノイとホーチミン市では街頭抗議デモで迎えられ、ソーシャルメディアでも反中国の抗議活動が広がった。しかし、習近平はハノイで二一発の礼砲の歓迎も受け、国会での演説というめったにない機会も与えられた。その二〇分の演説は、大げさな表現に終始した。「中国とベトナムは同志として、兄弟としての友情で結ばれている。同じ川の水を飲む者同士である」。彼は隣国同士の「伝統的な友情」と「相互信頼」について話した[55]。中国国営通信社の新華社は、習近平の演説が「温かく」受け止められたと報じたが、彼の親しみを込めた激励は実際には石のような沈黙で迎えられた。「とても緊張した雰囲気だった」と、匿名のベトナム人関係者は『ワシントン・ポスト』紙に語った[56]。

習近平は演説の後半に、さらなる経済協力の必要を説いた。「どちらの側も地域の秩序と、アジアおよび世界全体により大きな利益をもたらす環境を創出する努力に参加すべきである」。中国政府にとって、このような「ウィンウィンの協力」は実際には中国を中心にした秩序の下で地域の繁栄を促進することであり、それはまさに愛国的なベトナム人が避けたいと考えていることである。中国はベトナムがどれほど経済的に中国に依存しているかをよくわかっている。ベトナムの貿易の二〇パーセントは北の隣国とのもので、輸入に関しては三〇パーセント近くを占める。[57] 二国間貿易の赤字はおよそ二五〇億ドルに上り、ベトナム政府にとって悩みの種だ。将来の成長がかかっている輸出産業は、中国からの原材料の輸入と資金に頼り切っている。

経済的には、中国がこの関係性で優位に立つのは明らかだ。次の事実を考えてみてほしい。ベトナムの二〇一五年のGDPは一九四〇億ドルで、中国では貧しい地方である南部の広西壮族自治区（二七〇〇億ドル）や雲南省（二二〇〇億ドル）よりも少なかった。ベトナムは中国の輸出産業の拠点である広東省のようになりたいと考えているのだろうが、広東の経済はベトナムの六倍も大きい。広東省の二〇一四年の輸出高は七四六〇億ドルだったのに対し、ベトナムは一五〇〇億ドルにすぎなかった。[58] ベトナム北部の大部分は山岳地帯で貧しく、電力供給を中国に頼っている。二〇一四年の石油掘削リグの一件以来、ベトナムでは「中国から逃避する」ことの経済的コストに関する論争が激しさを増した。ハノイの経済学者たちの予測では、中国が貿易制裁を課せば、ベトナムのGDPは一〇～一五パーセント縮小するという。[59] もしベトナムが発展を望むのであれば、どう考えても中国を遠ざけることはできない。

中国のほうでは、ベトナムにさらなる投資をすることに大きな可能性を見いだしている。アジア開発の原動力になるという政府の大げさな宣伝とは裏腹に、中国のベトナムへの投資記録はぱっとしない。風光明媚な中央高地にある中国企業所有のボーキサイト鉱山と加工施設は、ベトナム人からは搾取的と見られている。所有者は地域環境を傷つけ、労働者を本国から送り込んでいるとして非難され、抗議を誘発した。ホーチミン市で中国企業が手がける運河の清掃計画も大失敗とみなされている。二〇一五年四月には、中国が建設した発電所による公害を止めるように要求する抗議者たちが、五日間にわたって高速道路を封鎖した。中国からの累積八〇億ドルの投資はベトナムへの対外投資としては九位にランクし、韓国、日本、台湾などに大きな後れをとり、最近ではアメリカにも追い越された。[60]

ベトナム国会での演説で、習近平主席は「一帯一路構想」の下で両国間の輸送インフラを改善したいととくに強調した。[61] ベトナムでの一帯一路計画は、多国籍の支援を得ている既存のプロジェクトとうまく結びつく。二〇〇九年、アジア開発銀行（ＡＤＢ）が地域の発展に不可欠な二一の「フラグシップ」となるインフラ計画を特定した。一二は輸送プロジェクト、九つはエネルギープロジェクトである。そのひとつが中国南部の広西壮族自治区とベトナム北部のハノイを結ぶ新しい高速道路で、国境のランソン省を通る。ＡＤＢはここを含む大メコン圏で、より効率的な幹線道路を建設することが貿易と投資を刺激し、貧しい地方の農民の市場へのアクセスも容易になると考えている。[62]

ベトナムと中国の政府担当者はこの一〇年、ランソンに明るい将来を約束してきた。二〇〇八年には、広西壮族自治区からハノイと港湾都市ハイフォンまで続く経済回廊を建設するため、「国境ゲート経済区」が正式に開設された。二〇一三年の李克強首相の訪問後、ベトナムと中国は国境地帯の既存の三経済区に加え、ランソンにも新しい経済区を設立することに合意した。両国は中国から輸出加工業者を迎え入れるため、保税倉庫と工業団地の建設についても話し合った。合意されたハノイ－ランソン間高速道路は二〇一五年に完成される見通しとなった。[63]

しかし、私がその夏にランソンを訪れたときには、高速道路の建設工事はまだ始まっていなかった。ハノイからのバスは美しい田園風景の中を通る古い高速道路を走り、周囲には貿易や商業や産業を思わせるものはほとんど見られなかった。特徴的な菅笠をかぶった農夫たちが、畑で水牛を歩かせ、村人は道路脇でアイスティーをすすっていた。中国との国境からわずか一五キロしか離れていないランソン市は、どこにでもある町だった。私が話しかけた人たちは、大きな中央市場でさえ、誰も中国語を理解しなかった。それよりもっと奇妙だったのは、国境を越えて中国製品を運ぶトラックをまったく見かけなかったことだ。中国人商人であふれるラオス北部やミャンマー北東部の町にある市場とは違い、この町では中国ははるか遠くに感じられる。活気あふれる国境の経済回廊とは程遠い風景だ。

反中国感情はランソンではとくに根深い。何世紀もの間、この町は中国の略奪者たちが最初に立ち寄る場所だった。一九七九年の国境戦争では、この町は侵攻する中国軍に制圧され、一部破壊された。中国人兵士は通りの家を一軒一軒襲撃していった。その戦争の記憶がまだ生々しいこの町で、住民が中国を憎み続けているのも無理はない。本当であれば、中国の持ち込む資金とインフラ計画は、この町にとって魅力が大きいはずだ。中国自身の経験が、大がかりな投資が経済発展を刺激することを示している。しかし、中国は開発モデルを単純に国境の向こうまで押し広げていくことはできない。その前にまず、歴史の重みと人々の恐怖心を克服しなければならない。

ベトナムに向けられる中国の野心は、建設会社が手抜きをしているという評判のために足を引っ張られてもいる。たとえば、ハノイの新しい都市鉄道システムを建設している中国鉄路総公司（ＣＲＧ）は、中国の開発援助融資四億一九〇〇万ドルを資金にした。私が二〇一五年五月に新しい駅のひとつを訪れたときには、建設現場にがれきやねじれた鉄筋が積み上げられ、悪臭を放つ水たまりができていた。鉄道建設は予定より三年遅れ、予算を大幅に超過していた。その前年の一二月、足場が崩れて鋼鉄とコンクリートが三人の客を乗せたタクシーの屋根に降り注いだ。そのわずか一か月ほど前には、オートバイに乗っていた人が同じ工事現場を通ったときに、落下してきた鋼鉄のリールが当たって死亡していた。ＣＲＧは中国国内で数千キロの鉄道線路を建設してきたが、ハノイの住民はこの地下鉄が崩落するのではないかと不安に思っている。ＣＲＧの企業ロゴをこの町で見かけないことが、さらに疑いを増す。中国が関わっていると広告することが誰の利益にもならないという意味なのだから。[64]

ホーチミン市では、日本企業がこの町で最初の地下鉄を建設している。その光景は中国企業のものとはまったく違っていた。フランスが建てた装飾的なオペラハウスの向かいにある中央広場の屋外広告には、ベトナムの黄色い星の横に日本の赤い太陽が並んでいる。歩行者にこのプロジェクトが「ベトナムと日本の友好と協力」の例であることを伝えるものだ。日本の請負業者である清水建設と前田建設は日本政府の援助機関から資金を得ている。これは日本政府が中国との競争に直面して講じた、対外援助と投資を増やす努力の一環である。中国の投資が不快を与えるのに対し、日本の投資は受け入れられている。

＊

私はサイゴンでは最も古いといわれるホテル・コンチネンタル・サイゴンの部屋の窓から、地下鉄工事の進展を見ていた。一八八〇年代に建てられたこのホテルの白いドーリア式の列柱とクリーム色のファサードは、失われたフランス領インドシナ時代の記憶を呼び起こす。一九三〇年代まで、サイゴンは東洋の植民地最大のメトロポリスをみなされていた。現在は、植民地時代の事務所や邸宅は次々と取り壊されて、高層ビルに姿を変えているが、旅行者は今もローマカトリックの大教会の双子の塔や壮麗な中央郵便局の建物に群がっている。実際には、当時のサイゴンは人口わずか一二万五〇〇〇人ほどで、フランス人住民は一万二〇〇〇人をわずかに超える程度だった。人口が三〇〇万に近づき、外国人も一〇万人以上暮らしていた上海と比べ、サイゴンは貿易の前哨地にすぎなかった。フランスの植民地計画が終わりを迎えた一九五〇年代には、作家のグレアム・グリーンがホテル・コンチネンタルに居を定め、名作『おとなしいアメリカ人』（田中西二郎訳、早川書房、一九七九年）を執筆した。

それから半世紀以上たって、サイゴンはその約束を果たし始めた。一九七五年五月に共産主義勢力の軍隊に敗れ、ホーチミン市と名前が変わってから、人口は一〇〇〇万に膨れ上がり、東南アジア本土ではバンコクに次ぐ第二の都市になるまでに成長した。[65] 通りは六〇〇万台のスクーターの走行音で騒がしく、飲食店では世界各国の料理が楽しめる。経済改革が開発を商業の中心地から外にまで押し広げれば、ベトナムは経済的自立を維持したまま繁栄できるかもしれない。期待される緊密なＡＳＥＡＮの経済統合が国内消費の成長、低い労働コストと結びつき、すでにホーチミンは外国の製造企業のハブに変わりつつあり、この町に関心を示す外国企業が次々と押し寄せている。二〇一四年、ベトナムは中国に続き、アジアの他のどの国よりも多くの未開発地域対象の対外直接投資（ＦＤＩ）を引きつけた（ただし、二〇一五年にはインドとインドネシアが上回った[66]）。

　この楽観的観測の理由のひとつは、ベトナムがアメリカ率いるＴＰＰ（環太平洋パートナーシップ）に参加したことだ。この多国間貿易協定は世界経済の四〇パーセントを占める巨大な自由貿易圏を誕生させる。ベトナムはＴＰＰの一二の参加国の中で最大の勝者になるはずだったが、その後、ドナルド・トランプが大統領選で勝利したことで、この協定自体の批准が危うくなっている。ある評価によれば、ベトナム経済は一〇年以内に一一パーセント成長し、輸出高は二八パーセントの急増が見込まれ、中国との貿易赤字を縮小することが予想されている。[67] もしベトナムが国有企業を廃業させ、ＴＰＰの当初の協定に盛り込まれた反競争的事業行為禁止の条項に従って民間部門の援助を続ければ、改正後の協定はそれでもまだ経済的な恩恵を与えるだろう。ＴＰ

Pは市場開放に重点を置いた改革への刺激剤として考案されたものだったため、これをベトナムの二〇〇〇年に及ぶ中国からの独立を求める戦いの最新エピソードにすぎないと見るベトナム人もいる。トゥオン・ライ教授によれば、TPPの重要性は経済だけにとどまらない。ベトナムの加入は「地域の地政学的関係を再編成し、南シナ海における中国の拡大に歯止めをかけるだろう」。ライ教授は二〇一五年四月の『ニューヨーク・タイムズ』紙への寄稿でそう述べている。[68] ベトナム政府は二〇〇八年にTPP交渉を始めたが、アメリカには何としてでもベトナムをこの協定に引き入れる必要があったのだという分析もある。ベトナム政府の迷いは、おそらくベトナム共産党内に残るアメリカ不信を反映したものだったのだろう。しかし、二〇一五年七月にワシントンD.C.を訪問したグエン・フー・チョン書記長は、オバマ大統領に大統領執務室に迎え入れられ、一年にわたる両国の混乱した外交関係に終止符を打った。ベトナムは二〇一六年二月にTPPへの参加を決断し、中国への対抗策として重要な一歩を記した。

アメリカとベトナムの急接近は二〇一六年五月、オバマ大統領の訪問がハノイの通りに熱狂した群衆を集めたことで、目に見える形となった。半年前に習近平主席が訪問した際の緊張した雰囲気とは対照的だった。ベトナム戦争の終結から四〇年以上がたって、ベトナムはアジアでもとくにアメリカと友好的な国のひとつとなった。ピュー・リサーチセンターが二〇一五年に実施したグローバル意識調査では、ベトナム人の七八パーセントがアメリカに好印象を持っていた。[69] 中国に対しては一九パーセントという低い数字だった。[70] オバマ大統領は一〇年に及んだベトナムへの軍装備品の販売禁止の撤回を発表し、この決定は「中国の行動への対応策ではない」と強調した。[71]しかし、彼の発言は明らかに中国政府に向けたものだった。「ベトナムは安全保障を改善するために必要な装備にこれまで以上のアクセスを得るだろう。各国の主権はその大小にかかわらず、その領土は尊重されなければならない。大国が小国を抑圧すべきではない。紛争は平和的に解決すべきである[72]」

「中国の行動はベトナムをアメリカに接近させる」。ホーチミン市のシンクタンク「国際研究センター」のチュオン・ミン・ヴー所長は、昼食の席で私にこう話した。

二〇〇九年に南シナ海問題が持ち上がったとき、政府は中国の露骨な行動にどう対処すべきかを話し合い始めた。そして、経済的、外交的、軍事的にバランスをとり、危険を回避する政策を模索した。ベトナムはアメリカ、日本、ロシア、インド寄りの外交政策へと舵を切ることにした。[73]

ＥＵとの自由貿易協定に加えて、ベトナムは韓国と、またロシア主導のユーラシア経済連合とも同様の協定に署名した。急速に海軍の近代化を進め、アメリカの太平洋艦隊との共同作戦も始めた。もっとも、アメリカに接近しすぎることには慎重だ。「ベトナムはどちらの側につくかを選び、反中国の同盟に加わったと見られることは避けたいと思っている」と、ヴー氏は説明した。

地理的な現実を考えれば、ベトナムは中国の影響圏から完全に抜け出すことはできない。だが、その巨大な隣国に支配されることを運命づけられているわけでもない。中国が南シナ海の実効支配を確実にしようとする意図は誰の目にも明らかなので、ベトナムは自国を経済的に麻痺させることのないような形で、それでも強い姿勢でこれに対処しなければならない。二〇一五年五月、戦略国際問題研究所のマレー・ハイバートは連邦下院でこう証言した。「この論争の焦点は、ベトナムが中国に屈するか距離をとるかではなく、どのように、どの程度まで、アメリカ、日本、インドなどとの関係を強化して、中国のあからさまな動きを牽制するかである」[74]

中国政府にとって、ベトナムはアジア外交での厳しい試練である。二〇一五年六月、チョン書記長のワシントンD.C.訪問に先立ち、CNOOCは再び石油掘削リグをベトナムの海岸に近づけた。党内の権力争いで予想外の勝利を収め、二〇一六年一月まで党指導者の地位にとどまることになったチョン書記長は、一般には親中国派の一員とみなされている。しかし、オバマ大統領との会談が成功に終わったことは、ベトナムがその戦略的独立を守るために中国から距離をとり始めている徴候といえる。これは、中国の南シナ海における非妥協的な態度が、両腕を広げて歓迎するアメリカのほうへと近隣諸国をさらに追いやることになる証拠でもあった。中国は二〇一六年一〇月にフィリピンのロドリゴ・ドゥテルテ新大統領との間で表向きは関係を改善したように見えたが、東南アジア諸国の中国離れの流れは変わりそうもない。[75]

ヴー氏はこう付け加えた。「中国の〝繁栄の共有〟という目標は、南シナ海での主権をめぐる対立が続くかぎり、ベトナムでは実現できない。中国はわが国の主権も善意も、資金の力で買い取ることはできないのだと理解する必要がある[76]」

結論

国家は計画的に大国への道を歩んでいくのだろうか、それとも必要によっていつの間にか大国に成長するのだろうか？　歴史はその両方の要素がいくらかずつ組み合わさるケースが多いと示している。習近平国家主席は「大国外交」のビジョンを推し進めるため、他国の問題への介入を自制するという伝統的な政策を放り捨てた。国の再生という目標――「チャイニーズ・ドリーム」――は、単に大国としてではなく、地域開発の原動力としても中国の伝統的なアジアでのリーダーシップを取り戻そうという意図的な試みである。中国は経済外交を注意深く使って、近隣諸国を自らのビジョンに同調させた。そのためには商業的な制裁と軍事行動の可能性をそれとなくほのめかしもした。

実際のところは、中国には大国のように行動し始めるほかに選択肢はなかったのである。その圧倒的な人口と過去三〇年間のすさまじい経済成長を考えれば、それ以外の立場を装うには大きな国になりすぎた。アメリカとＥＵは、以前から中国に国際問題で積極的な役割を果たすように促していた。ロバート・ゼーリック元国務副長官の言葉を借りれば、「責任ある当事者」になることを求めてきた。[1] 中国のリーダーたちはようやくその立場を受け入れ始め、より積極的な外交政策を追求し、独自の国際機関を設立している。その動きがアメリカやそのアジアの同盟国に不安を与えることになった。それでも、中国にとって経済的、戦略的な利害が増していることは、国際的な舞台でのより積極的な役割を果たさざるをえないということだ。簡単に言えば、国外での利益を守るためには、中国は他国の問題に介入しなくてはならない。それが、大国がとるべき行動というものである。

それでは、中国が守らなければならない利益とは具体的には何だろうか？　二〇一五年七月に成立した国家安全保障法は、「中核的利益」が何を意味するかを明確にするのを助けてくれる。[2] 外交政策に関しては、主権の原則と領土の保全にまとめられる。外交政策担当者は、中国政府が現在、台湾、チベット、新疆に加えて、南シナ海と日本が実効支配する尖閣諸島を中核的利益とみなしていると明言した。国有メディアが「南チベット」と呼んできたインドのアルナーチャル・プラデシュも、この分類に含まれるかもしれない。中国から見れば、正当に自国のものとみなされる土地の領有権を主張することは、拡大政策ではない。

習近平主席の新たなアジア積極外交政策は、周辺諸国にわかりやすい取引を提供する。中国はその中核的利益を受け入れる、あるいは少なくとも異議を唱えないすべてのパートナーに貿易、投資、その他の経済的なうまみを与える、というものである。政治的影響力に欠ける中国は経済外交に頼るしかない。地域同盟を形成してアジアに力を及ぼすアメリカとは違い、中国はその地政学的目的を追求するために経済的パートナーを必要としている。「一帯一路構想」の戦略的目標は、開発の推進力としての中国の地位を固め、アジアからさらに広い範囲に相互依存のネットワークを形成することだ。中国政府は巨額のインフラ投資がアジア諸国にとって、安全保障上の不安よりも経済的利益を優先させる動機づけになることを望んでいる。

中国の長期的目標は、「運命共同体」と呼ぶものによって、近隣国の繁栄を自らの発展に結びつけることだ。その試みは成功するだろうか？　まず、中国はとくに国民の支持に依存する政治体制の国では、信頼を得ることに苦労するだろう。これは中国と領土問題で争っている国や、中国に対して歴史的な恨みを持つ国、たとえばベトナムやインドにはとくに当てはまる。しかし、アジア全域で、中国が宣伝する「ウィンウィン」外交の概念は、しばしば「中国の二重勝ち」の符号としてはねつけられている。中国が国境を越えて発展を広げようとしていると本気で信じる者はいない。見識ある自己利益の追求という点で、中国企業の評価がかなり低いことも不信感を増す一因だろう。

中国国内の外交政策顧問たちの中にも、経済的な拡大が逆効果になると警告する者がいる。ミャンマーやスリランカではすでに抗議運動を引き起こした。対外事業を請け負う中国企業はほとんどが国有企業で、地元感情にほとんど配慮していないと評判が悪い。それは中国の労働者を現地に送り込んでいることかもしれないし、環境を傷つけていることかもしれない。これらの企業は地元のエリートや役人とはうまく協力するが、市民社会の扱いは得意ではない。そうしたやり方は、関係を構築した特権階級が権力の座にとどまっているうちは効果的かもしれないが、独裁的な政権はやがて倒されるというのがよくある流れだ。政治的潮流の変化のために、すでに巨額の対外投資が無駄になっており、それは今後も続くだろう。

中国はそれが善意の投資であるとアジアの大衆を説得することにも苦労するだろう。ピュー・リサーチセンターのグローバル意識調査によれば、パキスタン、マレーシア、インドネシアでは中国はかなり好意的に見られている。しかし、フィリピンとインドでは意見が分かれ、ベトナムと日本では圧倒的に否定的な感情を持たれている。[3] モンゴル、カザフスタン、キルギス、ロシア極東での事例は、中国による「侵略」の恐怖が、まだ大衆の意識に刻み込まれていることを示唆する。歴史の記憶とソ連による長年の反中国のプロパガンダによるものだ。これらの国は中国からの投資を歓迎するだろうが、この恐怖心は敵意を生みもする。

中国は今後数十年の間に、アジアでの影響力をますます高めることだろう。中国企業が新しい市場に進出し、何百万という中国人が外国で職を得るようになれば、中国政府は外交政策の入り組んだ現実に容赦なく引き込まれていく。その最初の徴候が二〇一一年の春、アジアではなくアフリカ北部に見られた。リビアが混乱状態に陥ったとき、中国は三万五〇〇〇人以上の中国人作業員を飛行機、船、バス、トラックで国外退避させた。国連安全保障理事会では、国民への非人道的な扱いをしたムアンマル・カダフィ大佐への制裁に賛成票を投じ、最終的にNATOの援助による体制転換につながった第二の決議にも同意した。[4]

中国らしくない外国の内政への介入は、実利的な判断によるものだ。中国企業七五社がすでにリビアに推定一八八億ドルを投資してきた。そして、現地の中国人と資産の両方を守らなければならなかった。他国の独裁的な指導者を打倒することは、中国自体の独裁的な指導者たちにとって軽く考えられることではない。理由は明らかだろう。しかし、リビアの出来事は彼らに他の選択肢を与えなかった。同じように介入を必要とする危機がアジアでも起こると想像するのはむずかしくない。中国が自己主張を強めているのは、国家の栄光を回復するための単なる思想的な転換ではない。それは、商業的、戦略的影響力を拡大することとの必然的な結果なのである。

推定五〇〇万の中国人がすでに国外で暮らしている。しかし、国としての中国への需要は、「一帯一路構想」が進むことでしか成長しないだろう。中国が巨額の投資を約束しているパキスタンが、最大の安全保障上のリスクを抱える。「中国人が殺されている。今後もその数は増えるだろう」と、元アメリカ国防次官補代理（アフガニスタン、パキスタン、中央アジア担当）で、この地域での戦略について中国政府の顧問を務めているデイヴィッド・セドニーは警告する。[5] パキスタン政府は「シルクロード経済ベルト」の最大のプロジェクトのひとつである「中国・パキスタン経済回廊」で働く中国人労働者を守るため、数千人の警備員から成る特別治安部隊を訓練している。しかし、中国はパキスタンの治安の悪化が国境を越えて反体制の新疆にまで広がることを懸念している。パキスタンでも隣のアフガニスタン同様、中国は経済と安全保障問題を切り離すことはできないと悟った。

習近平は軍事力を含む中国の国力を利用して、中国国民の安全を守ることを約束してきた。二〇一二年、共産党指導者となって最初の第一八回党大会で、「在外中国国民を守ること」がようやく政治的最優先事項になった。[6] 二〇一三年に発行された国防白書には、人民解放軍が国外の中国の利益の安全を提供しなければならないと、はじめて明記された。それが国家的政策になる以前でさえ、二〇一一年にゴールデン・トライアングル（ミャンマー、ラオス、タイの国境地域）で中国人船員一三人が殺害された事件のときには、中国の外での犯行だったにもかかわらず、中国軍が犯人の捜索を先導した。その捜査は最終的に、ミャンマーの武装組織のリーダーの引き渡し、起訴、雲南省での処刑、そしてメコン川での中国によるパトロールという結果に終わった。[7]

中国の経済外交は相互利益の約束を前提にしている。しかし、この政策は国家権力が崩壊し、中国の利益が脅かされたときには、緊張を招く。もし中国人労働者の殺害がパキスタンなどで発生すれば、中国政府は国内から直接介入の強い圧力を受けるだろう。過去には、中国外務省が骨太の対応を見せなかったことを嘆いた民族主義者が、外務省に郵便でカルシウムの錠剤を送りつけたことさえあった。[8] 習近平の積極外交政策へのシフトは、大国としての中国を世界に示すためのものだが、大国であることに必然的に伴う現実への反応でもある。

歴史は「国旗の後ろに商売がついてくる」と教えるが、「商売の後ろに国旗がついてくる」もまた真なり、である。イギリス領インドは、東インド会社の後援の下での貿易植民地だったが、その後、一八五七年の暴力的な蜂起で、国王は直接支配へと切り替えた。[9] 中国人の統治を予想する者はいないが、中国の中核的利益と市民の権利を守ろうという政府の決意は、外国の内政への不干渉がもはや選択肢とはならないことを意味する。経済的現実が中国を大国の地位へと押し上げるにつれ、中国は好むと好まざるとにかかわらず、アジアにさらなる政治力、軍事力を投影しなければならないだろう。

*

一八九〇年、ドイツ皇帝ヴィルヘルム二世が積極的な海外膨張政策「新航路」に乗り出し、それが第一次世界大戦の大殺戮を引き起こした。一九一五年のイタリアの風刺画に、口ひげを生やし、鷲章のついたヘルメットをかぶった貪欲な皇帝が、世界に食らいつこうとしている姿を描いたものがある。[10] 習近平主席の顔が同じような風刺画に描かれるのはいつのことになるだろう？中国は一九七九年以降は戦争をしていないが、その台頭はドイツ帝国にたとえられることが多い。[11] しかし、こうした比較は公正とはいえない。中国の軍国主義は南シナ海に基地をひとつかふたつ建設する程度のものでしかないのだから。それでも、中国がさらなる介入主義に走り、その経済力と軍事力を振りかざすのではないかという不安が、近隣諸国に恐怖を与えている。

中国の指導者たちは、中国は平和的な国であると何度も繰り返し宣言している。しかし、彼らのタフに見せようとする言動は、「中国の脅威」についての不安を消し去る助けにはならない。たとえば二〇一五年九月三日、北京の日常を麻痺させた軍事パレードの例がある。「われわれ中国人は平和を愛する」。習近平主席は世界中でこのパレードの映像を見ている数千万の人々に語りかけた。「どれだけ強さを増したとしても、中国が覇権や拡大を求めることはない」[12]。しかし、一万二〇〇〇の兵力と大陸間弾道ミサイル、新型装甲戦車、攻撃ヘリコプターは、別のストーリーを物語っていた。これは中国がその軍事的意図について複雑なメッセージを発信した唯一の機会ではない。二〇一四年、習近平主席はパリで、「眠れる獅子」中国が目覚めたときには「世界を揺るがす」というナポレオンの言葉を引用し、がなりたてるようにこう続けた。「その獅子はすでに目覚めている。しかし、それは平和を愛し、友好的な、文明化された獅子である」[13]

ソビエト式の軍事パレードと、目覚める獅子というナポレオンの言葉の引用は、中国が本来は平和的な国であるという訴えを聞き入れてもらう助けにはなりそうもない。しかし、事実を言えば、中国は脅威を与える側ではなく、脅威を与えられている側だと認識している。これは、われわれが考えるほどおかしなことではない。アジアの安全保障システムはアメリカに支配され助けられている。アメリカはいくつかの地域防衛に関する合意を維持し、日本、韓国、フィリピン、タイ、オーストラリアと正式な同盟を結んでいる。それをシンガポールとの安全保障パートナーシップと、ベトナム、マレーシア、インドネシア、インドとの関係改善で補っている。したがって、中国の不安は被害妄想ではない。実際にアメリカの同盟国に取り囲まれているのである。

中国がその近隣地域でアメリカの安全保障上の影響力を薄めようと決意しているのも、まったくもって当然のことといえる。二〇一四年に上海で開かれた国際安全保障会議で、習近平は新しい「アジア安全保障観」を発表した。基本的にはアジアの安全保障はアジアの国にまかせるべきである、という考えだ。[14]その本当の意味は参加国すべてが理解していた。アメリカの役割を縮小しなければならない、というものだ。中国にとっての問題は、アメリカにアジアから立ち去ってほしいと望む国はほとんどないということだ。アジア諸国はパワーバランスを維持するためには、アメリカの存在が必要だと考えている。彼らのオバマ政権についての最大の不満は、「アジア回帰」（のちに「アジア・リバランス（再均衡）」と名称を変えた）の実施に乗り気ではないということだった。「われわれは強いアメリカにリードしてほしいと思っている」。あるアジアの大使はワシントンD.C.で私にそう語った。[15]

これは、勢いのある中国を封じ込めるための、より積極的なアメリカの政策を求めるというタカ派の態度ではなかった。その反対である。アジアの外交家たちは、アメリカが中国の台頭という戦略的な意味合いを持つ状況に及び腰でいることに不満を持っている。そして、アメリカ政府が中国を地域の安全保障体制に取り込むべき大国として認めようとしないことを嘆いている。彼らは地域の平和と安定を維持するうえでのアメリカの果たす決定的な役割を支持してはいるものの、中国がアジアの中心に位置し、アジア全体をその影響圏とみなしているという地政学的な現実も痛いほど理解している。「今のところは幸せな結果は期待できない」と、ある大使は言う。「現状を維持することは、選択肢にはない。なぜなら、中国の力の増大は、地域の相対的なパワーバランスが変わったことを意味するからだ」

アメリカは、その対中国政策は封じ込めではなく、取り込みであると確認している。しかし、中国のことは牽制しておくべき戦略的ライバルとみなし続けている。「アジア回帰」を発表してから、オバマ政権はアジア太平洋地域の同盟国との軍事協力を強化し、中国との領海紛争では東南アジア諸国を支持し、友好国にアジアインフラ開発銀行などの中国主導の構想に参加しないように働きかけてきた。北京の懐疑的な観察者は環太平洋パートナーシップ協定（ＴＰＰ）の一か国の参加国に中国を含んでいないことを、アメリカが中国の大国としての野心を妨害しようとするもうひとつの試みだとみなしている。たとえ両サイドの公式見解が、中国が将来的に参加する可能性を認めているとしても。この状況がいつまでも続くはずはない。

中国とアメリカの間で二年に一度開かれる首脳会談は、小さな問題では多少の進展があるが、現在の最大の戦略的問題のひとつを意図的に避けている。アメリカ政府が資金を出し支配している安全保障システムの中で中国がどうしたら成長できるかである。アメリカがこの問題を避けようとするのは、中国を対等な大国として認めていないからだ。中国が交渉を望んでいないのは、ゆっくりとだが着実に、アメリカに取って代わるための道が開けていると考えているからだ。中国は今後もその経済力を利用して、南シナ海のコントロールを段階的に獲得していくという政策にしがみつくだろう。それでも、将来のリーダーたちは、摩擦が紛争に発展する前にこの問題に取り組まなければならない。

ワシントンD.C.のタカ派の間では、中国封じ込めのための新しい大規模戦略を強く求める声が上がっている。ひとつの意見は、中国がアジアの支配勢力としてアメリカに取って代わることを防ぐために、できることは何でもしなければならないというものだ。それは、アメリカ軍が南シナ海での海軍と空軍の行動を強化しなければならないことを意味する。[16]このアプローチは戦争の脅威を引き寄せるだけだろう。外交政策コミュニティのより冷静な声は、アメリカは中国と暗黙の和解にこぎつけるべきだと訴える。それは、中国の世界的野心を認め、アジア地域でのより自由な行動を認める一方で、アメリカの戦略的プレゼンスもそのまま維持することを意味する。

後者の戦略は、アジア全域で持たれている見解とも重なり合う。中国の経済的な吸引力は本物だが、近隣諸国にアメリカの軍事力なしのほうがいいと説得できるだけの力はない。ほとんどのアジア諸国はアメリカを中国への対抗勢力として支持することでは団結している。それでも、巨大な隣国をアメリカが怒らせることは望んでおらず、中国を不安定な立場に追いやるようなアメリカの政策には反対するだろう。どの国もアメリカと中国の間の板挟みにはなりたくない。経済大国であり、軍事力も増大している中国が、自身の裏庭で二番手の地位に甘んじるつもりはないのだから、中国を封じ込めようとするのは愚かなことなのだ。

アメリカと中国が戦争を避けるにはどうすべきか、私はその処方箋を書く立場にはない。しかし、アメリカとアジアの同盟国は、アジアに影響圏をつくり上げようとしている中国の決意を認めなければならない、と私は考えている。そして、中国の成長が必然であるならば、とるべき最も安全な道は、再編成した地域安全構造の中に中国を受け入れることである。中国がそうした招きに応じるかどうかはまた別の問題だ。それは、今後数十年の両サイドの相対的な力にかかってくるだろう。しかし、中国が国家の再生というビジョンの追求を続けるかぎり、何かを手放さなければならない。そうしなければ、「チャイニーズ・ドリーム」はアジアの悪夢へと変質していくだろう。

謝辞

この本は中国の国境地域、そしてアジアのあちこちを歩き回った二年の旅から生まれた。香港のギャブカル・リサーチ、北京のギャブカル・ドラゴノミクスの同僚たちのサポートがなければ、この本を書くことはできなかっただろう。私がオフィスから姿を消すことを許し背中を押してくれたアーサー・クローバーと、私が消えてもまったく気にしなかったルイス・ゲイヴに心からの感謝を伝えたい。そして、サイモン・プリッチャード、トム・ホランド、ユディット・シカンド、クリス・リックルトン、デイヴィッド・エイマー、ポール・ムーニー、デイヴィッド・ブラウンにも本当に感謝している。彼らはこの本のもとになった記事を読み、章と構成のアイデアを出し、間違いを指摘し、役立つ提案をしてくれた。

調査と旅の間には、たくさんの方に助けられた。北京ではイグナシオ・アセンホ、アンドリュー・バトソン、チェン・ロン、エルナン・クイ、サイモン・デンヤー、マット・ファーチェン、トマス・ガトリー、フィリッパ・ジョーンズ、デイヴィッド・ケリー、カルム・マクロード、プラティク・マートゥル、アラニス・シン、フェリックス・ロバーツ、デイヴィッド・セドニー、ルスラン・スレイメノフ、ディナ・トゥラロヴァ、ロセアレア・ヤオ、王緝思、ヨルグ・ヴトケ、査道炯。香港ではギャヴィン・ボウリング。昆明ではルー・グアンシェン。アスタナとアルトマイでは、ヌルバラ・アミエバイエラ、アイダル・アゼルバエフ、アメル・ドゥラーニ、スティーヴン・フリーマン、ジョン・グレイ、ジャネット・ヘックマン、アン・ヘリガン、ナルジス・カッセノヴァ、ジョアンナ・リリス、エレナ・サドフスカヤ、レイリア・シャメル、ブライアン・シェルボーン、デナ・ショルク。ビシュケクとオシでは、バクト・ドゥアショフ、スルタン・カリノフ、ウルク・クドゥルバエフ、ローマン・モジレフスキー、ナジラ・レイモンド、タラント・スルタノフ、ディアドリ・タイナン。ヤンゴンとマンダレーでは、ジャン・アノ、ローマン・カイロード、ニッキー・ダイヤモンド、スチュアート・ディード、ジョシュ・ゴードン、ジュディ・コー、スラ・コー、アン・ナイン・オー、タオ・イエ、キン・トゥン、ウォン・イット・ファン。プノンペンではダニエル・デ・カルテレ、ジュリアン・レイク、ソク・シパナ、デイヴィッド・ヴァン・ヴィシェット。ホーチミン市とハノイでは、マイク・アイヴズ、グエン・タン・トゥアン、グエン・テ・フオン、グエン・チュン・チュク、チュオン・ライ、チュオン・ミン・ヴー、シンガポールでカンティ・バジパイ、セリナ・ホー、フアン・ジン、トモオ・キクチ、C・ラジャ・モハン、アレックス・ニール、イアン・ストーリー。コロンボではクリシャンタ・クーリー、カル・ジャヤスリヤ、ラヴィ・カルナナヤケ、ヴィジャ・ナサニエル、パイキアソシー・サラワナムットゥ、エラン・ウィクラマラトネ。デリーではラウール・ベディ、ブラーマ・チェラニー、ガーチャラン・ダス、ラウール・ジェイコブ。ワシントンDCではマイケル・オースティン、ピーター・フォスター、ボニー・グレイザー、マイケル・グリーン、マレー・ハイバート、ユコン・フアン、クリストファー・ジョンソン、スコット・ケネディ、アシュコク・ミルプリ、ヴィクラム・ネルー、ダグラス・パール、スン・ユン。ロンドンではアガサ・クラッツ、サム・リース、ラファエロ・パントゥッチ。オックスフォードではローズマリー・フット、エワン・スミス、ジョナサン・ワード。もし書き忘れた方がいれば、お詫びします。

最後に、私が旅から戻るのを待っていてくれた家族、フローラ、ハリー、ペニーに愛と感謝を。この本は彼らに捧げる。

二〇一六年七月、オックスフォードにて。

原注

本書のリサーチのために十数か国を訪れ、インタビューを行ない、会話を交わし、人々の話に耳を傾け、さまざまなものを観察した。現地でのリサーチは２０１３年初めに訪れたミャンマーを除き、すべて２０１４～１５年に行なった。閣僚や役人、外交官、コンサルタント、実業家、ジャーナリスト、学者、研究者、ＮＧＯ職員、貿易業者、そしてタクシー運転手など、大勢の人と話をすることができた。会話のほとんどは正式な取材という形をとったが、なかには匿名を望む人たちもいた。私はジャーナリストとして、適切と思われる部分では取材をした相手の言葉を引用しているが、すべての情報源を明らかにはしていない。以下の注記は、できるだけ簡潔にまとめることを心がけた。資料として英語と中国語で数多くの書物や報告書、記事を読んだが、そのすべてをリストにしたところで読者の役には立たないだろう。そこで、注目に値する重要な書籍や記事を選んで、その出典を紹介することにした。本文で引用した演説については、その日付を明記している。

本書の素材となった取材原稿の大部分は、２０１３～１６年にギャブカル・リサーチ（Gavekal Research）とギャブカル・ドラゴノミクス（Gavekal Dragonomics）のクライアント向けに発表した記事に含まれている。読者に役立つと思われるものについては、オリジナルの記事の情報を提供している。

序章

1　この序章は、以下の記事で最初に書いた内容をもとにしている。Miller, "The Chinese dream: the empire strikes back" in *China Economic Quarterly*, Gavekal Dragonomics, November 2015.

2　この短くまとめた歴史については、多くの資料を参照した。中国の初期の歴史については、とくに以下のものが役立つ。Odd Arne Westad's *Restless Empire: China and the World Since 1750*, Bodley Head, London (2012).

3　Alexander V Avakov, *Two Thousand Years of Economic Statistics, Years 1-2012: Population, GDP at PPP, and GDP Per Capita*, Algora, New York (2015).

4　Angus Maddison, *Monitoring the World Economy*, OECD Devel opment Centre, Paris (1995), http://www.ggdc.net/maddison/ Monitoring.shtml.

5　一例として以下を参照。"Backgrounder: China's WWII contributions in figures", Xinhua, 3 September 2015, http://news.xinhuanet.com/english/ 2015-09/03/c_134582291.htm.

6　歴史的な記憶が国家アイデンティティの形成に果たす役割については、以下の文献が優れている。Zheng Wang, *Never Forget National Humiliation: Historical Memory in Chinese Politics and Foreign Relations*, Columbia, New York (2012).

7　http://www.chinatoday.com/general/china-flag-emblem-anthem.htm.

8　習近平が最初に「チャイニーズ・ドリーム」について公の場で発言したのは、国家主席就任直後の２０１２年11月29日、中国国家博物館の「復興への道」展覧会を訪れたときのことで、「チャイナ・ドリーム」とも訳された。以下を参照。"Xi pledges 'great renewal of Chinese nation'", http://news. xinhuanet.com/english/china/2012-11/29/c_132008231.htm. 中国語での同様の記事は、以下を参照。"Xi Jinping: chengqian qihou jiwang kailai jixu chaozhe zhonghua minzu weida fuxing mubiao fenyong qianjin", *People's Daily*, 29 November 2012, http://politics.people. com.cn/n/2012/1129/c1024-19744072.html.

9 これ以降の数段落は以下の文献をおもに参照している。Orville Schell and John Delury, *Wealth and Power: China's Long March to the Twenty-First Century*, Little, Brown, London (2013).

10 習近平が広州の軍事基地を視察したときの演説。国家の再興という「チャイニーズ・ドリーム」は、「強い国、強い軍隊という夢」でもあると述べた。以下を参照。"Bixu jianchi fuguo he qiangjun xiang tongyi nuli jianshe gonggu guofang he qiangda jundui", *China Youth Daily*, 13 December 2012, http://zqb. cyol.com/html/2012-12/13/nw.D110000zgqnb_20121213_1-01.htm.

11 以下を参照。Miller, "Goose stepping into isolation", Gavekal Research, 3 September 2015.

12 著者によるオフレコのインタビュー。2015年6月29日、北京。

13 2012年2月。この「新型大国関係」（新しい形の大国間の関係）の概念は、当時の崔天凱外務次官の2012年7月の評論、また以下の文献で詳しく説明されている。Pang Hanzhao: "Xinshiqi zhongguo waijiao quanjuzhong de zhong-mei guanxi" in *China International Strategy Review 2012*, Beijing University Institute of International Relations.

14 2013年10月25日、共産党の地域外交に関する「工作会議」での習近平の談話「周辺諸国に運命共同体意識を根づかせる」。http://news. xinhuanet.com/politics/2013-10/25/c_117878944.htm.「周辺外交」の公式な英訳は"peripheral diplomacy"だが、私個人は「近隣外交（neighbourhood diplomacy）」または「地域外交（regional diplomacy）」がより適切を考える。

15 以下を参照。David Shambaugh, "The illusion of Chinese power" in http:// nationalinterest.org/feature/the-illusion-chinese-power-10739, and *China Goes Global: The Partial Power*, Oxford University Press, New York (2013)（『中国グローバル化の深層』、加藤祐子訳、朝日新聞出版）

16 "Central Conference on work relating to foreign affairs was held in Beijing", 29 November 2014, http://www.fmprc.gov.cn/mfa_eng/ zxxx_662805/t1215680.shtml.

17 中国共産党は「国家的恥辱の世紀」（百年国恥）を終わらせるために果たした党の役割を、その支配を正当化するひとつの根拠としている。

18 http://databank.worldbank.org/data/download/GDP.pdf.

19 この点については、私が真っ先に指摘したひとりだと思う。以下を参照。"A Chinese Bretton Woods", Gavekal Research, 12 June 2014. あとになって意見を少し控えめに修正した。"A boring infrastructure bank", Gavekal Research, 30 June 2016.

20 「中国のカリフォルニア」という表現は、以下の記事で使われている。Thant Myint-U, "Asia's new great

"game", *Foreign Policy*, 12 September 2011, http://foreignpolicy.com/2011/09/12/asias-new-great-game/. さらに詳しくは同じ著者の以下の文献を参照。*Where China Meets India: Burma and the New Crossroads of Asia*, Faber & Faber, London (2011).

21 中国が「豊かで強い（富強）」国になることについて語った習近平の「チャイニーズ・ドリーム」の演説をまとめたものとしては、次の資料が役立つ。"Xi Jinping zongshuji 15pian jianghua xitong chanshu 'zhongguo meng'", *People's Daily Online*, 19 June 2013, http://theory.people.com.cn/n/2013/0619/c40531-21891787.html.

22 以下を参照。"Full text: Xi's speech at commemoration of 70th anniversary of war victory", *China Daily*, 3 September 2015, http://www.chinadaily.com.cn/world/2015victoryanniv/2015-09/03/content_21783362.htm.

23 *The China Dream: Great Power Thinking and Strategic Posture in the Post-America Era*, CN Times Books (2015), p100. 2010年に中国で刊行。

24 国際関係の分野における「現実主義者」は、地政学をダーウィン流の適者生存のシステムとみなしている。大国間政治には、競争、対立、戦争が伴う。「現実主義者」の理論家として世界的に有名なジョン・J・ミアシャイマーは、「生き残りこそが大国の最大の目標」と述べている。以下を参照。JJ Mearsheimer, *The Tragedy of Great Power Politics*, Norton, New York (2001)（『大国政治の悲劇』、奥山真司訳、五月書房新社）

第1章 「一帯一路」

1 この話は、私が北京の懐柔区に借りているコテージ（そばには万里の長城がそびえる）からすぐ近くにある小さな村の住民に聞いた。私自身、布告を無視して、バーベキュー用に火をおこした。

2 "Chinese president proposes Asia-Pacific dream", http://www.2014apecceosummit.com/apec/news1/1721.jhtml.

3 "Jianchi zhengque yi li guan jiji fahui zeren daguo zuoyong", *People's Daily*, 10 September 2013, http://opinion.people.com.cn/n/2013/0910/c1003-22862978.html.

4 "Deng Xiaoping's '24-Character Strategy'", http://www.globalsecurity.org/military/world/china/24-character.htm.

5 一例として以下を参照。"Hurt the feelings of the Chinese people", *China Digital Times*, http://chinadigitaltimes.net/space/Hurt_the_feelings_of_the_Chinese_people.

6 中国の外交政策の変化については、クリストファー・ジョンソンが以下の文献で見事にまとめてくれている。Christopher Johnson, "President Xi Jinping's 'Belt and Road' Initiative: A practical assessment of the Chinese Communist Party's roadmap for China's global resurgence", CSIS, March 2016.

7 http://news.xinhuanet.com/english2010/china/2011-09/06/c_131102329.htm.

8 http://www.fmprc.gov.cn/mfa_eng/wjb_663304/wjbz_663308/activities_663312/t1093870.shtml.

9 "Foreign Minister Wang Yi meets the press", 8 March

2014, http:// www.fmprc.gov.cn/mfa_eng/wjb_663304/wjbz_663308/2461_663310/t1135385.shtml.
10 http://www.fmprc.gov.cn/mfa_eng/zxxx_662805/t1215680.shtml.
11 "China's Xi demands accelerated FTA strategy", Xinhua, 6 December 2014, http://news.xinhuanet.com/english/china/201412/06/c_133837015.htm.
12 "Vision and actions on jointly building Silk Road Economic Belt and 21st-Century Maritime Silk Road", 28 March 2015, http://www. fmprc.gov.cn/mfa_eng/zxxx_662805/t1249618.shtml.
13 "President Xi Jinping delivers important speech and proposes to build a Silk Road Economic Belt with Central Asian countries", 7 September 2013, http://www.fmprc.gov.cn/mfa_eng/topics_665678/xjpfwzysiesgjtfhshzfh_665686/t1076334.shtml.
14 ２０１３年10月２日。http://www.asean-china-center.org/english/201310/03/c_133062675.htm.
15 前掲資料、"Vision and actions on jointly building Silk Road Economic Belt and 21st-Century Maritime Silk Road".
16 同上
17 同上
18 "Jointly build the 21st Century Maritime Silk Road by deepening mutual trust and enhancing connectivity", 29 March 2015, http:// www.fmprc.gov.cn/mfa_eng/zxxx_662805/t1249761.shtml.
19 著者によるクリストファー・ジョンソンとのインタビュー。２０１５年９月30日、ワシントンＤ.Ｃ.。
20 同上
21 参加国の完全なリストは、ＡＩＩＢのウェブサイトを参照。http:// euweb.aiib.org/html/aboutus/introduction/Membership/?show=0.
22 私も参加した２０１４年５月にアトランタで開かれたＡＤＢの年次総会で、重役たちがＡＩＩＢを指して使っていた言葉。
23 前掲資料、Miller, "A Chinese Bretton Woods".
24 "ADB head will be 'very happy' to work with China's Asia infra structure bank", Reuters, 2 May 2014, http://www.reuters.com/ article/kazakhstan-adb-banking-idUSL6N0NO1ZG20140502.
25 次のような一文がある。「中国政府は国内資源を総動員してこの構想を支持するためのより強固な政策を提供する。アジアインフラ投資銀行の設立も支援する」。前掲資料、"Vision and actions on jointly building Silk Road Economic Belt and 21st-Century Maritime Silk Road"を参照。
26 以下を参照。Miller, "A petty and short-sighted hissy fit", Gavekal Research, 17 March 2015.
27 署名式に先立ち、『チャイナデイリー』紙に楼財相がのちに行なうスピーチの原稿が掲載された。"Inclusive AIIB can make a difference", 25 June 2015, http://usa.chinadaily.com.cn/epaper/201506/25/content_21101260.htm.
28 "Agreement on the New Development Bank"（新開発銀行に関する合意）は、以下を参照。http://brics.itamaraty.gov.br/images/pdf/BRICSNDB.doc.
29 "China-led Development Bank AIIB Will be Lean, Clean and Green, Says its President", *Wall Street Journal*, 22 January 2016, http://www.wsj.com/articles/

china-led-development-bank-will-belean-clean-and-green-says-head-1453479933.

30 "What is the Asian Infrastructure Investment Bank?", http://euweb. aiib.org/html/aboutus/AIIB/?show=0.

31 "AIIB's First Annual Meeting of its Board of Governors held in Beijing: Governors note progress during the Bank's first 6months of operation", http://www.aiib.org/html/2016/NEWS_0625/123. html.

32 前掲資料、Miller, "A boring infrastructure bank".

33 ＡＩＩＢと中国の政策銀行の融資能力についてのここから３ページの分析は、同僚のアーサー・クローバーの記事を大いに参照した。Arthur Kroeber, "Financing China's global dreams", *China Economic Quarterly*, Gavekal Dragonomics, November 2015.

34 以下を参照。Henry Sanderson and Michael Forsythe, *China's Superbank: Debt, Oil and Influence—How China Development Bank is Rewriting the Rules of Finance*, Wiley, Singapore (2013).

35 *The Global Competitiveness Report 2015-16,* "Competiveness rankings", World Economic Forum, http://reports.weforum.org/globalcompetitiveness-report-2015-2016/competitiveness-rankings/.

36 *Infrastructure for a Seamless Asia*, Asian Development Bank Institute, Tokyo (2009), http://adb.org/sites/default/files/pub/2009/ 2009.08.31.book.infrastructure.seamless.asia.pdf.

37 この節の一部は、以下の記事で最初に発表した。Miller, "Asia's infrastructure arms race", Gavekal Dragonomics, 30 June 2015.

38 以下を参照。Naohiro Kitano and Yukinori Harada, *Estimating China's Foreign Aid 2001–2003, JICA Research Institute*, June 2014, https:// jica-ri.jica.go.jp/publication/assets/JICA-RI_WP_No.78_2014. pdf. 以下の資料でも追加情報が得られる。*China's Foreign Aid (2014)* white paper, http://news.xinhuanet.com/english/china/2014-07/10/c_133474011.htm. 以下の前掲資料も参照。Miller, "Asia's infrastructure arms race".

39 "Cabinet decision on the Development Cooperation Charter", 10 February 2015, http://www.mofa.go.jp/files/000067701.pdf.

40 "Stronger ties with ASEAN vital to Japan's security: ODA paper", *Kyodo*, 13 March 2015, http://www.japantimes.co.jp/news/2015/ 03/13/national/stronger-ties-asean-vital-japans-security-odapaper/#.VYEsdPmqpBd.

41 "Japan unveils $110 billion plan to fund Asia infrastructure, eye on AIIB", Reuters, 21 May 2015, http://www.reuters.com/article/2015/05/21/us-japan-asia-investment-idUSKBN0O617G 20150521.

42 以下を参照。"Strategy and Action Plan for the Greater Mekong Subregion Southern Economic Corridor", ADB (2010), http://www.adb.org/ sites/default/files/publication/28006/gms-action-plan-south.pdf.

43 "Don't penalize us for using AIIB, says Cambodian minister", *Nikkei Asian Review*, 21 May 2015, http://asia.nikkei.com/Features/ The-Future-of-Asia-2015/Don-t-penalize-us-for-using-AIIB-saysCambodian-minister.

44 著者によるインタビュー。２０１５年５月22日、プノンペン。

45 以下を参照。Andrew Batson, "Can the New Silk Road revive China's exports?", Gavekal Dragonomics, 17 February 2015.

46 以下を参照。Tom Miller, "Investing along the New Silk Road", Gavekal Dragonomics, 4 March 2015.

47 "Tongchou xietiao you xu tuijin 'yidai yilu' jianshe de difang gang'an xianjie gongzuo chengxiao chu", http://www.sdpc.gov.cn/ gzdt/201511/t20151120_759153.html.

48 「港湾連合」もマラッカへの投資もＮＤＲＣのリストには含まれない。「港湾連合」の中国の10港は、大連、太倉、上海、寧波、福州、厦門、広州、深圳、海口、錦州。マレーシアの６港は、ビントゥル、ジョホール、クアンタン、マラッカ、ペナン、ポートクラン。以下を参照。"China, Malaysia tout new 'port alliance' to reduce customs bottlenecks and boost trade", *South China Morning Post*, 9 April 2016, http://www.scmp.com/news/asia/southeast-asia/article/1934839/china-malaysiatout-new-port-alliance-reduce-customs.

49 "2015 nian yu 'yidai yilu' xiangguan guojia jingmao hezuo qingkuang", 21 January 2016, http://www.mofcom.gov.cn/article/tongjiziliao/dgzz/201601/20160101239881.shtml.

50 著者によるインタビュー。２０１５年５月29日、北京。

51 著者によるインタビュー。２０１５年５月19日。

第二章　西への進出

1 カーンシャティリーエンターテイメントセンターの名前は、「カーンのテント」を意味する。ロンドンの設計事務所、フォスター・アンド・パートナーズの設計。以下を参照 http://www.fosterandpartners.com/projects/khan-shatyrentertainment-centre/.

2 「所有権」のあいまいさと年間生産量が毎年変わるために、正確な数字をはじき出すのは不可能だ。しかし、２０１４～１５年に関しては、事情通の人たち数人から「４分の１」という言葉を耳にした。私自身の推測とも一致する。

3 "President Xi Jinping delivers important speech and proposes to build a Silk Road Economic Belt with Central Asian coun tries", 7 September 2013, http://www.fmprc.gov.cn/mfa_eng/ topics_665678/xjpfwzysiesgjtfhshzzfh_665686/t1076334.shtml.

4 この地域の歴史について役立つ資料としては、次の２点がある。前掲書、Westad's Restless Empire、と、Michael Clarke, "The 'centrality' of Central Asia in world history, 1700–2008: From pivot to periphery and back again?" in Mackerras and Clarke (eds), *China, Xinjiang and Central Asia: History, Transition and Crossborder Interaction into the 21st Century*, Routledge, London and New York (2009).

5 中国は頻繁に「三つの悪」に言及するが、ＳＯＣ憲章そのものにはこの表現は使われていない。以下を参照。http://www.soi.org. br/upload/34b4f65564132e770272 6ee2521839c790b895453b 6de5509cf1f997e9e50405.pdf.

6 以下を参照。"Chinese Premier Wen Jiabao's speech at opening session of second China–Eurasia Expo", Xinhua, 3 September 2012, http:// en.people.cn/90883/7933186.html.

7 "Wang Jisi: 'xijin', zhongguo diyuan zhanlue de zai pingheng", *Global Times*, 17October 2012, http://opinion.huanqiu.com/ opinion_world/2012-10/3193760.html.

8 ラファエロ・パントゥッチとアレクサンドロス・ピーターソンがこの主張を多くの記事で力強く繰り返している。とくに以下を参照。Rafaello Pantucci and Alexandros Peterson, "China's Inadvertent Empire", *The National Interest*, November–December 2012, http://nationalinterest.org/print/article/chinas-inadvertent-empire-7615. パントゥッチとピーターソンは、すばらしいブログも共同開設した。www.chinaincentralasia.com. 残念ながら、アメリカン大学で働いていたピーターソンは、２０１４年１月にタリバンによるカブールのレストランへの攻撃で死亡した。

9 一例として以下を参照。"Hundreds face trial over deadly Xinjiang riots", *The Guardian*, 24 August 2009, https://www.theguardian.com/world/ 2009/aug/24/china-trials-xinjiang-riots.

10 ここから数段落は、私がイギリスの『スペクテイター』紙で書評として書いた文章をもとにしている。"China's repressive policy towards its Islamic fringe has badly backfired", 1 August 2015, http://www.spectator.co.uk/2015/08/chinas-repressive-policytowards-its-islamic-fringe-has-badly-backfired/. この節の情報の大部分は次の文献から得た。Nick Holdstock, *China's Forgotten People: Xinjiang, Terror and the Chinese State*, IB Tauris, London (2015). 犠牲者数はこの年に報じられた死者数を私自身が合計して出したもの。

11 この報告書は次のウェブサイトで閲覧できる。here: https://na-production.s3.amazonaws. com/documents/ISIS-Files.pdf.

12 以下を参照。http://english.alarabiya.net/en/perspective/analysis/2016/03/ 02/China-s-proxy-war-in-Syria-Revealing-the-role-of-Uighurfighters-.html.

13 一例として以下を参照。"Chinese embassy in Kyrgyzstan hit by suicide bomb attack", *Financial Times*, 30 August 2016, https://www.ft.com/content/ 23243e7e-6e82-11e6-9ac1-1055824ca907#axzz4JMS4K4O7.

14 "Beijing Vows to Strike Back After Kyrgyzstan Attack", *China Digital Times*, 7 September 2016, http://chinadigitaltimes.net/ 2016/09/beijing-vows-strike-back-kyrgyzstan-embassy-attack/.

15 コルガスの町の名前と発音はいくつかバリエーションがあり、誰に何語で話しかけるかによって変わる。カザフ語とウイグル語では*Qorgas*、ロシア語では*Khorgos*、中国語では霍爾果斯（*huo'erguosi*）。ホルゴス（*Horgos*）と発音されることもある。

16 一例として以下を参照。"The Silk Railroad of China–Europe Trade", Bloomberg, 21 December 2012, http://www.bloomberg.com/news/articles/ 2012-12-20/the-silk-railroad-of-china-europe-trade, and "China's bold gambit to cement trade with Europe—along the ancient Silk Road", *Los Angeles Times*, 1 May 2016, http://www.latimes.com/ world/asia/la-fg-china-silk-road-20160501-story.html.

17 "DHL opens China–Turkey intermodal corridor", *Lloyd's Loading List*, 18 December 2015, http://www.lloydsloadinglist.com/ freight-directory/news/DHL-

opens-China-Turkey-intermodal-cor ridor/65139.htm#.WAYnwuArJN0.

18 以下を参照。“Carec 2020: A strategic framework for the Central Asia Regional Economic Cooperation 2011-2020”, Asian Develop ment Bank (2012), http://www.carecprogram.org/uploads/docs/ CAREC-Publications/2012/CAREC-2020-Strategic-Framework.pdf.

19 以下を参照。http://www.carecprogram.org/index.php?page=ci-knowledgesharing.

20 著者によるオフレコのインタビュー。2015年4月21日、北京。

21 著者によるインタビュー。2014年9月2日。

22 カシュガル周辺でのインタビューはすべて、2014年8月23日と24日に行なった。

23 Isaac Stone Fish, “China's hottest cities and Kashgar”, *Newsweek*, 25 September 2010, http://europe.newsweek.com/chinas-hottestcities-and-kashgar-72333?rm=eu.

24 この節の大部分は、以下の記事で最初に書いたもの。“Blood and bazaars on the New Silk Road”, Gavekal Dragonomics, 22October 2014.

25 “Zhe shi shangtian cigei dangdai zhongguoren zui fenghou de liwu.” パントゥッチとピーターソンは、彼らのウェブサイト (http://www.chinaincentralasia.com) で、劉亜洲将軍のコメントを、「中央アジアは現代の中国に天から与えられた最も大きなケーキの一切れ」と訳した。表現豊かではあるが、私の意見では、翻訳としては不正確だ。

26 中央アジアのエネルギー資源については、以下の文献をおもな情報源とした。Marlene Laruelle and Sebastien Peyrouse, *The Chinese Question in Central Asia: Domestic Order, Social Change, and the Chinese Factor*, Columbia, New York (2012). この章の内容の背景を知るためにも、この本を重点的に利用した。もうひとつ役立つ文献として、以下のものもある。Alexander Cooley, *Great Games, Local Rules: The New Great Power Contest in Central Asia*, Oxford University Press, New York (2012).

27 私の運転手は民族的にはキルギス人だが、中国共産党を支持しており、中国のこの地域の個人的、国家的アイデンティティの複雑な性格を物語っている。

28 よく聞く話だが、中国のハードインフラの質は本当にすばらしく、通信エリアも広い。新疆の山の中でも、携帯電話で友人たちと問題なく話ができた。それに比べ、普段はオックスフォードのど真ん中にいても、携帯電話の信号をキャッチするのにいまだに苦労している。

29 中国の西の国境は、新疆でも雲南省でも麻薬の密輸が横行している。中国の最大のアヘンの供給源は、「黄金の三日月地帯」と呼ばれるアフガニスタン、パキスタン、イランの三国だ。ヘロインはパキスタン、タジキスタン、カザフスタン、キルギス経由で新疆に密輸される。イルケシュタム峠越えで運ばれるものもある。しかし、ノートを携えたイギリス人が、大量の麻薬を反対方向に密輸することは想像できない。以下を参照。Murray Scot Tanner, “China confronts Afghan drugs: Law enforcement views of 'The Golden Crescent'”, CNA, March 2011, https://wikileaks.org/gifiles/ attach/134/134547_China%20Heroin.pdf.

30 オシでのインタビューはすべて、2014年8月26日に行なった。

31 以下に引用されている。Roman Muzalevsky, “China–

Kyrgyzstan–Uzbekistan railway scheme: Fears, hopes and prospects", *Eurasia Daily Monitor*, Jamestown Foundation, 30 May 2012.

32 著者によるインタビュー。２０１４年5月6日、アルマトイ。

33 国際危機グループの中央アジア・プロジェクトディレクター、ディアドリ・タイナンへのインタビュー。２０１４年8月28日、ビシュケク。

34 以下を参照。Chris Rickleton, "Kyrgyzstan: Racketeers taking aim at Chinese entrepreneurs", 10 January 2014, http://www.eurasianet. org/node/67928. ジョージ・ソロスと彼のオープン・ソサエティ財団が出資したユーラシアネット（EurasiaNet）は、中央アジアに関する貴重な英語の情報源だ。

35 以下の文献に掲載されている中国人移民へのインタビューを参考にした。Howard W French, *China's Second Continent: How a Million Migrants are Building a New Empire in Africa*, Knopf, New York (2014).（『中国第二の大国アフリカ』、栗原泉訳、白水社）

36 ビシュケクでの著者によるインタビューはすべて、２０１４年８月28日と29日に行なった。

37 著者によるインタビュー。２０１４年８月20日、北京。

38 この節の大部分は以下の記事で最初に書いたもの。"Travels along the New Silk Road: The economics of power", Gavekal Dragonomics, 24October 2014.

39 ヒラリー・クリントンはプーチンの構想をユーラシアの「再ソビエト化」と呼んだ。以下を参照。"Clinton calls Eurasian integration an effort to 'Re-So vietize'", Radio Free Europe Radio Liberty, 28 July 2016, http:// www.rferl.org/content/clinton-calls-eurasian-integration-ef fort-to-resovietize/24791921.html.

40 以下の文献に引用されている。Michael Clarke, "Understanding China's Eurasian Pivot", *The Diplomat*, 10 September 2015, http://thediplomat. com/2015/09/understanding-chinas-eurasian-pivot/. 中国のアジア外交政策を理解するには、『ザ・ディプロマット（*The Diplomat*）』誌も貴重な情報源になることがわかった。

41 著者によるインタビュー。２０１４年５月７日、アルマトイ。

42 著者によるインタビュー。２０１４年5月６日。

43 "Links to Prosperity: Connectivity, Trade, and Growth in Developing Asia" ADB panel meeting, 4 May 2014.

44 著者によるインタビュー。２０１４年８月29日。

45 以下を参照。http://en.kremlin.ru/events/president/transcripts/49433.

46 "China to build 400km/h train for Russia's high-speed railway", 2Russia Today, 6 June 2016, https://www.rt.com/business/345535china-train-russia-kazan/.

47 以下を参照。*China's Central Asia Problem*, 27 February 2013. 以下のサイトに要約が掲載されている。https://www.crisisgroup.org/asia/northeast-asia/china/china-s-central-asia-problem.

48 以下に引用されている。Mira Milosevich, "Russia and China", FAES, 17 September 2014, http://www.fundacionfaes.org/en/analysis/127/ rusia_y_china.

第三章　照りつける太陽

1 この章のタイトルは、１９９４年のチアン・ウェン監督作品『太陽の少年』（原題 In the Heat of the Sun）

に着想を得た。文化大革命の時代を描いた作品である。https://en.wikipedia. org/wiki/In_the_Heat_of_the_Sun.

2 サロンはミャンマーではロンジーと呼ばれている。

3 「Go West」政策についてさらに詳しくは、以下を参照。Miller, *China's Urban Billion: The Story Behind the Biggest Migration in Human History*, Zed, London (2012).

4 "Zhongguo shida jichang", http://baike.baidu.com/view/2144319. htm, and "List of busiest airports by passenger traffic", Wikipedia, https://en.wikipedia.org/wiki/List_of_busiest_airports_by_ passenger_traffic#2015_statistics.

5 "Guowuyuan guanyu zhichi yunnan sheng jiakuai jianshe mianxiang xinan kaifang zhongyao qiaotoubao de yijian", 3 November 2011, http://www.gov.cn/zwgk/2011-11/03/content_1985444.htm.

6 この節の大部分は、以下の記事で最初に書いたもの。"No bridgehead too far in China's expanding empire", Gavekal Dragonomics, 7 April 2014, and "In Laos, all roads lead to China", Gavekal Dragonomics, 8 April 2014.

7 ラオスを含む東南アジアについての記述は、以下の文献を参考にした。Peter Church (ed), *A Short History of South-East Asia*, Wiley, Singapore (2009).

8 以下を参照。"China ranks largest investor in Laos", Thai PBS, 20 September 2014, http://englishnews.thaipbs.or.th/china-ranks-largest-investor-laos/. ＣＩＡの『ザ・ワールド・ファクトブック』によれば、２０１５年にはわずかの差でタイが最大の貿易パートナーだった。CIA's World Factbook, https://www.cia.gov/ library/publications/the-world-factbook/fields/2050.html#la.

9 "China plans $31b investment for border zone with Laos", *China Daily*, 20October 2015, http://europe.chinadaily.com.cn/business/ 2015-10/20/content_22229728.htm.

10 さらに詳しくは、以下を参照。http://www.adb.org/publications/greatermekong-subregion-economic-co-operation-program-overview.

11 ２０１１年８月にラオス北部からルアンプラバンまでバスで旅したとき、ぬかるみにはまってバスが動かなくなり、ひどい目にあった。長い時間待たされたおかげで、『アンナ・カレーニナ』のかなりの分量を読み進めることができた。

12 ウドムサイでの著者によるインタビューはすべて、２０１４年3月4日と5日に行なった。

13 ２０１２年７月に、親しい友人がこの町で悲劇の死を遂げたため、私は偶然にもこの事実を知った。

14 "New Thai, Lao PDR bridge completes 'missing link' in key regional corridor", 11 December 2013, http://www.adb.org/news/new-thailao-pdr-bridge-completes-missing-link-key-regional-corridor.

15 ２０１４年3月７日。

16 この情報については、メディアと政府の数多くの情報源で確認した。一例として以下を参照。"China, Laos sign a railway deal", *China Daily*, 14 November 2015, http://www.chinadaily.com.cn/business/ 2015-11/14/content_22456633.htm. しかし、あまりに多くの障害があるため、この鉄道が本当に建設されるかどうかは、時間だけが答えを与えてくれるだろう。

17 "China, Thailand sign rail, rice, and rubber deals", *The Diplomat*, 4 December 2015, http://thediplomat.com/2015/12/china-thailandsign-rail-rice-and-rubber-deals/.

18 "Changing Asia: China's high-speed railway diplomacy", *The Strategist*, 2 December 2013, http://www.aspistrategist.org.au/changingasia-chinas-high-speed-railway-diplomacy/.

19 1畝は1エーカーの5分の1弱、あるいは0・06ヘクタール。

20 テレビ番組のプレゼンターのサイモン・リーヴが、旅行ドキュメンタリー『トロピック・オブ・キャンサー（*Tropic of Cancer*）』のために、建設中のこのリゾートを訪れた。番組は2010年4月にBBCで放映された。番組の映像は以下のサイトで閲覧できる。https://www.youtube. com/watch?v=28hDqzDGVn0．中国語でのリゾートのプロモーションビデオは、以下のサイトを参照。https://www.youtube.com/watch?v= k7OdftN2ksQ.

21 一例として以下を参照。"Laos's Chinese gamble", *The Diplomat*, 24 December 2010, http://thediplomat.com/2010/12/laoss-chinese-gamble/.

22 "Dok Ngiew Kham Group pays US$6.3m in taxes", Vietstock, 4 February 2015, http://en.vietstock.com.vn/2015/02/dok-ngiewkham-group-pays-us63m-intaxes-71-195753.htm.

23 ゴールデン・トライアングル経済特別区での著者によるインタビューは、2014年3月6日に行なった。

24 "China to spur investment in Laos", *Vientiane Times*, 10 May 2016, http://www.nationmultimedia.com/aec/China-to-spur-investmentin-Laos-30285603.html.

25 "Leadership changes and upcoming Obama visit give us new opportunities in Laos", CSIS, 4 February 2016, https://www. csis.org/analysis/leadership-changes-and-upcoming-obama-visitgive-us-new-opportunities-laos.

26 中国・カンボジア関係についての情報を共有してくれたジョン・チョルチャーリに感謝する。彼の以下の論文は一読に値する。John Ciorciari, "A Chinese model for patron–client relations? The Sino-Cambodian partnership", *International Relations of the Asia-Pacific*, 25 November 2014, http:// irap.oxfordjournals.org/content/15/2/245.short.

27 以下を参照。"Asian leaders at regional meeting fail to resolve disputes over South China Sea", *New York Times*, 12 July 2012, http://www. nytimes.com/2012/07/13/world/asia/asian-leaders-fail-to-resolvedisputes-on-south-china-sea-during-asean-summit.html?_r=0.

28 "Cambodia's Hun Sen proves a feisty ASEAN Chair", *Wall Street Journal*, 4 April 2012, http://blogs.wsj.com/indonesiarealtime/ 2012/04/04/cambodias-hun-sen-proves-a-feisty-asean-chair/.

29 カンボジアにおける対外投資の信頼できるデータを見つけるのはむずかしいが、多くの資料で確認した結果、これが最も有力な推測だと考える。一例として以下を参照。"Chinese Investment to 'Bear Fruit Soon'", Khmer Times, 21 December 2015, http://www.khmertimeskh.com/news/18940/chinese-investment-to---bear-fruitsoon---/.

30 "China's Exim Bank to fund US$1.7b refinery in Cam-

bodia", Shanghai Daily, 17October 2013, http://www.shanghaidaily.com/ Business/finance/Chinas-Exim-Bank-to-fund-US/shdaily.shtml.

31 "China to invest $9.6b in Cambodia", *Phnom Penh Post*, 1 January 2013, http://www.phnompenhpost.com/business/china-invest-96b -cambodia.

32 プノンペンでの著者によるインタビューはすべて、2015年5月21日と22日に行なった。

33 IMF, World Economic Outlook Database, http://www.imf.org/ external/pubs/ft/weo/2016/01/weodata/index.aspx.

34 Council for the Development of Cambodia, http://www.cdc-crdb. gov.kh/cdc/aid-management-cambodia.html. 以下の前掲資料も参照。Miller, "Asia's infrastructure arms race".

35 "When it comes to Chinese aid Cambodia should be cautious", AEC News, 18 July 2006, http://aecnewstoday.com/2016/whenit-comes-to-chinese-aid-cambodia-should-be-cautious/#axzz 4FLu6Oy4b.

36 David Roberts, *Political Transition in Cambodia 1991–1999: Power, Elitism and Democracy*, London, Routledge (2001).

37 http://www.transparency.org/cpi2015.

38 "Cambodia's top ten tycoons", Wikileaks Cable Viewer, https:// wikileaks.org/plusd/cables/07PH-NOMPENH1034_a.html.

39 "Royal repays $421m loan early", *Phnom Penh Post*, 31 January 2011, http://www.phnompenhpost.com/business/royal-repays421m-loan-early.

40 "Cambodian mobile firm CamGSM gets $591 mln funding", Reuters, 4 November 2010, http://uk.reuters.com/article/cambodiacamgsm-idUKSGE6A30G020101104.

41 以下を参照。Simon Denyer, "The push and pull of China's orbit", *Washington Post*, 5 September 2015, http://www.washingtonpost.com/ sf/world/2015/09/05/the-push-and-pull-of-chinas-orbit/. この記事が掲載された、同じ著者の"China's Back Yard"の連載を強くすすめたい。

42 以下に引用されている。John D Ciorciari, "China and Cambodia: Patron and client?", IPC Working Paper Series Number 121, 14 June 2013, p.17.

43 前掲資料、Denyer, "The push and pull of China's orbit".

44 彼がパラセル諸島とスプラトリー諸島のことを、「西沙」「南沙」と中国語名を使って発言したこと自体が、多くを物語る。

45 以下に引用されている。"As Cambodia approaches China over the US, it should remember Machiavelli's lessons", *The Diplomat*, 11 August 2015, http://thediplomat.com/2015/08/as-cambodia-approacheschina-over-the-us-it-should-remember-machiavellis-lessons/.

46 一例として以下を参照。"ASEAN talks fail over South China Sea dispute", Al Jazeera, 13 July 2012, http://www.aljazeera.com/news/asia-pacific/2012/07/201271381350228798.html.

47 以下の前掲資料に引用されている。Ciorciari, "China and Cambodia: Patron and client?".

48 "Face Off", *Focus ASEAN*, 2 September 2013, http://

sea-globe. com/cpp-cnrp-cheam-yeap-son-chhay/.

49 "Half a million Cambodians affected by land grabs: Rights group", Radio Free Asia, 1 April 2014, http://www.rfa.org/english/news/ cambodia/land-04012014170055.html.

50 以下を参照。"Developer, soldiers 'destroyed homes', 28 January 2014, Open Development Cambodia, https://opendevelopmentcambodia.net/ news/developer-soldiers-destroyed-29-homes/.

51 前掲資料、Ciorciari, "A Chinese model for patron–client relations? The Sino-Cambodian partnership".

52 "China, Cambodia boost cooperation during Hun Sen's visit", *The Diplomat*, 21October 2015, http://the-diplomat.com/2015/10/ china-cambodia-boost-coopera-tion-during-hun-sens-visit/.

第四章　カリフォルニア・ドリーミング

1 ビルマは1989年、当時の軍事政権によってかつての呼称であるミャンマーに国名を正式に変更した。国連はその変更を承認し、私が旅の途中で出会った人たちはみな、「ミャンマー」と呼んでいた。したがって、本書でもこの新しい呼称を使っているが、ところどころで形容詞の「Burmese」も使っている。

2 ジャーディン・マセソンの当時のミャンマー代表、ウォン・イット・ファンとのヤンゴンでのインタビュー。この章で引用している著者によるヤンゴンでのインタビューは、特筆していないかぎり、2013年1月にヤンゴンとマンダレーで行なった。

3 以下の文献によれば、paukpaw は「いとこ、兄弟、あるいは仲間意識に基づいた関係」など、さまざまに訳される。この語は中国人とミャンマー人の関係を表現するときにのみ使われる。専門家ではない読者には、以下のスタインバーグの本はミャンマーの歴史と政治を理解するために欠かせない。この章の重要な情報源でもある。David Steinberg, *Burma/Myanmar: What Everyone Needs to Know*, Oxford University Press, New York (2010).

4 一例として以下を参照。Sun Yun, "Has China lost Myanmar?", *Foreign Policy*, 15 January 2013, http://foreignpolicy.com/2013/01/15/has-chinalost-myanmar/. また、同じ著者の以下の記事、"China's strategic misjudgement on Myanmar", *Journal of Current Southeast Asian Affairs*, 31, 1(2012), 73–96 と、"Chinese investment in Myanmar: What lies ahead?", Stimson, September 2013 もすすめたい。

5 アメリカの「アジア回帰」は、のちに「リバランス（再均衡）」の名称に改められた。オバマ政権が2012年に採用したこの政策は、東アジアでのアメリカの安全保障同盟とプレゼンスを強化しようという戦略的イニチアチブである。中国では「中国封じ込め」政策の一部と解釈されることが多い。

6 前掲資料を参照。Thant Myint-U in "Asia's new great game".

7 軍事政権は2006年に首都をヤンゴン（ラングーン）から中心部のネピドーに移した。

8 "Power shift won't hurt Sino-Myanmese ties", 10 November 2014, http://www.globaltimes.cn/content/951736.shtml.

9 "Myanmar to continue friendly policy toward China:

Aung San Suu Kyi", Xinhua, 17 November 2015, http://news.xinhuanet.com/ english/2015-11/17/c_134826571.htm.

10 この章の大部分は、以下の記事で最初に書いたもの。Miller, "The Myanmar dilemma", GK Dragonomics, 29 April 2013, "Myanmar: Going solo", "Chinese immigration: On the Road to Mandalay", *China Economic Quarterly*, June 2013.

11 ミャンマー政府は135の民族グループを承認している。ビルマ族（Burman. 正式にはバマー[Bamar]と呼ばれる）が人口の約3分の2を占める。「Burmese」は特定の民族グループではなく、ミャンマー人全体を表す。

12 組織的な抗議運動の例としては、以下を参照。https://www.inter nationalrivers.org/campaigns/irrawaddy-myitsone-dam-0.

13 著者によるスン・ユンへのインタビュー。2015年10月2日、ワシントンD.C.。

14 中国電力投資集団公司（CPI）は国家核電技術公司と合併し、国家電力投資集団公司（SPIC）となった。以下のウェブサイトを参照。http://eng.spic.com.cn/.

15 ヤンゴンでのオフレコのインタビュー。2013年1月21日。

16 著者によるインタビュー。2013年1月8日、北京。

17 一例として以下を参照。"SPIC donates electrical equipment to Myanmar flood-hit areas", http://eng.spic.com.cn/NewsCenter/CorporateNews/ 201605/t20160503_262376.htm.

18 "China's intervention in the Myanmar–Kachin peace talks", East– West Center, *Asia Pacific Bulletin*, No 200 (2013).

19 "Myanmar Bombings in Yunnan Killed 4Chinese", *The Diplomat*, 14 March 2015, http://thediplomat.com/2015/03/its-officialmyanmar-bombings-in-yunnan-killed-4-chinese-citizens/.

20 ミャンマーのロンギーはバングラデシュやインドの大部分で男性が着用しているロンギーとほとんど変わらない。

21 "China remains top investor of Myanmar", MITV News, 19 March 2016, http://www.myanmaritv.com/news/foreign-investment-china -remains-top-investor-myanmar.

22 https://www.youtube.com/watch?v=Whd63L0q8Uw.

23 http://www.mofcom.gov.cn/article/i/jyjl/j/201602/20160201258595.shtml.

24 Global Witness, *Jade: Myanmar's 'Big State Secret'*, October 2015, https://www.globalwitness.org/en/campaigns/oil-gas-and-mining/ myanmarjade/.

25 "Myanmar section of the Myanmar–China oil pipeline starts trial operation", 4 February 2015, http://www.cnpc.com.cn/en/nr2015/201502/2cea6be48e4e43e7a4bcfa77080d8314.shtml.

26 BCIM計画に関するこの節の記述の大部分は、以下の記事で最初に書いたもの。Miller, "Beijing eyes the Bay of Bengal", Gavekal Dragonomics, 14 August 2014.

27 以下を参照。"Guowuyuan guanyu zhichi yunnan sheng jiakuai jianshe mianxiang xinan kaifang zhongyao qiaotoubao de yijain", 3 November 2011,

http://www.gov.cn/zwgk/2011-11/03/content_1985444.htm.

28 "China's CITIC wins projects to develop Myanmar economic zone", Reuters, 31 December 2015, http://www.reuters.com/ article/myanmar-citic-project-idUSL3N14K1D720151231.

29 著者によるインタビュー。２０１４年６月５日、昆明。

30 著者によるインタビュー。２０１４年６月４日。

31 同じスローガンが中国語とミャンマー語でも印刷されていた。

32 一例として以下を参照。"Myanmar Kokang rebels deny receiving Chinese weapons", Radio Free Asia, 13 February 2015, http://www.rfa.org/english/ news/myanmar/kokang-02132015185129.html.

第五章　真珠の首飾り

1 この章の一部は、以下の記事で最初に書いたもの。Miller, "Mari time Silk Road or 'String of Pearls'?", Gavekal Dragonomics, 23 April 2015.

2 一例として以下を参照。"Chinese submarine docking in Lanka 'inimical' to India's interests: Govt", TNN, 3 November 2014, http://timesofindia. indiatimes.com/india/Chinese-submarine-docking-in-Lankainimical-to-Indias-interests-Govt/articleshow/45025487.cms.

3 "China: Submarine docking in Sri Lanka was routine", ECNS, 26 September 2014, http://www.chinadaily.com.cn/china/201409/26/content_18668407.htm.

4 http://www.ndtv.com/india-news/navy-alert-to-chinese-nuclearsubmarine-threat-in-indian-ocean-767781.

5 私の情報源の希望により匿名にした。

6 以下を参照。*India After Gandhi: The History of the World's Largest Democracy*, Pan, London (2007), p 336. 中印関係の歴史に関する記述は、おもにグハの書いている歴史に従った。

7 *Energy Futures in Asia*, Booz-Allen & Hamilton (2004), https:// books.google.no/books/about/Energy_Futures_in_Asia. html?id=5En2PgAACAAJ&hl=en.

8 前掲資料、"Vision and actions on jointly building Silk Road Economic Belt and 21st-Century Maritime Silk Road".

9 一例として以下を参照。"A silk glove for China's iron fist", Project Syndicate, 4 March 2015, https://www.project-syndicate.org/commentary/ china-silk-road-dominance-by-brahma-chellaney-2015-03? barrier=true.

10 著者によるインタビュー。２０１５年３月27日。

11 *Samudra Manthan: Sino-Indian Rivalry in the Indo-Pacific, Carnegie Endowment*, New York (2012).

12 著者によるインタビュー。２０１５年３月11日、シンガポール。

13 著者によるインタビュー。２０１５年３月13日、コロンボ。

14 "Strive for a win-win outcome on the Indian Ocean", Thinker Blog, 20 March 2015, http://maosiwei.blog.21ccom.net/%3Fp%3D127/. China Policy (http://policycn.com/) による翻訳。

15 グワーダルと中国・パキスタン関係の歴史については、

以下の文献を参考にした。Andrew Small, *The China–Pakistan Axis: Asia's New Geopolitics*, Hurst, London (2015).

16 Robert Kaplan, *Monsoon: The Indian Ocean and the Future of American Power*, Random House, New York (2011), p 71.（『インド洋圏が、世界を動かす』、奥山真司・関根光宏訳、インターシフト）

17 一例として以下を参照。"China readies $46 billion for Pakistan trade route", *Wall Street Journal*, 16 April 2015, http://www.wsj.com/ articles/china-to-unveil-billions-of-dollars-in-pakistan-investment1429214705?mg=id-wsj.

18 以下を参照。"KKH Re-Alignment: 94% work on the project completed so far, remaining to be completed by Sep 25this year", Pamir Times, 27 June 2015, http://pamirtimes.net/2015/06/27/kkh-re-alignment94-work-on-the-project-completed-so-far-remaining-to-becompleted-by-sep-25-this-year/.

19 著者によるインタビュー。２０１５年６月19日、北京。

20 著者によるスン・ユンとのインタビュー。２０１５年10月２日、ワシントンDC。

21 前掲資料、Small, *The China–Pakistan Axis*, pp 98–99.

22 前掲資料に引用されている。Kaplan, *Monsoon*, p 78.

23 著者によるインタビュー。２０１５年３月11日。

24 "Pakistan, China finalize 8-sub construction plan", *Defense News*, 11October 2015, http://www.defensenews.com/story/defense/naval/ submarines/2015/10/11/pakistan-china-finalize-8-sub-construct ion-plan/73634218/.

25 著者によるインタビュー。２０１５年３月11日。

26 この節の内容の一部は、以下の記事で最初に書いたもの。Miller, "A Sino-Indian powerhouse?", Gavekal Dragonomics, 8 May 2015.

27 習近平の演説については、以下を参照。"Towards an Asian century of prosperity", The Hindu, 17 September 2014, http://www.thehindu. com/opinion/op-ed/towards-an-asian-century-of-prosperity/article6416553.ece.

28 "India's Modi: Border peace needed to realise China ties", Reuters, 18 September 2014, http://www.reuters.com/article/india-chinaborder-idUSD8N0RB01A20140918.

29 著者によるカーネギー平和基金のダグラス・パール副会長とのインタビュー。２０１５年10月１日、ワシントンＤ．Ｃ．。パール氏は北京の情報源からこの情報を得た。

30 著者によるインタビュー。２０１５年３月25日。

31 以下を参照。"India and Japan link up to counter China's 'expansionist' mind-set", *Wall Street Journal*, 2 September 2014, http://blogs. wsj.com/chinarealtime/2014/09/02/india-and-japan-link-up-tocounter-chinas-expansionist-mind-set/.

32 https://www.whitehouse.gov/the-press-office/2010/11/08/ remarks-president-joint-session-india-parliament-new-delhi-india.

33 以下を参照。"Text of PM's address to the Sri Lankan Parliament", 13 March 2015, http://www.pmindia.gov.in/en/news_updates/text-of-pmsaddress-to-the-sri-lankan-parliament/.

34 インド中を旅した私自身の経験からも、これは間違いない。ある主要国際紙の東南アジア担当の通信員も同じ意見だ。

35　以下を参照。"Full text: Report on the work of the government (2015)", 16 March 2015, http://english.gov.cn/archive/publications/ 2015/03/05/content_281475066179954.htm.

36　２０１５年3月にスリランカ政府の投資担当者にインタビューした際に、この数字を与えられた。

37　以下を参照。"China's Indian Ocean influence at risk in Sri Lanka election", Bloomberg, 6 January 2015, http://www.bloomberg.com/news/ articles/2015-01-06/china-push-for-indian-ocean-influence-atrisk-as-sri-lanka-votes.

38　著者によるインタビュー。２０１５年3月13日。

39　著者によるインタビュー。２０１５年3月13日。

40　スリランカの対外債務についてのこの高い推定については、以下を参照。http:// time.com/4077757/sri-lanka-china-financial-crisis-ravi-karun anayake-interview/ しかし、私はまったく別の推定数字も見つけた。ある著名な中国人研究者は88％という数字をあげたが、別の元中央銀行職員は60％に近い数字だと言っていた（以下を参照。http://www.sundaytimes.lk/160221/business-times/foreign-debtcommitments-trigger-macro-financial-risks-183602.html）。スリランカ中央銀行のデータを使うと、２０１５年末の公式な対外債務はＧＤＰ比34％という計算になる。

41　著者によるインタビュー。２０１５年3月13日。

42　コロンボ・ポート・シティの着工式の映像は、以下を参照。https://www. youtube.com/watch?v=RO79Wg-JMz_w.

43　以下を参照。Kalinga Seneviratne, "Sri Lanka turning anew into a geopolitical battle ground—Analysis", *Eurasia Review*, 30 January 2016, http:// www.eurasiareview.com/30012016-sri-lanka-turning-anew-intoa-geopolitical-battle-ground-analysis/. A smaller loan was granted by Exim Bank later that year: see "Cabinet approves fresh loan from China EXIM Bank", 9 June 2016, http://www.ft.lk/article/546991/Cabinet-approves-fresh-loan-from-China-EXIM-Bank.

44　"Short of options, Sri Lanka turns back to Beijing's embrace", 10 February 2016, http://www.reuters.com/article/us-sri-lanka-chinaidUSKCN0VJ2RX.

45　"China's Sri Lanka project back on track", *China Daily*, 26 March 2015, http://usa.chinadaily.com.cn/world/2015-03/26/content_19917566.htm.

46　著者によるインタビュー。２０１５年3月13日。

47　著者によるインタビュー。２０１５年3月14日。

第六章　たぎりたつ海

1　以下を参照。"Vietnamese woman dies in self-immolation protest against China", Associated Press, 23 May 2014, https://www.theguardian. com/world/2014/may/23/vietnamese-woman-dies-self-immola tion-protest-china, and "Vietnamese woman burns self to protest China: Official", Thanh Nien News, 24 May 2014, http://www. thanhniennews. com/society/vietnamese-woman-burns-self-toprotest-china-official-26601.html.

2　一例として以下を参照。"At least 21dead in Vietnam

"anti-China protests over oil rig", *The Guardian*, 15 May 2014, https://www.theguardian.com/ world/2014/may/15/vietnam-anti-china-protests-oil-rig-deadinjured.

3 一例として以下を参照。"China's secret weapon on disputed island: Beer and badminton", Tea Leaf Nation, 8Match 2016, http://foreignpolicy. com/2016/03/08/china-woody-island-sansha-paracels-southchina-sea-dispute-secret-weapon-beer-badminton/.

4 "Pacom chief: China's land reclamation has broad consequences", DoD News, 24 July 2015, http://www.defense.gov/News-ArticleView/Article/612689.

5 ここ数年は南シナ海についてじつに多くのことが書かれてきたが、これまでのところ最も有益な情報源は、戦略国際問題研究所（CSIS）の「アジア海洋透明性イニシアチブ」(Asia Maritime Transparency Initiative) だ。そのウェブサイト (https://amti.csis. org/) は、最新ニュース、分析記事、衛星写真、図表、「island tracker」で構成されている。

6 「防衛能力の必要」に関する傅瑩のコメントについては、以下を参照。"US militarizing South China Sea: Spokesperson", Xinhua, 4 March 2016, http://news.xinhuanet.com/english/201603/04/c_135155264.htm.

7 "US expects 'very serious' talks with China after missile reports", Reuters, 17 February 2016, http://uk.reuters.com/article/uk-south chinasea-china-missiles-idUKKCN0VP2V6.

8 一例として以下を参照。"Philippine's Aquino revives comparison between China and Nazi Germany", Reuters, 3 June 2015, http://www.reuters. com/article/us-japan-philippines-idUSKBN0OJ0OY20150603.

9 Robert Kaplan, *Asia's Cauldron: The South China Sea and the End of a Stable Pacific*, Random House, New York (2014), p 15.（『南シナ海 中国海洋覇権の野望』、奥山真司訳、講談社）

10 以下の外相の発言などを参照。"Set aside dispute and pursue joint development", http://www.fmprc.gov.cn/mfa_eng/zili ao_665539/3602_665543/3604_665547/t18023.shtml.

11 以下を参照。Bill Hayton, *South China Sea: The Struggle for Power in Asia*, Yale, London (2014), p 26.（『南シナ海 アジアの覇権をめぐる闘争史』、安原和見訳、河出書房新社）。南シナ海における中国の主張の歴史的背景については、おもにヘイトンの説明を参考にした。

12 同上書に引用されている。

13 同上書に引用されている。

14 １９４７年の地図はアメリカ国防総省の以下の資料に複製されている。"China: Maritime claims in the South China Sea", *Limits in the Seas* シリーズの一部。以下のウェブサイトを参照。See http://www.state.gov/documents/ organization/234936.pdf.

15 地図に添えられた手紙は、潘基文国連事務総長あてだった。地図と手紙の両方を以下のサイトで見ることができる。http:// www.un.org/depts/los/clcs_new/submissions_files/vnm37_09/ chn_2009re_vnm.pdf.

16 以下を参照。OA Westad, "Saying boo to bullyboy", *China Economic Quarterly*, June 2013.

17 "US takes a tougher tone with China", *Washington Post*, 30 July 2010, http://www.washingtonpost.com/wp-dyn/content/article/ 2010/07/29/AR2010072906416.

html.

18 "China paper warns of 'sound of cannons' in sea dispute", Reuters, http://www.reuters.com/article/us-china-seas-id USTRE79O1MV20111025.

19 "Leon Panetta: US to deploy 60% of navy fleet to Pacific", BBC News, 2 June 2012, http://www.bbc.co.uk/news/world-us-canada18305750.

20 海洋法に関する国際連合条約（UNCLOS）第７部に基づき、ハーグの常設仲裁裁判所に提訴した。以下のサイトで内容を確認できる。https://pcacases.com/web/view/7.

21 以下を参照。"Full text: Premier Li Keqiang gives joint written interview to media in ASEAN countries", Xinhua, 8October 2013, http://news. xinhuanet.com/english/china/2013-10/08/c_125496903.htm.

22 一例として以下を参照。"Fu Ying: Defence ability is not equivalent to militariza tion", Xinhua, 4 March 2016, http://news.xinhuanet.com/english/video/2016-03/04/c_135156002.htm.

23 "Contested areas of South China Sea likely have few conventional oil and gas resources", http://www.eia.gov/todayinenergy/detail. cfm?id=10651.

24 "Amid global price rout, China crude oil imports hit record", Reuters, 13 January 2016, http://www.reuters.com/article/uschina-economy-trade-crude-idUSKCN0UR0DU20160113.

25 一例として以下を参照。前掲資料、Kaplan, *Asia's Cauldron*. アメリカが19世紀初めにカリブ海地域の支配を目指したことは、「モンロー・ドクトリン」の鍵となる要素だった。モンロー大統領はヨーロッパ諸国による南北アメリカのさらなる植民地化を防ごうとした。カプランの指摘によれば、モンローはヨーロッパ諸国の海軍をカリブ海から完全に追い払おうとしたわけではない。同じように、中国が南シナ海の航路を封鎖するかもしれないと考えるアナリストはいない。

26 「攻撃的現実主義」理論の第一人者であるミアシャイマーは、中国は組織的にアメリカの覇権に挑もうと決意しており、戦争は避けられないと信じている。この引用は、ビル・キャラハンの短編映像 *Mearsheimer vs Nye on the Rise of China* のインタビューの中の発言。https://vimeo.com/131276478.

27 一例として以下を参照。"Spotlight: Law-abusing tribunal issues ill-founded award on South China Sea arbitration, draws worldwide criticism", Xinhua, 12 July 2016, http://news.xinhuanet.com/english/201607/13/c_135508301.htm.

28 仲裁裁判所の裁定に関する報道資料は、以下のサイトで閲覧できる。https:// pcacases.com/web/sendAttach/1801.

29 "The Operation of the HYSY 981Drilling Rig: Vietnam's Provo cation and China's Position", Ministry of Foreign Affairs, 8 June 2014, http://www.fmprc.gov.cn/mfa_eng/zxxx_662805/t1163264. shtml.

30 この宣言については、以下のサイトで閲覧できる。https://cil.nus.edu.sg/rp/pdf/ 2002%20Declaration%20on%20the%20Conduct%20of%20 Parties%20in%20the%20South%20China%20Sea-pdf.pdf.

31 この点を指摘してくれたデイヴィッド・ブラウンに感謝する。

32 "Wang Yi outlines China's foreign policy vision",

The Diplomat, 11 March 2014, http://thediplomat.com/2014/03/wang-yi-outlineschinas-foreign-policy-vision/.

33 1例として以下を参照。"Salami slicing in the South China Sea", *Foreign Policy*, 3 August 2012, http://foreignpolicy.com/2012/08/03/salami-slicingin-the-south-china-sea/.

34 "Full text: China's peaceful development", 6 September 2011, http://news.xinhuanet.com/english2010/china/2011-09/06/ c_131102329_2.htm.

35 習近平の地域外交に関する工作会議での演説を参照。"Let the sense of community of common destiny take deep root in neigh bouring countries", 25October 2013, http://www.fmprc.gov. cn/mfa_eng/wjb_663304/wjbz_663308/activities_663312/ t1093870.shtml.

36 ２０１６年2月16日。https://www.whitehouse.gov/the-press-office/ 2016/02/16/joint-statement-us-asean-special-leaders-summitsunnylands-declaration.

37 "China state paper warns of war over South China Sea unless US backs down", Reuters, 25 May 2015, http://in.reuters.com/article/ southchinasea-china-usa-idINKBN0OA07N20150525.

38 "US Congress marks Taiwan Relations Act anniversary", *Taipei Times*, 14 April 2016, http://www.taipeitimes.com/News/taiwan/ archives/2016/04/14/2003643940.

39 アメリカ外交における台湾問題の重要性について指摘してくれた同僚のアーサー・クローバーに感謝する。

40 https://www.iiss.org/en/events/shangri%20la%20dialogue/ archive/shangri-la-dialogue-2015-862b/opening-remarks-and-key note-address-6729/keynote-address-a51f.

41 https://www.iiss.org/en/events/shangri%20la%20dialogue/archive/ shangri-la-dialogue-2016-4a4b/plenary1-ab09/carter-1610.

42 アリゾナ州立大学での演説。"Remarks on the next phase of the US rebalance to the Asia-Pacific", 6 April 2015, http:// www.defense.gov/News/Speeches/Speech-View/Article/606660/ remarks-on-the-next-phase-of-the-us-rebalance-to-the-asia-pacif ic-mccain-instit.

43 "The battle over President Obama's trade deal has officially arrived", *Washington Post*, 5 November 2015, https://www.washingtonpost. com/politics/obama-administration-prepares-to-launch-long-fightover-trade-pact/2015/11/05/8299ad32-8326-11e5-8ba6-cec48b 74b2a7_story.html.

44 白書の全文は以下を参照。http://www.chinadaily.com.cn/ china/2015-05/26/content_20820628.htm.

45 この章の一部は、以下の記事で最初に書いたもの。Miller, "For Beijing, it's goodnight Vietnam", Gavekal Dragonomics, 17 July 2015.

46 博物館のウェブサイトは、http://baotanglichsu.vn/subportal/en/ Home/mid/29453A92/.

47 前掲資料、Hayton, *South China Sea: The Struggle for Power in Asia*.

48 著者によるインタビュー。２０１５年5月25日。人脈の豊富なある実業家に話を聞いたが、本人が匿名を希望した。

49 以下を参照。"Global ratings for China", http://www.pewglobal.org/2015/ 06/23/2-views-of-china-and-the-global-balance-of-power/.

50 一例として以下を参照。"What Vietnam must do now", *New York Times*, 6 April 2015, http://www.nytimes.com/2015/04/07/opinion/what-vietnammust-now-do.html?_r=1, and "Vietnam's angry feet", 6 June 2013, http://www.nytimes.com/2013/06/07/opinion/vietnams-angryfeet.html.

51 以下に引用されている。Thomas Fuller, "In hard times, open dissent and repression rise in Vietnam", *New York Times*, 23 April 2013, http://www. nytimes.com/2013/04/24/world/asia/vietnam-clings-to-singleparty-rule-as-dissent-rises-sharply.html.

52 著者によるインタビュー。２０１５年5月26日。

53 ホーチミン市人文社会科学大学国際研究センターのチュオン・ミン・ヴー所長との著者によるインタビュー。２０１６年5月25日。

54 以下に引用されている。Tuong Lai, "Vietnam's overdue alliance with America", *New York Times*, 11 July 2014, http://www.nytimes.com/2014/ 07/13/opinion/sunday/vietnams-overdue-alliance-with-america. html.

55 "Xi Jinping delivers important speech at National Assembly of Viet Nam, stressing to bear big picture in mind and join efforts to open up new situation of China-Viet Nam comprehensive strategic partnership of cooperation", 6 November 2015, http://www.fmprc.gov.cn/mfa_eng/topics_665678/xjpdynxjpjxgsfw/t1313676.shtml.

56 "China's assertiveness pushes Vietnam toward an old foe, the United States", *Washington Post*, 28December 2015, https://www. washingtonpost.com/world/asia_pacific/chinas-assertivenesspushes-vietnam-toward-an-old-foe-the-united-states/2015/12/28/1539522-97aa-11e5-b499-76cbec161973_story.html.

57 世界銀行のＷＴＴＳデータベースを参照。http://wits.worldbank.org/ CountrySnapshot/en/VNM.

58 以下を参照。World Bank, "Vietnam: Country at a glance", http://www. worldbank.org/en/country/vietnam, and provincial data from China's National Bureau of Statistics, http://data.stats.gov.cn/ english/easyquery.htm?cn=E0103.

59 私はこの10～15％という数字をホーチミン市の『トゥオイチェー』紙の記者から聞いたが、それを裏づける報告書は見つけられなかった。

60 ベトナム財務省の統計、http://www.mof.gov. vn/webcenter/portal/mof?_afrLoop=3636925334846661O#!%40%40%3F_afrLoop%3D3636925334846661O%26_adf. ctrl-state%3Du8frqtd8h_126.

61 前掲資料、"Xi Jinping delivers important speech at National Assembly of Viet Nam".

62 *Infrastructure for a Seamless Asia*, http://adb.org/sites/default/files/ pub/2009/2009.08.31.book.infrastructure.seamless.asia.pdf.

63 一例として以下を参照。"China and Vietnam", http://www.fmprc.gov.cn/mfa_eng/ wjb_663304/zzjg_663340/yzs_663350/gjlb_663354/2792_663578/.

64 私が訪れたときより問題はさらに深刻化している。一例として以下を参照。"Chinese-con tracted railway project in Hanoi suffers 57% cost overrun", Tuoi Tre News, 27October 2015, http://tuoitrenews.vn/business/ 31225/chinesecontracted-railway-project-in-ha-

noi-suffers57-cost-overrun.

65 市の人口のデータは以下を参照した。Demographia's “World Urban Areas: 12th Annual Edition (April 2016)”, http://www.demographia. com/db-worldua.pdf. 私は『*China's Urban Billion*』を執筆中に、市の人口の統計についてはDemographia が最も信頼できる情報源だと気がついた。

66 以下を参照。http://www.fdiintelligence.com/Utility-Nav/Highlights-Bar/ The-fDi-Report-2016.

67 “The biggest winner from TPP trade deal may be Vietnam”, Bloomberg, 8October 2015, http://www.bloomberg.com/news/ articles/2015-10-08/more-shoes-and-shrimp-less-china-reliancefor-vietnam-in-tpp.

68 前掲資料、“What Vietnam must do now”.

69 “America's global image”, 23 June 2015, http://www.pewglobal. org/2015/06/23/1-americas-global-image/.

70 前掲資料、“Global ratings for China”.

71 “Don't start a fire in Asia, China warns Obama after Vietnam arms embargo lifted”, 24 May 2016, https://www.washingtonpost.com/ world/dont-start-a-fire-in-asia-china-warns-obama-after-vietnamarms-deal/2016/05/24/3d5a098f-f0d3-4754-aab0-021f98bbe46b_story.html.

72 オバマ大統領のハノイ国立会議センターでの演説の様子は、以下のサイトで閲覧できる。https://www.white-house.gov/the-press-office/2016/05/24/ remarks-president-obama-address-people-vietnam.

73 著者によるインタビュー。２０１５年５月25日。

74 “Testimony before the US-China Economic and Security Review Commission: China–Vietnam relations”, http://origin.www.uscc. gov/sites/default/files/transcripts/May%2013%2C%202015%20 Hearing%20Transcript.pdf.

75 中国政府は２０１６年後半にフィリピンとマレーシアとの外交問題に決着をつけた。10月、アメリカと「手を切る」ことを宣言したフィリピンのロドリゴ・ドゥテルテ大統領は、２４０億ドル相当の投資と貿易パッケージを土産に北京から帰国した。11月初旬にはマレーシアのナジブ・ラザク首相も後に続き、自分は中国の「真の友」だと宣言して、３４０億ドル相当の契約を手に入れた。しかし、こうした取引の重要性は過大評価すべきではない。ドゥテルテとナジブは変わり者の指導者で、長くは政権を維持できないかもしれない。東南アジアの世論はアメリカを支持し、中国には疑いの目を向けている。

76 著者によるインタビュー。２０１５年５月25日。

結論

1 ゼーリックが中国に「責任ある当事者」になるように最初に公式の場で促したのは、２００５年の米中関係全国員会。彼のスピーチは以下のサイトで見ることができる。http://www.ncuscr. org/sites/default/files/migration/Zoellick_remarks_notes06_ winter_spring.pdf.

2 一例として以下を参照。“Security law suggests a broadening of China's ‘core interests’, *New York Times*, 2 July 2015, http://www.nytimes.com/ 2015/07/03/world/asia/security-law-suggests-a-broadeningof-chinas-core-interests.html. An unofficial translation is available here: http://chinalawtranslate.

com/2015nsl/?lang=en.

3 “Global Ratings for China”, http://www.pewglobal.org/2015/06/ 23/2-views-of-china-and-the-global-balance-of-power/.

4 中国の外国への介入についての分析は、以下を参照。Jonas Parel lo-Plesner and Mathieu Duchâtel, *China's Strong Arm: Protecting Citizens and Assets Abroad, International Institute for Strategic Studies,* Routledge, Abingdon (2015).

5 “China's growing role in South Asia”, talk to Young China Watchers club in Beijing, 19 March 2015.

6 この政策は退陣する胡錦濤主席が共産党大会報告書の中で別れの言葉として発表した。http://news.xinhuanet. com/english/special/18cpcnc/2012-11/17/c_131981259.htm.

7 “In Mekong, Chinese murders and bloody diplomacy”, Reuters, 27 January 2012, http://www.reuters.com/article/us-special-reportmekong-idUSTRE80Q00G20120127, and “China parades foreign Mekong killers before execution”, BBC News, 1 March 2013, http://www.bbc.co.uk/news/world-asia-china-21625905.

8 前掲資料、Parello-Plesner and Duchâtel, *China's Strong Arm*.

9 伝統的にイギリスでは「インド大反乱」と呼ばれるが、インドでは「第１次独立戦争」「大抵抗」「１８５７年蜂起」などと呼ばれる。

10 この風刺画は以下のサイトで見ることができる。http://bigthink.com/strange-maps/ 561-kaiser-eats-world.

11 これらの議論への反応については、以下を参照。Jospeh Nye, “China is not imperial Germany”, RealClear World, 27 February 2013, http:// www.realclearworld.com/articles/2013/02/27/china_is_not_imperial_germany_100580.html.

12 習近平の演説全文は、以下を参照。http://www.fmprc.gov. cn/mfa_eng/topics_665678/jnkzsl70zn/t1293415.shtml.

13 以下を参照。David Cohen, “‘A peaceful, friendly and civilized lion’: Xi explains China's rise in Europe”, 9 April 2014, *China Brief*, Volume 14, Issue 7, Jamestown Foundation, http://www.jamestown.org/ single/?tx_ttnews%5Btt_news%5D=42206&no_cache=1#.V5jMBriAOko, and “Xi Jinping is awakening China”, 19 August 2014, http://www.fmprc.gov.cn/ce/cenp/eng/News/t1183900.htm.

14 アジア相互協力信頼醸成措置会議（CICA）の第４回首脳会合での習近平の演説。この演説（「安全保障協力における新たな発展のための新しいアジア安全保障観（New Asian security concept for new progress in security cooperation）」の内容は、以下を参照。http://www.fmprc.gov.cn/mfa_eng/ zxxx_662805/t1159951.shtml.

15 オフレコのインタビュー。２０１５年10月１日。

16 この見解について最も影響力ある明快なものは、以下を参照。Robert Blackwill and Ashley Tellis, *Revising US Grand Strategy Toward China*, Council on Foreign Relations, Special Report No 72, March 2015, http://carnegieendowment.org/files/Tellis_Blackwill.pdf.

◆著者
トム・ミラー（Tom Miller）
調査会社ギャブカル・リサーチで上級アナリストを務める。『季刊中国経済』編集者。オックスフォード大学とロンドンの東洋アフリカ研究学院（SOAS）で学ぶ。北京に2年間留学経験があり、専門は経済開発と地政学。本書は2冊目の著書で、ほかに *China's Urban Billion: The Story Behind the Biggest Migration in Human History*（中国語訳もあり）。現在は英国とアジアを行き来しながら活動している。

◆訳者
田口未和（たぐち　みわ）
上智大学外国語学部卒。新聞社勤務を経て翻訳業に就く。主な訳書に『国旗で知る国際情勢』『密造酒の歴史』『フォト・ストーリー英国の幽霊伝説』『図説シルクロード文化史』（以上、原書房）、『自分の頭で考えたい人のための15分間哲学教室』（文響社）、『デジタルフォトグラフィ』（ガイアブックス）など。

中国《ちゅうごく》の「一帯一路《いったいいちろ》」構想《こうそう》の真相《しんそう》

海《うみ》と陸《りく》の新《しん》シルクロード経済圏《けいざいけん》

●

2018年5月22日　第1刷

著者……………トム・ミラー
訳者……………田口未和《たぐちみわ》
装幀……………川島進
発行者……………成瀬雅人
発行所……………株式会社原書房
〒160-0022 東京都新宿区新宿 1-25-13
電話・代表　03(3354)0685
http://www.harashobo.co.jp/
振替・00150-6-151594
印刷……………新灯印刷株式会社
製本……………東京美術紙工協業組合

ISBN 978-4-562-05572-2, printed in Japan

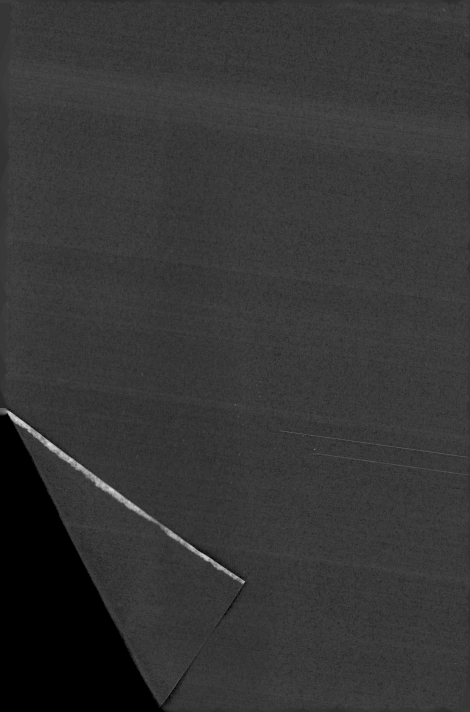